THOMSON REUTERS
ProView

PARABÉNS!
VOCÊ ACABA DE ADQUIRIR UMA OBRA
QUE JÁ INCLUI A VERSÃO ELETRÔNICA

Baixe agora e aproveite todas as funcionalidades.

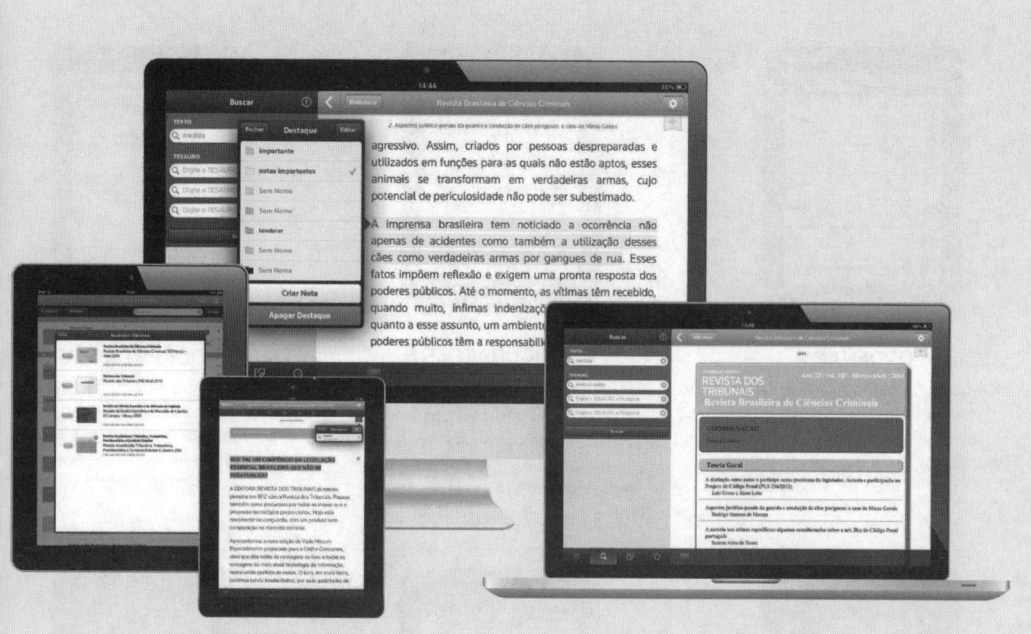

Acesso interativo para os melhores livros jurídicos no seu iPad, Android, Mac, Windows PC e na Internet – com o **NOVO aplicativo Thomson Reuters ProView™.**

FUNCIONALIDADES DO LIVRO ELETRÔNICO **PROVIEW**

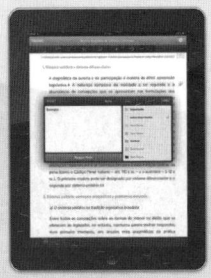

SELECIONE E DESTAQUE TEXTOS
Faça anotações e escolha entre uma variedade de cores para organizar suas notas e destaques.

USE O TESAURO PARA BUSCAR INFORMAÇÕES
Neste tipo de busca, ao começar a escrever um termo, irão aparecer diversas palavras do índice Tesauro relacionadas ao termo pesquisado.

HISTÓRICO DE NAVEGAÇÃO
Acompanhe as páginas navegadas.

ORDENAR
Ordene sua biblioteca por: Título (ordem alfabética), Tipo (livros e revistas), Editora, Lidos Recentemente, Posse (exibe apenas os livros próprios, não os emprestados de uma biblioteca).

CONFIGURAÇÕES E PREFERÊNCIAS
Escolha a aparência dos seus livros/periódicos no ProView mudando a fonte do texto, o tamanho do texto, o espaçamento entrelinhas e o esquema de cores.

MARCADORES DE PÁGINA
Crie um marcador de página no livro tocando no ícone de Marcador de Página [1] situado no canto superior direito da página.

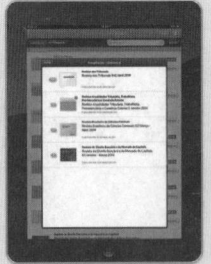

PESQUISE EM SUA BIBLIOTECA
Pesquise em todos seus *e-books* baixados e obtenha resultados com os nomes dos livros/periódicos onde os termos foram encontrados e o número de vezes que eles aparecem em cada livro/periódico.

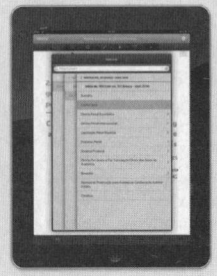

LINKS NO SUMÁRIO
Sumário com *links* diretos para o conteúdo abordado.

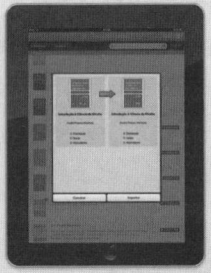

TRANSFIRA ANOTAÇÕES PARA UMA NOVA EDIÇÃO
Transfira todas as suas anotações e marcadores de maneira automática com a função "Importar Anotações".

Para baixar seu livro eletrônico:

1. Acesse o link www.livrariart.com.br/proview
2. Digite seu nome, seu e-mail e o CÓDIGO DE ACESSO que se encontra na etiqueta adesiva colada neste livro.
3. Você receberá no e-mail informado a validação do código de acesso.
4. Se você já é usuário ProView, seu livro aparecerá em sua biblioteca. Caso ainda não seja, siga os passos do e-mail que recebeu para criar seu usuário OnePass, um sistema de login que permite o acesso a vários sites da Thomson Reuters com um único nome de usuário e senha.
5. Faça seu cadastro no OnePass e em seu primeiro acesso ao ProView, digite a chave que recebeu por e-mail.

Aproveite seu livro eletrônico e boa leitura!

Obrigado por escolher a Thomson Reuters.

Abaixo o seu código de acesso:

8BD-2RK-QY7H-TGXV-8LO5

ARBITRAGEM SOCIETÁRIA

Diretora Responsável
Marisa Harms

Diretora de Operações de Conteúdo
Juliana Mayumi Ono

Editores: Andréia Regina Schneider Nunes, Cristiane Gonzalez Basile de Faria, Iviê A. M. Loureiro Gomes e Luciana Felix

Assistente Editorial: Juliana Camilo Menezes

Produção Editorial
Coordenação
Juliana De Cicco Bianco

Analistas Editoriais: Danielle Rondon Castro de Morais, Flávia Campos Marcelino Martines, Gabriele Lais Sant'Anna dos Santos, George Silva Melo, Luara Coentro dos Santos e Luciano Mazzolenis J. Cavalheiro

Analistas de Qualidade Editorial: Carina Xavier Silva, Cinthia Santos Galarza, Cíntia Mesojedovas Nogueira e Maria Angélica Leite

Administrativo e Produção Gráfica
Coordenação
Caio Henrique Andrade

Analista Administrativo: Antonia Pereira

Assistente Administrativo: Francisca Lucélia Carvalho de Sena

Analista de Produção Gráfica: Rafael da Costa Brito

Dados Internacionais de Catalogação na Publicação (CIP)
(Câmara Brasileira do Livro, SP, Brasil)

Franzoni, Diego

    Arbitragem societária / Diego Franzoni. – São Paulo : Editora Revista dos Tribunais, 2015. – (Coleção Liebman / coordenação Teresa Arruda Alvim Wambier, Eduardo Talamini).

Bibliografia

ISBN 978-85-203-6382-9

    1. Arbitragem (Direito) 2. Direito comercial – Brasil 3. Direito societário – Brasil 4. Sociedades – Brasil I. Wambier, Teresa Arruda Alvim. II. Talamini, Eduardo. III. Título. IV. Série.

15-04999   CDU-347.7(81)

Índices para catálogo sistemático: 1. Brasil : Arbitragem : Direito comercial 347.7(81) 2. Brasil : Arbitragem : Direito societário 347.7(81)

THOMSON REUTERS

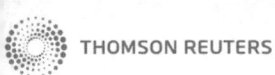

TERESA ARRUDA ALVIM WAMBIER
EDUARDO TALAMINI
COORDENADORES

ARBITRAGEM SOCIETÁRIA

DIEGO FRANZONI

THOMSON REUTERS
ProView™
INCLUI VERSÃO
ELETRÔNICA DO LIVRO

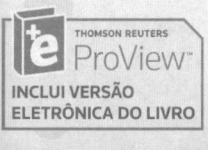

Coleção
Liebman

THOMSON REUTERS
REVISTA DOS TRIBUNAIS

ARBITRAGEM SOCIETÁRIA
Diego Franzoni

© desta edição [2015]

Editora Revista dos Tribunais Ltda.

Marisa Harms
Diretora responsável

Visite nosso *site*: www.rt.com.br

Central de Relacionamento RT
(atendimento, em dias úteis, das 8 às 17 horas)
Tel. 0800.702.2433
e-mail de atendimento ao consumidor: sac@rt.com.br
Rua do Bosque, 820 – Barra Funda
Tel. 11 3613.8400 – Fax 11 3613.8450
CEP 01136-000 – São Paulo, SP, Brasil

Todos os direitos reservados. Proibida a reprodução total ou parcial, por qualquer meio ou processo, especialmente por sistemas gráficos, microfílmicos, fotográficos, reprográficos, fonográficos, videográficos. Vedada a memorização e/ou a recuperação total ou parcial, bem como a inclusão de qualquer parte desta obra em qualquer sistema de processamento de dados. Essas proibições aplicam-se também às características gráficas da obra e à sua editoração. A violação dos direitos autorais é punível como crime (art. 184 e parágrafos, do Código Penal), com pena de prisão e multa, conjuntamente com busca e apreensão e indenizações diversas (arts. 101 a 110 da Lei 9.610, de 19.02.1998, Lei dos Direitos Autorais).

Impresso no Brasil [08-2015]
Profissional
Fechamento desta edição: [12.07.2015]

ISBN 978-85-203-6382-9

Para Fernanda, *começo e fim de tudo isso,*

Para meus irmãos Guilherme, Caroline e Thaís,
que são luz em nossas vidas,

E para minha avó Santa Franzoni, in memoriam.

AGRADECIMENTOS

Este livro resulta de trabalho desenvolvido para obtenção do grau de mestre em Direito Comercial pela Faculdade de Direito da Universidade de São Paulo. O tema da arbitragem societária foi escolhido por reunir duas áreas de interesse em relação às quais venho me dedicando desde que me graduei em direito pela Universidade Federal do Paraná, em 2010.

O trabalho foi defendido em março de 2015 perante banca composta pelos Professores Haroldo Malheiros Duclerc Verçosa, Maristela Basso e Alexandre Bueno Cateb, a quem desde logo agradeço pelas contribuições que se refletiram na versão final da obra. Agradeço também aos Professores Marcos Paulo de Almeida Salles e Francisco Satiro de Souza Junior, que participaram da banca de qualificação e prestaram contribuições fundamentais para o desenvolvimento do trabalho.

Agradeço em especial ao Professor Verçosa, que me aceitou como seu orientando no programa de mestrado da Faculdade de Direito do Largo de São Francisco, em 2011. Espero ter podido refletir, ainda que de forma modesta, o seu admirável senso crítico, pragmatismo e lucidez, que inspiram os seus textos sobre os mais diversos assuntos que envolvem o direito empresarial.

Essa jornada, que começou em 2011 e acaba neste ano de 2015, também não teria sido possível sem a gentil e insubstituível colaboração do Professor Alfredo de Assis Gonçalves Neto, com quem tive a felicidade de trabalhar entre 2007 e 2012, e que me guiou nos primeiros passos da caminhada.

No plano profissional, merecem especial agradecimento Cesar A. Guimarães Pereira e Eduardo Talamini, que têm me oportunizado o desenvolvimento de uma carreira profissional e acadêmica além do que eu poderia sonhar.

Ainda no âmbito profissional, agradeço ao companheirismo, à compreensão e à inspiração proporcionados por todos os meus colegas de Justen, Pereira, Oliveira & Talamini, em especial ao Diogo Albaneze Gomes Ribeiro, ao André Guscow Cardoso, ao Rafael Wallbach Schwind, ao William Romero, ao Guilherme Eiras, à Mayara Tonin, à Aline Lícia Klein, ao Felipe Scripes Wladeck, ao Paulo Osternack Amaral, ao Guilherme Reisdorfer, à Mônica Bandeira de Mello Lefèvre, à Isabella Moreira de Andrade Vosgerau, ao Daniel Siqueira Borda, ao Ricardo de Paula Feijó e à Marina Kukiela. E também ao Professor Marçal Justen Filho, por ser sempre o nosso maior exemplo.

Agradeço ainda ao Diogo Albaneze Gomes Ribeiro, à Ana Maria Murata e à Mayara Ruski Augusto Sá pela gentil presença na banca de exame da dissertação, bem como à Juliane Erthal de Carvalho e à Sabrina Becue pelos diversos auxílios prestados quanto às questões logísticas envolvendo o mestrado. À Sabrina, também por ter sido meu exemplo e minha anfitriã em relação a diversos aspectos atinentes ao mestrado na USP. Agradeço também à Gabriela Andrade Góes pelo auxílio com as pesquisas finais que resultaram neste trabalho.

Esses agradecimentos não poderiam parar nos planos acadêmico e profissional, pois a razão de ser de tudo isso reside naqueles que amo.

Agradeço a meus pais Deisy e Gilson Franzoni, por terem me dado a base para que eu pudesse ser tudo o que sou. A vocês, e também aos meus irmãos Guilherme, Caroline e Thaís, agradeço pela compreensão nos diversos momentos em que estive ausente, especialmente durante a finalização do trabalho, em 2014.

Agradeço aos demais familiares que sempre me incentivaram e acompanharam o desenvolvimento do trabalho, na pessoa de Zeli Merlin Mutti.

Não poderiam ser esquecidos os queridos amigos que acompanharam de perto a minha trajetória ao longo desses anos do mestrado e me proporcionaram tantos momentos bons: Heloize e Ivo Medaglia, Isabella e Douglas Vosgerau, Mayara Isfer, Gustavo Osna, Caroline Klamas, Henrique Hopker, Adriano Camargo Gomes, Helena Beghetto, Alessandra Cervellini, Rafhael Daniel, Cintia Tondin, Ariana Vieira, Fernando Bastos, Tagie Assenheimer de Souza, Ricardo Gutierrez Alves de Camargo e Natascha Veridiane Schmitt.

O último agradecimento não poderia ser dirigido a outra pessoa, senão àquela que é o começo e o fim de tudo isso. Sem ela nada disso teria sido possível, porque ela foi minha fonte de energia e inspiração. Serei eternamente grato por tudo que me tornei ao seu lado. O que sentimos um pelo outro não poderia ser descrito nem que se ocupasse todas as páginas deste livro. Obrigado por ter me guiado, e por ter estado ao meu lado tanto nos momentos de dificuldade quanto naqueles mais prazerosos.

APRESENTAÇÃO DA COLEÇÃO

É com imenso prazer que (re)apresentamos à comunidade jurídica brasileira a Coleção Liebman, que, acreditamos, até os mais jovens conhecem, ainda que apenas "de ouvir falar".

Trata-se de um conjunto de monografias que, além de baseadas em sólida bibliografia, têm evidente viés pragmático. São livros, portanto, que interessam, a um só tempo, a estudiosos e àqueles que lidam com o direito, na prática: advogados, juízes, promotores, procuradores, defensores públicos.

Esta coleção teve seu primeiro livro publicado em 1977 e nela escreveram então jovens estudiosos que hoje são grandes processualistas, como José Rogério Cruz e Tucci, Teori Zavascki, Nelson Nery Jr., entre muitos.

Orientada por Arruda Alvim, que continua nesta função, cujo pensamento e cuja escola sempre tiveram como nota marcante justamente a necessidade de se extrair rendimento prático do estudo e da reflexão sobre teoria, esta coleção homenageia Enrico Tullio Liebman. Esse processualista italiano veio ao Brasil fugindo da 2.ª Guerra Mundial, que então destruía a Europa. Tivemos a sorte de tê-lo entre nós por muitos anos, formando e ensinando processualistas brasileiros. O Código de Processo Civil de 1973 tem a sua marca e tem-na também o Código de 2015. No Código de Processo Civil de 2015, deram-se passos à frente em vários campos, para resolver problemas que não existiam à época em que foi elaborado o projeto do diploma anterior, como, por exemplo, os conflitos de massa ou a excessiva demora dos processos. Abriu-se mão, em certa dimensão, da segurança, em favor da efetividade, na linha da tendência que se vinha revelando evidente ao longo dos mais de vinte anos de reformas pelas quais passou o Código de Processo Civil de 1973. Mas as linhas fundamentais do pensamento de Liebman, no que diz respeito à resolução de conflitos individuais, estão visivelmente mantidas, tendo-se, até mesmo, incorporado a sua mudança de opinião quanto às condições da ação, com a exclusão da possibilidade jurídica do pedido como hipótese autônoma.

Publicar na Coleção Liebman sempre foi o desejo maior dos que defendiam suas dissertações ou teses, escritas sob esta orientação: teoria e prática, sempre uma ao lado da outra. Se a teoria não serve à prática, é inútil; se a prática nada tem a ver com a teoria, é porque se terá abastardado em demasia. Por isso, a relevância de se lidar com uma sem tirar os olhos da outra. Os livros da Coleção Liebman sempre ostentaram e continuarão a ostentar esta característica.

O outro traço marcante da coleção foi sempre sua variedade temática. Tanto o seu patrono quanto o fundador notabilizaram-se pelo olhar universal, o espírito aberto para o enfrentamento dos mais variados temas do direito processual e a grande aptidão para o debate. Esse atributo fez-se refletir na coleção: todos os grandes institutos processuais foram nela contemplados. E assim ela continuará: direito probatório, arbitragem, preclusão ("estabilidade processual"), responsabilidade patrimonial, negócios processuais, fundamentação das decisões, tutela sumária, sentença e precedentes estão entre os temas objeto das obras que integram essa retomada da coleção. Ou seja: nenhuma obsessão monotemática, nenhum credo, nenhuma cartilha. Vigora a liberdade de pensamento – o que obviamente não significa desapego à qualidade nem ao rigor de método.

A Editora RT, a seu turno, sempre se singularizou por apoiar jovens juristas que vieram a tornar-se nomes consagrados como Arruda Alvim e Dinamarco.

Nada mais oportuno e elogiável do que a iniciativa da Editora RT de revitalizar esta coleção, em momento tão importante para o Brasil, às vésperas da entrada em vigor de um novo Código de Processo Civil.

Teresa Arruda Alvim Wambier
Eduardo Talamini

ARBITRAGEM SOCIETÁRIA: FUNDAMENTOS PARA UMA POSSÍVEL REGULAÇÃO

Diego Franzoni

PREFÁCIO

Já se tornou um lugar-comum dizer que a utilização da arbitragem está amplamente consolidada no direito brasileiro, ainda que possa merecer alguns aperfeiçoamentos e uma aceitável extensão do seu universo.

É neste sentido que o texto de Diego Franzoni apresenta uma contribuição importante ao tema, discutindo questões extremamente relevantes nesse campo e que ainda não foram estabilizadas no plano da certeza e do garantia do campo de aplicação e dos direitos e obrigações relacionados à arbitragem societária. Neste sentido ele discute a arbitrabilidade subjetiva, e objetiva; o quórum qualificado que possa ser exigido para a deliberação de inclusão da cláusula compromissória no contrato social ou no estatuto aliado ao eventual estabelecimento do direito de recesso do sócio dissidente de tal deliberação; quais os limites aos quais ficam sujeitos os órgãos sociais diante da sentença arbitral; a arbitragem societária multi parte; a solução de aspectos negociais que devam ser ou não adotadas pelos árbitros etc.

Tal como ocorre em todos os campos do direito, existe alguma unanimidade em relação a alguns dos temas acima apontados, ao mesmo tempo em que têm surgido discussões acirradas em relação a outros. Este é o caso, por exemplo da discussão a respeito dos limites subjetivos à adoção pela sociedade da arbitragem como forma de solução de conflitos com os sócios, mercê de reforma do seu contrato social ou do estatuto.

Algumas dificuldades podem ser vistas relação ao tipo societário utilizado pelos empresários, quando certa linha da doutrina pensa em termos de sociedades fechadas de caráter *intuitus personae* estrito ou de *affectio societatis*, na esfera da adoção da arbitragem como o caminho para a solução de pendências, diferentemente, no lado oposto, das companhias abertas cujas ações são negociadas na Bolsa de Valores.

O caráter sigiloso da arbitragem é tomado como uma das suas grandes vantagens pelos usuários, na medida em que preferem não ver expostas ao público pendências internas entre sócios ou diante de fornecedores ou de credores, questão que tem a ver, por outro lado, com a necessidade de plena informação que as companhias abertas devem manter diante do mercado.

No setor acima se discute a possibilidade de relativização do sigilo, ao menos para o efeito da publicação de *"ementas"* das decisões arbitrais sem que as partes possam ser identificadas. Eu pessoalmente não vejo utilidade nesse tipo de contribuição para o chamado *direito arbitral* porque não há qualquer vinculação dos árbitros a decisões de outros tribunais arbitrais e a ementa não dará uma noção precisa do que foi discutido e eventualmente provado ou não em determinada arbitragem. E em minha já relativamente longa experiência neste campo, tive a oportunidade de participar de tribunais arbitrais nos quais os árbitros adotaram posições parcialmente ou até mesmo totalmente divergentes quanto a certos assuntos colocados sob a sua jurisdição.

A natureza jurídica contratual da cláusula compromissória e do compromisso arbitral, da mesma forma como a das sociedades limitadas o anônimas (que têm o caráter de contratos plurilaterais associativos ou abertos) são outros pontos de elevado interesse no texto de Diego Franzoni. Essa pluralidade de partes pode dar-se de forma natural, pela própria natureza do instituto da sociedade, como também de fato, para tanto caracterizada por acordos de sócios ou pelo poder de controle formado em cascata.

Veja-se como é importante o tema escolhido pelo autor, base de sua excelente dissertação de Mestrado apresentada na Faculdade de Direito da Universidade de São Paulo, da qual participei como um orientador plenamente realizado no seu propósito.

São Paulo, inverno de 2015.

Prof. Doutor Haroldo Malheiros Duclerc Verçosa

LISTA DE ABREVIATURAS E SIGLAS

art. – artigo
BM&FBovespa – Bolsa de Valores, Mercadorias e Futuros S/A
CAM – Câmara de Arbitragem do Mercado da BM&FBovespa
CAMFIEP – Câmara de Arbitragem da Federação das Indústrias do Estado do Paraná
CC – Código Civil (Lei 10.406/2002, Brasil)
CCBC – Centro de Arbitragem da Câmara de Comércio Brasil-Canadá
CCI – Corte Internacional de Arbitragem da Câmara de Comércio Internacional
CCo – Código Comercial (Lei 556/1850, Brasil)
CF – Constituição da República Federativa do Brasil, de 1988
CPC – Código de Processo Civil (Lei 5.869/1973, Brasil)
CVM – Comissão de Valores Mobiliários, Brasil
c/c – combinado com
EUA – Estados Unidos da América
inc. – inciso
Lei das S.A. – Lei das Sociedades por Ações (Lei 6.404/1976, Brasil)
Lei de Arbitragem – Lei 9.307/1996, Brasil
Ltda. ou Limitada – Sociedade por quotas de responsabilidade limitada
n. – número
PL – Projeto de Lei
S.A. – Sociedade Anônima
SEC – (U.S.) Securities Exchange Commission, norte-americana
STF – Supremo Tribunal Federal do Brasil

SUMÁRIO

AGRADECIMENTOS 11
APRESENTAÇÃO DA COLEÇÃO 13
ARBITRAGEM SOCIETÁRIA: FUNDAMENTOS PARA UMA POSSÍVEL REGULAÇÃO – Diego Franzoni – PREFÁCIO 15
LISTA DE ABREVIATURAS E SIGLAS 17

1. CONSIDERAÇÕES INICIAIS 25
   1.1 O tema 25
   1.2 Relevância e atualidade 27
   1.3 Delimitação do escopo deste trabalho 30
      1.3.1 Revisão crítica de questões que já foram objeto de exame pela doutrina 31
      1.3.2 Estudo focado no direito brasileiro 31
      1.3.3 Análise geral quanto a tipos societários 32
      1.3.4 Abordagem geral dos litígios societários que podem ser objeto de arbitragem 33
      1.3.5 O influxo do direito material 33
      1.3.6 Plano do trabalho 35

2. ADEQUAÇÃO DA ARBITRAGEM EM MATÉRIA SOCIETÁRIA (POSSÍVEIS VANTAGENS E DESVANTAGENS DA SUA ESCOLHA) 37
   2.1 Vantagens da arbitragem 37
      2.1.1 Especialidade 37
         2.1.1.1 Os árbitros são "seres do mercado" 38
         2.1.1.2 A possibilidade de escolha do árbitro, inclusive em razão da sua especialidade 39
         2.1.1.3 O árbitro deve se comprometer com o tempo da causa 40
         2.1.1.4 A especialidade da via arbitral é uma vantagem certa 41
      2.1.2 Celeridade 42
         2.1.2.1 A inexistência de recursos 43

        2.1.2.2 O árbitro deve se comprometer com o tempo da causa 44
        2.1.2.3 Ressalva quanto à fase de execução 44
        2.1.2.4 Outras ressalvas 45
        2.1.2.5 A celeridade da via arbitral é uma vantagem certa 46
    2.1.3 Confidencialidade 46
        2.1.3.1 A ampla divulgação do litígio é prejudicial a qualquer sociedade 46
        2.1.3.2 O incentivo à transparência no diálogo e ao cumprimento espontâneo de decisões 47
        2.1.3.3 A confidencialidade da arbitragem é uma vantagem relativa 47
    2.1.4 Informalidade 48
        2.1.4.1 O diálogo procedimental propiciado pelo ambiente da arbitragem 48
        2.1.4.2 A flexibilidade do procedimento 48
        2.1.4.3 A informalidade da arbitragem é uma vantagem possível . 50
2.2 Desvantagens da arbitragem 50
    2.2.1 Custos de curto e médio prazo 50
    2.2.2 Possibilidades de questionamento perante o Judiciário 52
    2.2.3 Impossibilidade de recursos 52
    2.2.4 Dependência 53
2.3 A arbitragem como instrumento de governança corporativa e proteção do interesse majoritário 54
2.4 A arbitragem societária como instrumento de proteção do minoritário? ... 55
    2.4.1 A solução restritiva 55
        2.4.1.1 Itália 56
        2.4.1.2 Estados Unidos da América 58
    2.4.2 O sistema brasileiro 59
        2.4.2.1 Mecanismos da Lei das S.A. 59
        2.4.2.2 O sistema de proteção por meio de ação civil pública 63
2.5 Premissas para a continuidade do tratamento do tema 66
    2.5.1 Reafirmação da arbitragem societária como solução realisticamente possível no sistema brasileiro 66
    2.5.2 Não se pode falar simplesmente "da arbitragem societária", mas sim "de alguma arbitragem societária", ou "da arbitragem societária que se busca" 67
    2.5.3 O necessário reconhecimento de diferenças fundamentais entre sociedades anônimas abertas e fechadas 69

2.5.4 Necessidade de pensar a arbitragem como um meio possível de resolução de litígios que atende aos postulados do devido processo legal 70

3. **CABIMENTO DA ARBITRAGEM EM MATÉRIA SOCIETÁRIA (O ESTÁGIO ATUAL DA MATÉRIA NO BRASIL: "ARBITRABILIDADE")** 73
  3.1 A noção geral de "arbitrabilidade" 73
  3.2 "Arbitrabilidade subjetiva" 75
   3.2.1 O cerne da discussão e sua delimitação: o alcance da cláusula compromissória (sócio dissidente, sócio ausente, sócio futuro) 79
   3.2.2 A posição de Modesto Carvalhosa 80
   3.2.3 A irrelevância da oposição institucionalismo-contratualismo 84
   3.2.4 O "status" de sócio e a inarredável aplicação do princípio da maioria 85
   3.2.5 A natureza das coisas 89
   3.2.6 A superação da discussão: o entendimento majoritário 93
    3.2.6.1 Dever, e não faculdade do sócio de se sujeitar à cláusula compromissória societária 95
    3.2.6.2 A interpretação condizente com o § 2.º do art. 109 e a desinfluência da localização do dispositivo na Lei das S.A.... 95
    3.2.6.3 A ausência de contrariedade ao art. 5.º, XXXV, da CF 96
    3.2.6.4 O não enquadramento como pacto parassocial 97
    3.2.6.5 A inaplicabilidade do art. 4.º, § 2.º, da Lei de Arbitragem . 97
    3.2.6.6 A excepcionalidade das hipóteses de unanimidade ou quórum qualificado 98
    3.2.6.7 A ausência de violação à autonomia dos sócios 99
   3.2.7 A equivalência de tratamento da questão nas sociedades limitadas e nas sociedades anônimas fechadas 99
   3.2.8 O tratamento da questão após a reforma da Lei das S.A. 101
  3.3 "Arbitrabilidade objetiva" 102
   3.3.1 A necessidade de interpretação crítica do art. 1.º da Lei de Arbitragem 104
    3.3.1.1 Afastamento de interpretações arbitrárias 105
    3.3.1.2 Inexistência de conexão entre disponibilidade e possibilidade de transação 105
    3.3.1.3 Tendência do direito brasileiro (arts. 851-853 do CC; art. 8.º, parágrafo único, da Lei de Arbitragem; art. 190 do CPC) . 106
   3.3.2 Premissa: a submissão de um litígio à arbitragem não representa renúncia a direitos ou desvio a normas de ordem pública 109

3.3.3　A arbitrabilidade dos direitos políticos dos acionistas..................... 114
3.3.4　Limites de aplicação: o princípio da "necessária incidência sobre o pacto social" 115
3.3.5　Uma peculiaridade: impossibilidade de arbitragem por equidade?... 119
3.4　Síntese a respeito da arbitrabilidade no âmbito societário........................ 121

4. **QUÓRUM QUALIFICADO E DIREITO DE RECESSO**.................................. 125
4.1　Aspectos gerais 125
4.2　O estado atual da matéria no direito brasileiro.. 127
    4.2.1　Sociedades reguladas no Código Civil (exceto a Limitada)............ 127
    4.2.2　Sociedade por quotas de responsabilidade limitada: a divergência na doutrina 129
    4.2.3　Sociedade anônima aberta 132
    4.2.4　Sociedade anônima fechada 133
    4.2.5　Sociedade em comandita por ações.. 134
    4.2.6　Delimitação do interesse da discussão 134
4.3　A solução que estabelece quórum qualificado e direito de recesso........... 135
    4.3.1　A experiência estrangeira... 135
    4.3.2　O art. 136-A da nossa lei acionária.. 137
4.4　Incoerência histórica e teórica dessa solução: a inexistência de conexão entre a cláusula de resolução de litígios e o direito de recesso 139
    4.4.1　O preciso enquadramento do tema 139
    4.4.2　Fundamento histórico e função do direito de recesso: contraponto ao princípio majoritário... 141
    4.4.3　As hipóteses da nossa lei acionária... 143
    4.4.4　Natureza de direito potestativo e consequências de seu exercício.... 147
    4.4.5　A inexistência de conexão entre a cláusula de resolução de litígios e as questões estruturais e relevantes nas quais o recesso se justifica 148
    4.4.6　Inconsistências práticas dessa solução.. 150
4.5　Mecanismos alternativos de proteção dos sócios 152
4.6　Crítica ao art. 136-A da Lei das S.A. 155

5. **AINDA OS LIMITES SUBJETIVOS: VINCULAÇÃO DOS ÓRGÃOS SOCIAIS E DOS SEUS TITULARES À CLÁUSULA ARBITRAL SOCIETÁRIA** 159
5.1　Possíveis soluções.. 159
    5.1.1　Posição restritiva 159
    5.1.2　Posição intermediária: necessidade de adesão expressa 160

| | 5.1.3 | Posição ampliativa | 161 |
| | 5.1.4 | Posição ampliativa mitigada | 162 |

5.2 A corrente ampliativa é a única compatível com o "ordenamento jurídico societário" e com a segurança jurídica 164

5.3 Ressalvas quanto a possíveis questões de cunho empregatício de diretores ou gerentes 164

5.4 Sociedades do Código Civil 166

5.5 Vinculação ampla dos órgãos sociais e de seus titulares 166

6. CONFIDENCIALIDADE 169

6.1 Aspectos gerais 169

6.2 A confidencialidade na arbitragem 170

6.3 O *full disclosure* nas S.A. abertas 171

6.4 O falso problema teórico e legal 172

    6.4.1 A confidencialidade não é requisito intrínseco e inafastável da arbitragem 172

    6.4.2 Confidencialidade não se confunde com privacidade 173

    6.4.3 A imposição legal e regulatória de divulgação de informações relevantes ao mercado 174

    6.4.4 A interpretação da Lei das S.A. conjugada com a Lei 6.385/1976 174

6.5 Os problemas de ordem prática 175

    6.5.1 O regulamento da CAM da BM&FBovespa e o seu aprisionamento ao modelo atual 175

    6.5.2 A divulgação de fatos relevantes 176

6.6 A confidencialidade como exceção 177

7. ALGUMAS QUESTÕES PROCESSUAIS E PROCEDIMENTAIS DECORRENTES DA PLURALIDADE DE PARTES ENVOLVIDAS 181

7.1 Apontamento dos árbitros 182

    7.1.1 A solução francesa para a arbitragem multiparte 182

    7.1.2 A solução italiana voltada para a arbitragem societária 184

    7.1.3 Arbitragem institucional 186

7.2 "Intervenção de terceiros" e reunião de processos 188

    7.2.1 Coisa julgada e eficácia da sentença nas ações de impugnação de deliberações societárias (no processo societário em geral) 188

    7.2.2 O problema na arbitragem societária 192

    7.2.3 Necessidade de dar ciência da existência da demanda a todos os colegitimados 194

7.3 Novamente: ressalva quanto à multiplicidade de situações concretas........ 197
7.4 Os regulamentos de arbitragem e a regulação legal da questão 198

8. IMPASSES DE NATUREZA NEGOCIAL 199
   8.1 A visão tradicional 200
   8.2 A questão no direito societário brasileiro 202
   8.3 A arbitrabilidade objetiva dos impasses de natureza negocial 203
   8.4 A admissão da solução de impasses pelo julgador no sistema brasileiro..... 204

9. CONSIDERAÇÕES FINAIS 207

REFERÊNCIAS BIBLIOGRÁFICAS 211

1
CONSIDERAÇÕES INICIAIS

> "A qualidade do regime legal constitui, portanto, fator de primordial importância: (i) é condição necessária, ainda que não suficiente, para o desenvolvimento do mercado de capitais e o florescimento da dispersão acionária; e (ii) determina a eficiência, ou não, do modelo de capital concentrado. O sistema de solução de conflitos societários, voltado a assegurar o cumprimento das normas de proteção aos investidores, é parte indissociável dessa equação, exercendo papel absolutamente central."[1]

1.1 O tema

A arbitragem se firmou definitivamente no Brasil com o julgamento da SE 5.206 pelo STF, em 12.12.2001, no qual se confirmou a constitucionalidade de dispositivos da Lei de Arbitragem (Lei 9.307/1996). No entanto, somente mais recentemente a arbitragem se consolidou, na prática brasileira, como um meio de resolução de litígios.

No mesmo ano de 2001, a Lei das Sociedades Anônimas (Lei 6.404/1976) foi modificada pela Lei 10.303 para a inclusão do § 3.º no art. 109, que prevê que "O estatuto da sociedade pode estabelecer que as divergências entre os acionistas e a companhia, ou entre os acionistas controladores e os acionistas minoritários, poderão ser solucionadas mediante arbitragem, nos termos em que especificar". A partir daí, notou-se uma preocupação da doutrina no sentido de determinar especialmente o alcance subjetivo da cláusula compromissória estatutária.

De um lado, a respeitada opinião de Modesto Carvalhosa deu-se no sentido de que o citado dispositivo estabeleceria um direito subjetivo potestativo do acio-

---

1. MUNHOZ, Eduardo Secchi. A importância do sistema de solução de conflitos para o direito societário: limites do instituto da arbitragem. In: YARSHELL, Flávio Luiz; PEREIRA, Guilherme Setoguti J. (coord.). *Processo societário*. São Paulo: Quartier Latin, 2012. p. 77-99, esp. p. 77-78.

nista de se valer da arbitragem, aderindo à cláusula arbitral societária quando desejasse. Para Carvalhosa, interpretação diferente esbarraria no comando do art. 5.º, XXXV, da CF, que estabelece que "a lei não excluirá da apreciação do Poder Judiciário lesão ou ameaça a direito".[2] Segundo tal posicionamento, seria necessário o expresso consentimento de todo e qualquer acionista para sujeitá-lo compulsoriamente à arbitragem instituída por cláusula inserida no ato constitutivo de uma sociedade.

De outro lado, inúmeros autores formaram a corrente majoritária a respeito do tema, defendendo que a cláusula compromissória societária,[3] uma vez aprovada pela maioria no âmbito da sociedade, seria oponível a todos os sócios ou acionistas, mesmo em face dos ausentes, dissidentes ou daqueles que ingressaram na sociedade após a deliberação que instituiu a convenção arbitral.[4]

Pode-se dizer que, atualmente, a questão do alcance subjetivo da cláusula compromissória societária se encontra bastante sedimentada na doutrina nacional, tanto entre os estudiosos da arbitragem quanto entre a maioria dos estudiosos do direito das sociedades. Assentou-se que o sócio, ao ingressar na sociedade, submete-se ao princípio da maioria, devendo aceitar todas as cláusulas contratuais ou disposições estatutárias aprovadas pela maioria societária, dentre as quais se inclui a cláusula arbitral que eventualmente tenha sido deliberada.[5]

Com relação à arbitrabilidade objetiva, é reconhecida a ampla arbitrabilidade dos litígios societários, dado o seu caráter eminentemente patrimonial. Há que se distinguir a necessária vinculação às normas cogentes ou de ordem pública presentes no direito das sociedades – vinculação que se aplica ao árbitro do mesmo modo que se aplica ao juiz estatal – da disponibilidade ou patrimonialidade do

---

2. CARVALHOSA, Modesto. *Comentários à Lei de Sociedades Anônimas.* 6. ed. São Paulo: Saraiva, 2014. vol. 2, p. 379-407.
3. Optamos por nos referir ao objeto de estudo, no mais das vezes, como *cláusula arbitral societária* ou *cláusula compromissória societária*, dada a abrangência das expressões, mais amplas do que a cláusula arbitral (ou compromissória) estatutária (da sociedade anônima). O presente trabalho pretende estudar e propor soluções gerais sobre o tema, aplicáveis à arbitragem societária, independentemente do tipo societário. É evidente, por outro lado, que algumas questões mostram-se mais afetas a determinados tipos societários. Há também temas (como o direito de recesso) que exigem análises diferenciadas quando se trata de um tipo societário ou de outro. Nos momentos em que nos referirmos a algum tipo societário específico, procuraremos deixar isso claro no texto.
4. Por todos: LOBO, Carlos Augusto da Silveira. A cláusula compromissória estatutária. *Revista de Arbitragem e Mediação.* ano 6. n. 22. p. 11-32. São Paulo: Ed. RT, jul.-set. 2009; e MARTINS, Pedro Batista. *Arbitragem no direito societário.* São Paulo: Quartier Latin, 2012.
5. MARTINS, Pedro. Op. cit., capítulos 2 e 4, item 4.

direito, que permite que este seja submetido à arbitragem,⁶ nos termos do art. 1.º da Lei de Arbitragem.⁷

No entanto, em consonância com uma crescente preocupação a respeito de temas atinentes à arbitragem, como consequência da sua crescente utilização no Brasil, há questões específicas que tocam à arbitragem societária que, apesar de já terem sido objeto de estudo e opinião balizados,⁸ ainda carecem de sedimentação. Como a arbitragem societária estava inicialmente prevista somente no art. 109 da Lei das S.A., diversos aspectos atinentes ao tema deixaram de ser objeto de regulação legal, ensejando a necessidade de aprofundamento da discussão sobre a aplicação prática da cláusula arbitral societária no Brasil.⁹

1.2 Relevância e atualidade

Os conflitos societários são um evidente campo fértil para a utilização da arbitragem, tendo em vista a sua característica eminentemente patrimonial. Lembre-se que o próprio Código Comercial (Lei 556/1850) originariamente previa que o juízo arbitral funcionaria como uma espécie de *tribunal geral do comércio*.¹⁰ Mais especificamente, o art. 294 previa que os litígios envolvendo sócios ou acionistas de uma sociedade deveriam ser obrigatoriamente solucionados por arbitragem.¹¹ Também o art. 302 estabelecia que o ato constitutivo das sociedades comerciais deveria conter "A forma da nomeação dos árbitros para juízes das dúvidas sociais" (n. 5). Essa obrigatoriedade deixou de existir com o advento da Lei 1.350/1866.¹²

---

6. Idem, capítulo 6.
7. "Art. 1.º As pessoas capazes de contratar poderão valer-se da arbitragem para dirimir litígios relativos a direitos patrimoniais disponíveis."
8. Autores que fizeram a abordagem do tema em obras específicas e de maneira aprofundada: VILELA, Marcelo Dias Gonçalves. *Arbitragem no direito societário*. Belo Horizonte: Mandamentos, 2004; e MARTINS, Pedro. Op. cit.
9. Nesse sentido, uma das propostas originais do presente estudo é determinar se as questões colocadas a seguir devem ser reguladas pela lei e, em caso positivo, por qual lei. Não se pode perder de vista que a recente alteração da Lei das S.A. tocou apenas a questão do direito de recesso no que tange ao tema da arbitragem societária, deixando diversos outros aspectos (alguns dos quais tratados no presente trabalho) em aberto para a regulação pelas partes, pelas instituições de arbitragem ou por atos normativos ulteriores.
10. Segundo o art. 20 do Título Único "Da Administração da Justiça nos Negócios e Causas Comerciais": "Serão necessariamente decididas por árbitros as questões e controvérsias a que o Código Comercial dá esta forma de decisão".
11. "Art. 294 Todas as questões sociais que se suscitarem entre sócios durante a existência da sociedade ou companhia, sua liquidação ou partilha, serão decididas em juízo arbitral."
12. "Art. 1.º Fica derrogado o Juizo Arbitral necessário, estabelecido pelo artigo vinte titulo unico do Codigo Commercial. § 1.º O Juizo Arbitral será sempre voluntario median-

Somente em 2001 a legislação brasileira voltou a prever a utilização da arbitragem societária, na Lei das S.A.[13] No entanto, como já mencionado, a redação do § 3.º do art. 109 deixou diversas dúvidas a respeito da implementação prática da arbitragem societária, sendo que, posteriormente, nenhum outro diploma legal tratou do tema – até a recente alteração da Lei de Arbitragem e da Lei das S.A., que de todo modo somente regulou a questão do direito de recesso.

Essas dúvidas, especialmente no que diz respeito ao que comumente se denomina *arbitrabilidade subjetiva* dos conflitos societários, provavelmente contribuíram para que a arbitragem societária não tivesse, até aqui, o sucesso que se esperava quando a Lei das S.A. foi reformada em 2001, especialmente no âmbito das sociedades fechadas e das sociedades abertas que não atuam nos níveis mais avançados de governança corporativa. Afinal, as discussões geraram insegurança jurídica, o que é incompatível com o ambiente empresarial e societário. Desde então, a doutrina majoritária tem se esforçado para sanar essa situação, esclarecendo que a instituição da cláusula compromissória societária deve se pautar no princípio da maioria.

A qualidade do sistema de solução de litígios é fator bastante relevante para o desenvolvimento das sociedades e da atividade empresarial. No âmbito das sociedades de capitais, a necessidade de desenvolvimento desse aspecto se faz ainda mais evidente. Conforme observa Eduardo Secchi Munhoz no trecho com o qual inauguramos este trabalho, o desenvolvimento do mercado de capitais depende da existência de mecanismos eficientes de proteção ao investidor, o que inclui um adequado sistema de resolução de litígios.

Mas não é apenas nas sociedades abertas ou de grande porte que o tema se mostra relevante. É inegável que a qualidade do sistema de solução de litígios é fundamental para o desenvolvimento das sociedades em geral, seja qual for o seu tipo. Afinal, mesmo no âmbito de sociedades menores (e até mesmo fami-

---

  te o compromisso das partes. § 2.º Podem as partes autorizar os seus arbitros para julgarem por equidade independentemente das regras e fórmas de direito."
13. O que, a nosso ver, não significa que não se pudesse, mesmo antes de 2001, instituir cláusula arbitral societária. No entanto, conforme ficará evidente ao longo da exposição do tema, a arbitragem societária, em função de suas peculiaridades, carece de um nível de regulação específico (e talvez mais intenso) do que a arbitragem aplicada aos contratos de troca. Nesse sentido, a modificação da Lei das S.A. procurou trazer maior segurança jurídica para a aplicação da arbitragem nas sociedades anônimas, fazendo-o, sob certo ângulo, de forma rasa e até mesmo equivocada. Por outro lado, a necessidade de regulação não implica necessariamente regulamentação ao nível legislativo. É possível que a regulação buscada seja atingida pela própria redação da cláusula arbitral, pelos regulamentos de arbitragem das instituições ou até mesmo pela doutrina, ao sistematizar as peculiaridades atinentes à matéria.

liares), a certeza de que eventuais litígios poderão ser resolvidos de maneira eficiente contribui naturalmente para encorajar e preservar o desenvolvimento empresarial.

Essa deve ser uma premissa básica, a permear todo o estudo que se busca empreender. Não há sentido em pensar a arbitragem dissociada da ideia de que é necessário estabelecer um sistema mais eficiente de proteção dos direitos dos sujeitos envolvidos no mercado de capitais e no mercado empresarial em geral.

Ademais, é inegável que o tema proposto, apesar de já estar sendo maturado pela doutrina brasileira, com base inclusive no direito comparado, ainda está sujeito a diversas discussões. A aprovação recente do novo Código de Processo Civil,[14] da reforma da Lei da Arbitragem e da Lei das S.A.,[15] e a tramitação do anteprojeto de um possível novo Código Comercial[16] contribuem para esse cenário. Trata-se de tema em que se encontra uma grande interseção entre o direito material e o processo.[17-18]

A arbitragem societária, portanto, é tema bastante atual e sobre o qual muito ainda será discutido nos próximos anos, tanto em face de eventual lei que trate da matéria, quanto em face de regulação proposta *de lege ferenda*, ou mesmo no sentido de aplicar a arbitragem societária com o quadro legal atualmente existente no Brasil e de maneira consentânea com os princípios e regras do direito societário.

---

14. Lei 13.105/2015.
15. Lei 13.129/2015.
16. PL 1.572/2011 da Câmara dos Deputados e PLS 487/2013.
17. Nesse sentido, Flávio Luiz Yarshell e Guilherme Setoguti J. Pereira explicam que a disciplina do processo se amolda às características do direito material invocado. Assim, "o direito positivo – distanciando-se do conceito frio, por assim dizer, da teoria geral do processo – conhece uma série expressiva de 'processos civis' ou de 'microssistemas'". Segundo os mesmos autores, por tal razão "a existência desses outros sistemas é imperativo do caráter instrumental do processo, de um lado, e das peculiaridades do direito material, de outro" (YARSHELL, Flávio Luiz; PEREIRA, Guilherme Setoguti J. (coord.). *Processo societário*. São Paulo: Quartier Latin, 2012. p. 21-24, prefácio).
18. O novo Código de Processo Civil reconheceu a necessidade de conciliação entre o direito material e o processo, trazendo mecanismos que podem aproximar a condução do processo judicial daqueles já possíveis no âmbito da arbitragem. Nesse sentido, pode-se dizer que há uma tendência generalizada de adequação do processo às especificidades do direito material tratado. São exemplos dessa tendência no novo Código de Processo Civil (i) a consolidação explícita dos negócios jurídicos processuais (art. 200); (ii) a admissão dos negócios jurídicos processuais atípicos (art. 190); e (iii) a possibilidade de estabelecimento de um calendário processual (art. 191).

Em síntese, a importância da arbitragem societária é mesmo evidente, uma vez que a arbitragem, pelas suas características como forma de resolução de litígios, amolda-se ao direito comercial, cujos institutos são voltados ao incremento do fluxo das relações comerciais.[19]

Nesse sentido, é relevante a explicação de Arnoldo Wald:

"Adicionalmente, os conflitos societários representam um alto custo para as empresas, ameaçando reduzir o valor das suas ações e dificultando a sua expansão e o seu desenvolvimento. Em muitos casos, as batalhas entre minoritários e majoritários, ou entre titulares do controle partilhado, perturbam o futuro da empresa, na medida em que ela perde credibilidade e vê o seu crédito minguar. Em certos casos, a dissolução total ou parcial das empresas ou conflitos sucessivos entre os acionistas podem até levá-las à insolvência".[20]

1.3 Delimitação do escopo deste trabalho

Antes de prosseguir, procuraremos delimitar claramente o escopo deste trabalho. Trata-se de tema que pode englobar uma gama muito ampla de questões, abordadas por diversos ângulos e de forma interdisciplinar. É necessário, por isso, delimitar as questões que nos parecem relevantes e adequadas para o âmbito deste estudo, bem como a forma como serão tratadas.

Uma primeira premissa, mais evidente, é de que o presente trabalho tratará apenas da arbitragem derivada de cláusula compromissória inserta em contrato social ou estatuto de sociedade, com o escopo de dirimir conflitos internos ao âmbito societário. Não se pretende tratar especificamente da celebração de compromissos arbitrais para a realização de arbitragens com esse mesmo escopo, embora em relação a muitas questões a solução tenda a ser muito próxima daquela proposta para a cláusula arbitral societária, objeto do presente trabalho.[21]

---

19. Paula Forgioni menciona a advertência já feita pelo Visconde de Cairu: "Sempre advertiram os comercialistas que um mercado que não dê guarida à boa-fé e à proteção da legítima expectativa da outra parte tenderia ao colapso, porque dificultaria o 'gyro comercial' (Cairu) ou a fluidez das relações econômicas. O direito atua para disciplinar, para obrigar a adoção de um comportamento que, embora possa não interessar imediatamente ao empresário oportunista, permite a preservação e o funcionamento do sistema como um todo" (FORGIONI, Paula A. *Teoria geral dos contratos empresariais*. 2. ed. São Paulo: Ed. RT, 2010. p. 80).
20. WALD, Arnoldo. A crise e a arbitragem no direito societário e bancário. *Revista de Arbitragem e Mediação*. ano 6. n. 20. p. 9-24. esp. p. 16. São Paulo: Ed. RT, jan.-mar. 2009.
21. Do mesmo modo, não haverá estudo específico e aprofundado sobre os efeitos de cláusula arbitral inserta em acordos de acionistas, embora haja a possibilidade de tais efeitos também serem semelhantes àqueles decorrentes da *cláusula arbitral societária* no sentido adotado no presente trabalho.

1.3.1 Revisão crítica de questões que já foram objeto de exame pela doutrina

Em primeiro lugar, o presente trabalho não buscará repetir ou revisar entendimentos já consolidados a respeito da arbitragem e da arbitragem societária, sem que se tente trazer uma visão crítica sobre os temas tratados.

Nos capítulos 2 e 3, serão assentadas algumas questões gerais, fundamentais para que se discutam questões mais específicas, atinentes à aplicação da arbitragem no âmbito societário. Pretende-se revisitar algumas questões que já foram exaustivamente exploradas pela doutrina. Mas isso não será feito com o intuito de simplesmente repetir análises já consagradas, e sim com a intenção de revisar criticamente algumas premissas que poderão ser posteriormente úteis.

Assim, no capítulo 2 procurar-se-á determinar algumas vantagens e desvantagens da arbitragem societária do ponto de vista da sociedade e dos sócios, e mais especificamente do controlador e do minoritário no caso da sociedade anônima.

O capítulo 3 será destinado ao tema da *arbitrabilidade* que, como já informado, foi o mais discutido na doutrina brasileira sobre a arbitragem societária (especialmente pelo ângulo subjetivo). As considerações que procuraremos fazer nesse ponto deverão fundamentar análises de tópicos específicos que serão tratados em seguida, no que diz respeito a assuntos que estão no centro do debate atual sobre o tema.[22]

Nos demais capítulos, trataremos de *questões de aplicação* da arbitragem societária, as quais estão descritas mais adiante.

1.3.2 Estudo focado no direito brasileiro

Embora o estudo de direito comparado seja método relevante, o tema será tratado especialmente em vista da realidade brasileira, tendo em consideração especialmente o estado atual da arbitragem no Brasil. Para isso, tomar-se-á em conta, especialmente, a legislação atinente às questões propostas e a doutrina do direito societário e da arbitragem.

A arbitragem constitui, por excelência, o meio de resolução de litígios no âmbito internacional.[23] No entanto, daremos ênfase ao direito brasileiro no pre-

---

22. As considerações a respeito do princípio da maioria, por exemplo, são intimamente ligadas ao enfrentamento da questão de saber se a instituição de cláusula arbitral estatutária deve conduzir ao direito de recesso dos acionistas dissidentes, conforme previsto na recente modificação da Lei das S.A.
23. De acordo com Emmanuel Gaillard e John Savage, a arbitragem internacional consiste no método comum de resolução de conflitos no cenário internacional. Essa constatação decorre de uma série de razões, dentre as quais a neutralidade do juízo arbitral para

sente trabalho, limitando a análise à arbitragem de conflitos internos de sociedades estabelecidas no Brasil, tendo como lei aplicável o direito brasileiro, e com a sede do processo arbitral no país.

Evidentemente, referências ao direito estrangeiro serão feitas na medida em que houver soluções ou comparações úteis para o objeto de investigação. Assim se dará, por exemplo, com a lei italiana, que adotou uma regulamentação bastante específica para a arbitragem societária no Decreto Legislativo 5/2003.

1.3.3 Análise geral quanto a tipos societários

Também não se restringirá a análise a determinado tipo societário. Não se buscará tratar da arbitragem societária relacionada apenas às sociedades por quotas de responsabilidade limitada ou às sociedades anônimas, por exemplo, ainda que pela sua importância prática tais tipos societários tenham natural destaque.

A princípio, as questões e soluções propostas serão trabalhadas de maneira a se aplicarem indistintamente entre os tipos societários. Evidentemente, haverá questões específicas que demandarão um exame mais detido a respeito de deter-

---

partes provenientes de diferentes países e a autonomia de que as partes dispõem para estabelecer o seu mecanismo próprio de resolução dos litígios: "A arbitragem comercial internacional presenciou um intenso crescimento nos últimos vinte anos. Ainda que isso reflita em certa medida o subjacente desenvolvimento do comércio internacional, a arbitragem internacional se propagou por diversas outras razões: (...) a arbitragem internacional agora é reconhecida – porque seu caráter internacional reflete a natureza das disputas sendo resolvidas – como um método neutro de resolução de impasses comerciais entre partes de diferentes nações, permitindo a cada uma delas evitar as cortes nacionais dos seus cocontratantes; finalmente, a arbitragem internacional concede às partes considerável liberdade para moldarem seu próprio mecanismo de resolução de conflitos, amplamente livre de limitações das leis nacionais. (...). Devido a todas essas razões que a arbitragem internacional se tornou o método comum de resolução de conflitos em transações internacionais" (tradução livre). Texto original: "International commercial arbitration has witnessed dramatic growth over the last twenty years. Although this reflects to a certain degree the underlying development of international commerce, international arbitration has flourished for a number of other reasons: (...) international arbitration is now acknowledged–because its international character reflects the nature of the disputes being resolved–to be a neutral method of settling commercial disputes between parties from different nations, allowing each of the parties to avoid the "home" courts of its co-contractors; finally, international arbitration gives the parties substantial liberty to design their own dispute resolution mechanism, largely free of the constraints of national law. (...). It is for all these reasons that international arbitration has become the normal method of resolving disputes in international transactions" (GAILLARD, Emmanuel; SAVAGE, John. *Fouchard Gaillard Goldman on International Commercial Arbitration*. The Hague: Kluwer Law International, 1999. p. 1).

minado tipo societário, ou ainda casos em que a solução proposta não poderá ser aplicada indistintamente. Assim, por exemplo, a questão do direito de recesso precisará ser abordada de maneira distinta quando se trata de sociedade anônima aberta ou fechada e quando se trata das sociedades do Código Civil. Em hipóteses como essa, procuraremos explicitar as abordagens direcionadas a determinado tipo societário.

1.3.4 Abordagem geral dos litígios societários que podem ser objeto de arbitragem

Ainda, não pretendemos analisar casuisticamente conflitos que possam surgir no âmbito interno das sociedades, para tratar de questões de aplicação específica da arbitragem na resolução de tais litígios. O tema será abordado, em geral, de forma a abranger a multiplicidade de conflitos intrassocietários. Não se pretende fazer análises casuísticas, que não sirvam a uma visão global a respeito do tema.

Por outro lado, há uma evidente ênfase à questão da impugnação de deliberações societárias que será sentida ao longo da exposição, especialmente quando tratarmos de algumas questões procedimentais decorrentes do tema. Trata-se de questão bastante sensível ao âmbito interno das sociedades e que nos parece ter grande aplicação prática, especialmente no que se refere às sociedades anônimas.

1.3.5 O influxo do direito material

A análise dos temas pretendidos será feita com base não apenas na doutrina sobre a arbitragem societária, mas também levando em conta os fundamentos do direito societário, sempre com a premissa de que a aplicação da arbitragem não pode se dissociar do direito material suscitado.

Nesse sentido, vale destacar que a arbitragem, apesar de ser dotada de princípios próprios, sofre o mesmo influxo do direito material que ocorre com o processo civil.[24] Há uma nítida tensão entre a reafirmação dos princípios e premissas próprios, que regem a arbitragem, e a sua instrumentalidade como meio de resolução de litígios em diversos ramos jurídicos.

Ana Tereza Palhares Basílio e André Fontes, em sucinto artigo, defendem que a arbitragem, pelos seus fundamentos, não pode nem ser encarada apenas como se fosse uma decorrência do direito público – no sentido de ser um processo voltado à sentença de mérito para a resolução de um litígio (de cunho jurisdicional) –, tampouco como se fosse um negócio jurídico, ao qual se aplicaria a disciplina do direito privado:

---

24. YARSHELL, Flávio Luiz; PEREIRA, Guilherme Setoguti J. Op. cit., p. 21-24 (prefácio).

"Suscita-se, ademais, outra indagação: se a arbitragem não é uma categoria própria ou autônoma, e, sim, um contrato ou jurisdição, porque não se aplicam a ela os regimes desses institutos? A resposta é simples: porque o árbitro não é dotado de todos os poderes do juiz e porque a arbitragem não se subordina apenas à autonomia da vontade.

Demais disso, a arbitragem não se limita à aplicação do Direito, pois, sabidamente, pode se realizar por equidade, ou ainda pela praxe, como, por exemplo, as práticas comerciais. A sistemática da arbitragem pode obedecer às cláusulas convencionadas pelos litigantes em formas totalmente distintas do Direito em vigor. Então, nesse caso, a arbitragem não seria jurisdição, contrato ou os dois amalgamados. A arbitragem seria o que, então? A melhor resposta é uma só: arbitragem é arbitragem".[25]

Evidentemente, a discussão sobre a natureza jurídica da arbitragem é profunda e bastante controversa, não cabendo na presente obra. Tampouco se pretende tomar posição a esse respeito, posicionando-se favoravelmente à teoria autonomista da arbitragem. Em que pese isso, a figura nos parece válida porque: "A arbitragem não pode ser uma exceção à ideia de que também ela deveria passar pelo debate de ter uma explicação científica autônoma, de constituir objeto de um estudo próprio e específico (...)".[26]

Isso quer dizer que o estudo da arbitragem societária deverá considerar as peculiaridades da arbitragem, já sedimentadas pela doutrina e pela jurisprudência que tratam especificamente do tema. No entanto, como se disse, quando se trata da aplicação da arbitragem a algum setor específico do direito (como os contratos administrativos, o direito societário etc.) não se pode perder de vista a instrumentalidade da arbitragem como meio de resolução de litígios. Essa premissa torna inevitável o estudo dos fundamentos do direito material envolvido.

Vale, nesse sentido, a lição de Haroldo Malheiros Duclerc Verçosa ao afirmar que esse tema traz a tona dois sistemas que se interseccionam, sendo o primeiro o do direito societário e o segundo o do direito arbitral. Segundo Verçosa (referindo-se especificamente à sociedade anônima), essa constatação demanda "interpretação coerente com o instituto das companhias, cuja unidade não pode ser quebrada". Por isso, também, como veremos, "há de se reconhecer que o estatuto social, na qualidade de constituição da companhia, se aplica de forma igual e indistinta a todos os acionistas, dentro de uma unidade orgânica".[27]

---

25. BASÍLIO, Ana Tereza Palhares; FONTES, André R. C. A teoria autonomista da arbitragem. *Revista de Arbitragem e Mediação*. ano 5. n. 17. p. 49-53. esp. p. 51. São Paulo: Ed. RT, abr.-jun. 2008.
26. Idem, p. 51.
27. VERÇOSA, Haroldo Malheiros Duclerc. *Curso de direito comercial*. São Paulo: Malheiros, 2008. vol. 3, p. 338.

1.3.6 Plano do trabalho

O estudo é dividido em sete capítulos, além do presente capítulo introdutório.

Como já se disse, os primeiros capítulos tratam de premissas gerais para a arbitragem societária no Brasil. Mais precisamente, tratam da adequação e do cabimento da arbitragem em matéria societária.

O capítulo 2 trata das *vantagens e desvantagens* da arbitragem, focando-se tanto no interesse da sociedade (no sentido de empresa) em adotar a arbitragem como meio de resolução de litígios, quanto na necessidade de cuidado para que isso não venha a prejudicar os acionistas (especialmente os minoritários).

O capítulo 3 trata da *arbitrabilidade* sob os ângulos subjetivo e objetivo, no que diz respeito ao âmbito societário. A arbitrabilidade é premissa para a aplicação da arbitragem em qualquer área.

Os capítulos seguintes destinam-se a tratar dos *temas de aplicação* da arbitragem societária no Brasil, tocando em alguns pontos bastante controversos ou ainda pouco explorados (alguns deles tanto na prática quanto na teoria). Nesse ponto, o objetivo é contribuir para uma melhor maturação dessas questões e uma consequente abertura maior à utilização da arbitragem nas sociedades em geral, bem como o seu aprimoramento para as sociedades abertas listadas nos níveis mais altos de governança corporativa da BM&FBovespa.

O capítulo 4 trata da questão da admissão do direito de recesso ao sócio dissidente da deliberação que inclui ou suprime a cláusula compromissória societária em uma sociedade já existente. Essa questão, como já dissemos, está intimamente relacionada à *arbitrabilidade subjetiva*, e foi recentemente regulada em recente modificação da Lei das S.A.

O capítulo 5 trata brevemente de outra questão adicional relacionada à *arbitrabilidade subjetiva*. Retorna-se ao tema da eficácia subjetiva da cláusula arbitral societária, mas agora para tratar de questão específica, referente à possível vinculação, obrigatória e automática, dos órgãos sociais e de seus titulares, em relação à convenção de arbitragem societária. Trata-se de um ponto específico e no qual se encontra grande divergência na doutrina,[28] razão pela qual o tema está destacado do capítulo 3.

O capítulo 6 traz a questão da confidencialidade aplicável à arbitragem. Nesse ponto, há uma aparente tensão entre o princípio do *full disclosure*, aplicável às sociedades abertas, e a confidencialidade, que a princípio se mostra atrativa ao direito societário, pela proteção que pode propiciar às sociedades. Além disso, a

---

28. Pedro Batista Martins é favorável à vinculação compulsória dos órgãos sociais e seus titulares (op. cit., p. 131-141). Em sentido oposto, Modesto Carvalhosa (op. cit., vol. 2, p. 402).

necessidade de se formar um ambiente acionário mais seguro por intermédio (também) do amplo conhecimento de precedentes em matéria societária igualmente poderia conflitar com a confidencialidade.[29] Trata-se de questão de especial interesse no âmbito das sociedades anônimas abertas.

O capítulo 7 trata de questões procedimentais decorrentes da pluralidade de partes envolvida nos litígios societários. Por se tratar a sociedade de um contrato plurilateral, de colaboração e de longo prazo, há reflexos no desenvolvimento do processo arbitral. Na maior parte dos casos, não há como tratar a arbitragem no âmbito societário do mesmo modo como se trata o procedimento da arbitragem derivado de contratos bilaterais.

Por fim, o capítulo 8 trata brevemente da possibilidade de julgamento, pelos árbitros, de impasses de natureza negocial surgidos no âmbito da sociedade, diante das previsões do art. 129, § 2.º, da Lei das S.A., e do art. 1.010, § 2.º, do CC.

---

29. Essas preocupações foram lançadas por Eduardo Secchi Munhoz (op. cit.).

2
ADEQUAÇÃO DA ARBITRAGEM EM MATÉRIA SOCIETÁRIA (POSSÍVEIS VANTAGENS E DESVANTAGENS DA SUA ESCOLHA)

> "Desses brutos fatos históricos, intui-se um evidente nexo entre arbitragem e direito societário, que muito elucida acerca de suas próprias naturezas e funções."[1]

A análise das vantagens e desvantagens da arbitragem envolve uma boa dose de reducionismo. Não é possível determinar de maneira genérica o que será vantajoso ou não para este ou aquele sujeito envolvido num possível litígio societário. Tal análise deverá sempre estar relacionada ao caso concreto.

Com a ressalva de que todas as observações lançadas devem ser criticamente questionadas, iniciaremos com a exposição de algumas ideias gerais a respeito das vantagens e desvantagens da arbitragem voltada à resolução de conflitos internos numa sociedade.

2.1 Vantagens da arbitragem

As principais vantagens da arbitragem societária que a nosso ver podem ser elencadas, de princípio, são a *especialidade*, a *celeridade*, a *confidencialidade* e a *informalidade*.

2.1.1 Especialidade

A escolha da arbitragem para a resolução de um conflito intrassocietário traz uma primeira vantagem evidente, que nos parece inclusive ser a *grande* vantagem

---

1. WARDE JR., Jorge; CUNHA, Fernando Antonio Maia da. A arbitragem e os limites à atuação do Judiciário nos litígios societários. In: YARSHELL, Flávio Luiz; PEREIRA, Guilherme Setoguti J. (coord.). *Processo societário*. São Paulo: Quartier Latin, 2012. p. 725-758. p. 739.

da arbitragem societária, se comparada com a via judicial. A via arbitral tende a ser muito mais especializada em conflitos dessa natureza.

2.1.1.1 Os árbitros são "seres do mercado"

Em primeiro lugar, os árbitros são *seres do mercado*. Ao contrário dos juízes, que em geral desde cedo se conformam aos quadros estatais, os árbitros, que geralmente são advogados ou outros profissionais liberais por formação, fazem parte da mesma dinâmica que os empresários. Ao jogarem o *jogo do mercado*, os árbitros acabam se habituando ao funcionamento do mundo corporativo e da iniciativa privada.

No caso das sociedades que não ofertam papéis no mercado de valores mobiliários, os conflitos intrassociais, a princípio, envolverão o interesse econômico egoístico de um número determinado de sujeitos. Todo interesse que gravita em torno de litígios societários nessas sociedades será necessariamente patrimonial e de cunho individual. Não se cogita, nesses casos, da tutela de outros interesses (coletivos, sociais etc.), com os quais o juiz estatal em geral está habituado.

Nesses casos, interesses gerais como a preservação da empresa serão tutelados, no máximo, de forma *indireta*. O litígio não buscará a tutela direta desses interesses. No limite, a decisão adotada poderá apenas indiretamente tutelar interesses de alcance geral ou influenciar a cultura dos agentes do mercado.

Assim, parece intuitivo que a experiência de profissionais liberais, na busca da viabilização da sua própria atividade profissional (mesmo que intelectual), tende a torná-los mais sensíveis do que os juízes estatais em relação aos interesses dos sócios e acionistas em litígio. Pelo seu próprio perfil profissional e pela atividade que desenvolvem, esses profissionais possivelmente poderão tratar dos conflitos societários com mais sensibilidade em relação aos interesses conflitantes em disputa.[2]

O mesmo não pode ser dito em relação às sociedades de capital aberto. Nesse caso, a resolução dos litígios societários deverá levar em conta não apenas o interesse de cada investidor isoladamente considerado, mas também o interesse geral do mercado de valores mobiliários. A questão deverá ser encarada por um ângulo menos privado e mais coletivo. Assim, seria possível dizer que, a princípio, a tutela buscada se assemelharia mais ao tipo de questão com a qual o juiz estatal está acostumado a lidar.

---

2. MAKANT, Barbara. A arbitrabilidade subjetiva nas sociedades anônimas. *Revista de Arbitragem e Mediação*. ano 2. n. 4. p. 82-103. esp. p. 101. São Paulo: Ed. RT, jan.-mar. 2005.

No entanto, conforme esmiuçaremos mais adiante, o sistema de proteção coletiva e individual do minoritário investidor perante o Judiciário brasileiro não tem se mostrado *eficiente* e *suficiente*. Por isso a arbitragem não pode deixar de ser considerada como uma ferramenta importante de solução de conflitos envolvendo investidores, mesmo no âmbito das sociedades que operam no mercado de capitais. Nesse sentido, a utilização da arbitragem societária acabou sendo até mesmo *glorificada*, na medida em que a Bolsa de Valores de São Paulo (BM&FBovespa) instituiu a inserção de cláusula compromissória estatutária como condição para participação em três dos seus níveis de governança corporativa (Nível 2, Novo Mercado e Bovespa Mais).

Essas considerações serão melhor tratadas adiante. Por ora, deve-se ressaltar a ideia de que, na nossa realidade, provavelmente será o árbitro o profissional mais habilitado para lidar com as questões suscitadas num litígio societário.

2.1.1.2 A possibilidade de escolha do árbitro, inclusive em razão da sua especialidade

Some-se a isso o fato de que um árbitro pode ser *escolhido* pelas partes, que provavelmente levarão em conta a confiança pessoal que nele possuem, bem como a sua especialização na matéria em litígio. Em verdade, tais atributos, que concernem à própria reputação da pessoa no meio profissional e acadêmico, pautarão a confiança pessoal que as partes depositam no árbitro escolhido.[3]

Por outro lado, um juiz jamais é *escolhido*.[4] Ademais, não se pode esperar (salvo em raros casos) que um juiz estatal tenha o mesmo conhecimento do direito societário que se espera de um árbitro indicado para julgar um litígio dessa natureza. Enquanto o conhecimento do juiz estatal é construído de maneira horizontal e ampla, o conhecimento técnico e acadêmico do árbitro tende a ser mais verticalizado, específico e aprofundado.[5]

---

3. Confiança que, como se sabe, é princípio que pauta o apontamento dos árbitros na arbitragem. Conforme apontam Lew, Mistelis e Kröll, uma das maiores vantagens da arbitragem consiste exatamente nessa possibilidade das partes de escolherem o tribunal que julgará a causa (LEW, Julian D. M.; MISTELIS, Loukas A.; KRÖLL, Stefan Michael et al. *Comparative International Commercial Arbitration*. The Hague: Kluwer Law International, 2003. p. 223). A confiança que as partes depositam no árbitro como fator determinante de sua escolha também é observada por Redfern and Hunter (REDFERN, Alan; HUNTER, Martin; BLACKABY, Nigel; PARTASIDES, Constantine et al. *Redfern and Hunter on International Arbitration*. Oxford: Oxford University Press, 2009. p. 248).
4. Ao menos é o que se espera, em face do princípio do juiz natural insculpido nos arts. 5.º, XXXVII e LIII, da CF e 930 do CPC.
5. WALD, Arnoldo. A arbitrabilidade dos conflitos societários: considerações preliminares (1). *Revista de Arbitragem e Mediação*. ano 4. n. 12. p. 22-28. esp. p. 25. São Paulo: Ed. RT, jan.-mar. 2007.

Donaldo Armelin bem resume essa ordem de ideias:

"A neutralidade é tida como sendo a melhor qualidade da arbitragem, uma vez que permite a apreciação do litígio de forma desprovida de pressões e interesses políticos ou econômicos, porquanto os árbitros não atuam em nome do Estado. Ademais, os árbitros, por serem ou diretamente nomeados pelas partes ou por instituições especializadas, conforme o caso, geralmente são profissionais especializados na matéria em litígio ou são do meio socioprofissional no qual este nasceu".[6]

Conforme a advertência de Osmar Brina Corrêa-Lima, a necessidade de julgamento especializado dos litígios societários é agravada pelo fato de a lei ter dado um "voto de confiança" ao julgador, na medida em que estabeleceu conceitos vagos. Segundo esse doutrinador, referindo-se à atuação do Judiciário nos litígios das sociedades anônimas, "Esse voto de confiança, a um tempo, pressupõe e requer uma atuação lúcida, eficiente e corajosa", que "envolve a exata compreensão dos princípios maiores que inspiraram a legislação das sociedades por ações".[7]

Acrescente-se ainda que a possibilidade de escolha dos árbitros com base no critério da confiança também contribui para a pacificação social. Isso porque a parte tende a respeitar e cumprir mais facilmente a decisão emanada por profissional de reconhecida reputação, capacidade e especialidade para administração do conflito.

2.1.1.3 O árbitro deve se comprometer com o tempo da causa

Por fim, não se pode exigir de um juiz que se debruce sobre um determinado caso com o mesmo afinco e dispêndio de tempo que se pode exigir de um árbitro. Enquanto os árbitros em geral devem até mesmo se comprometer a dispor de uma quantidade de tempo específica para o julgamento de um determinado caso,[8] o juiz estatal em geral deverá dividir o seu tempo de trabalho

---

6. ARMELIN, Donaldo. A arbitragem como melhor forma de solução da controvérsia entre a *holding* e as empresas subsidiárias. *Revista de Arbitragem e Mediação*. ano. 5, n. 16. p. 205-210. esp. p. 207. São Paulo: Ed. RT, jan.-mar. 2008.
7. CORRÊA-LIMA, Osmar Brina. *Sociedade anônima*. 2. ed. Belo Horizonte: Del Rey, 2003. p. 475.
8. Exemplificativamente, no âmbito da CAM-BM&FBovespa, a Orientação 2/2013, expedida pelo Presidente da CAM, estabelece que todos os árbitros indicados deverão responder a um questionário segundo um modelo anexo à própria Orientação. O item 11 desse questionário contém a seguinte indagação: "Dispõe de tempo hábil para exercer a função de árbitro segundo as expectativas das partes, zelando pela celeridade do procedimento arbitral?" (Disponíveis em: [www.bmfbovespa.com.br/pt-br/regulacao/ca-

entre milhares de processos. Assim, pode-se esperar do árbitro, no mínimo, um julgamento mais *minucioso*, que enfrente com maior profundidade os detalhes das questões fáticas e jurídicas debatidas entre as partes (ganho qualitativo) e até mesmo um julgamento mais célere de uma maior gama de questões envolvidas no litígio (ganho quantitativo).

Nesse sentido, é interessante ponderar que talvez o *juiz estatal ideal* seja aquele que resolva um maior número de casos num determinado período de tempo, com um nível de atenção mediano (já que o padrão ótimo tenderia a inviabilizar o exercício da função). Por outro lado, o árbitro ideal se identifica com aquele que é capaz de resolver um número menor de casos, no mesmo período de tempo, porém, com atenção especial a cada um desses casos.

Ademais, os critérios nos quais as partes se pautam para escolher os árbitros produzem uma espécie de *seleção natural*. Aqueles profissionais que são capazes de resolver litígios adequadamente e com um nível de rapidez razoável tendem a prevalecer sobre os que não se dedicam adequadamente às arbitragens assumidas.

Esse comprometimento dos árbitros com o tempo das causas também pode gerar maior celeridade no julgamento – vantagem que será tratada logo adiante.

2.1.1.4 A especialidade da via arbitral é uma vantagem certa

Não sem correr algum risco, arriscamos dizer que a especialidade e adequação da via arbitral para conflitos societários é *certa*, contanto que as partes promovam a escolha dos árbitros pautadas por critérios rígidos, levando em conta a sua reputação profissional e o seu conhecimento acadêmico e técnico a respeito da matéria em discussão e sobre a aplicação da arbitragem em geral.

Vale ressalvar que as considerações aqui colocadas a título de comparação entre a possível atuação do juiz estatal e do árbitro, num litígio societário, não procuram fazer juízo de valor sobre a atuação desses profissionais. Não se busca qualificar os árbitros como *melhores* e os juízes como *piores*. Trata-se apenas de reconhecer que, enquanto o juiz estatal é possivelmente o mais indicado para o julgamento de outros conflitos, a arbitragem é o meio mais indicado para a pacificação de litígios societários.

---

mara-de-arbitragem-do-mercado/regulamentacao.aspx?Idioma=pt-br]. Acesso em: 30.08.2014). Com isso, procura-se vincular os árbitros ao compromisso de disporem do tempo adequado para atuarem na arbitragem, assegurando que deem ao litígio tratamento condizente com a profundidade de análise e a celeridade esperadas.

2.1.2 Celeridade

Aponta-se que a arbitragem seria um meio mais célere de resolução de litígios do que o Judiciário.[9] Assim, ela seria perfeitamente adequada à ideia de que o destino de uma sociedade não pode ficar à mercê da passagem do tempo. A insegurança (fática e jurídica) causada pela pendência de um litígio interno numa sociedade por um longo período de tempo pode ser fatal para a própria sociedade.

Como adverte Pedro Batista Martins, a ruptura da normalidade da vida societária gera uma indesejada tensão, retirando da atenção dos sujeitos envolvidos a consecução do objeto social. Como consequência desse movimento, há uma "supressão de hierarquias", no sentido de que o interesse social passa a coincidir com os interesses dos sócios na solução da pendência. Isso porque "A eternização dos conflitos internos prejudica tanto os sócios, quando a companhia".[10]

Em uma situação como essa é muito provável que, submetidos a uma escolha de custo-benefício, os agentes se disponham até mesmo a abrir mão de valores ao invés de se desgastarem num longo processo societário. Afinal, se os empresários confiam na sua própria competência para desenvolver atividades com escopo de lucro, sabem também que o tempo perdido pode ser irrecuperável. Tal afirmação pode não ser verdadeira em face de qualquer acionista meramente investidor, mas certamente o é para aqueles que se enquadram como empresários.[11]

---

9. MAKANT, Bárbara. A arbitrabilidade subjetiva... cit., p. 101.
10. MARTINS, Pedro Batista. *Arbitragem no direito societário*. São Paulo: Quartier Latin, 2012. p. 58-59.
11. Cumpre aqui referir a uma distinção que nos parece fundamental na matéria tratada. Segundo Herbert Wiedemann, dentro da sua pressuposta secção do direito societário em ordenamento societário, ordenamento do patrimônio e ordenamento da empresa (para uma explicação em português, consultar: FRANÇA, Erasmo Valladão Azevedo e Novaes. Excerto do "Direito Societário I – Fundamentos", de Herbert Wiedemann (Tradução). *Temas de direito societário, falimentar e teoria da empresa*. São Paulo: Malheiros, 2009. p. 624-639), no caso dos empresários individuais o ordenamento da empresa se liga ao ordenamento do patrimônio. Por consequência, também nas sociedades de empresários (que em geral se configuravam como sociedades puramente de pessoas), as competências executivas pertencem a todos os sócios, que exercem controle mútuo entre si. Por isso os órgãos atinentes ao funcionamento do ordenamento societário se identificam com os órgãos de ordenamento da empresa. O centro de poder se encontra no conjunto (*Gesamtheit*) dos sócios. O ordenamento da empresa é societariamente orientado. Há unidade entre propriedade, direção dos negócios, controle e responsabilidade. Por outro lado, nas sociedades de investimento, parte dos sócios funciona apenas como aporte de capital, não se envolvendo na condução dos negócios. O centro de poder, em tais sociedades, é compartilhado entre a assembleia geral, de que participam todos, incluindo os investidores, e a administração (WIEDEMANN, Herbert. *Gesellshaftsrecht I – Ein Lehrbuch des Unternehmens und Verbandsrechts – Band I – Grundlagen*. München: C. H. Beck, 1980. p. 296-299).

2.1.2.1 A inexistência de recursos

Assentou-se na arbitragem a ideia de que não é cabível recurso em face da decisão de mérito de um litígio.[12-13] Segundo essa concepção, somente questões marginais estariam sujeitas a controle pelo Judiciário, e ainda assim geralmente *a posteriori*.

Esse modelo foi acolhido pela Lei de Arbitragem no Brasil, ao estabelecer que a arbitragem se dá por finda quando proferida a sentença arbitral (art. 29[14]) e que a sentença poderá ser objeto de anulação perante o Judiciário (art. 33[15]) apenas em hipóteses bastante restritas (art. 32[16])[17] ou pela via da ação rescisória

---

12. HEARSOLTE-VAN HOF, Jacomijn J. van. Uncitral Arbitration Rules, Section IV, Form and Effect of the Award. In: MISTELIS, Loukas A. *Concise International Arbitration*. The Hague: Kluwer Law International, 2010. p. 216-218; LEW, Julian D. M.; MISTELIS, Loukas A.; KRÖLL, Stefan Michael et al. Op. cit., p. 2; REDFERN, Alan; HUNTER, Martin; BLACKABY, Nigel; PARTASIDES, Constantine et al. Op. cit., p. 2.
13. Referimos, aqui, à impossibilidade de interposição de recursos no Poder Judiciário, em face da sentença arbitral. A eventual possibilidade de as partes estipularem um grau recursal no próprio âmbito arbitral é extremamente controversa e escaparia ao escopo de análise do trabalho, mas deve ser ressalvada.
14. "Art. 29. Proferida a sentença arbitral, dá-se por finda a arbitragem, devendo o árbitro, ou o presidente do tribunal arbitral, enviar cópia da decisão às partes, por via postal ou por outro meio qualquer de comunicação, mediante comprovação de recebimento, ou, ainda, entregando-a diretamente às partes, mediante recibo".
15. "Art. 33. A parte interessada poderá pleitear ao órgão do Poder Judiciário competente a declaração de nulidade da sentença arbitral, nos casos previstos nesta Lei. § 1.º A demanda para a declaração de nulidade da sentença arbitral, parcial ou final, seguirá as regras do procedimento comum, previstas na Lei 5.869, de 11 de janeiro de 1973 (Código de Processo Civil), e deverá ser proposta no prazo de até 90 (noventa) dias após o recebimento da notificação da respectiva sentença, parcial ou final, ou da decisão do pedido de esclarecimentos. § 2.º A sentença que julgar procedente o pedido declarará a nulidade da sentença arbitral, nos casos do art. 32, e determinará, se for o caso, que o árbitro ou o tribunal profira nova sentença arbitral. § 3.º A declaração da nulidade da sentença arbitral também poderá ser arguida mediante impugnação, conforme o art. 475-L e seguintes da Lei 5.869, de 11 de janeiro de 1973 (Código de Processo Civil), se houver execução judicial. § 4.º A parte interessada poderá ingressar em juízo para requerer a prolação de sentença arbitral complementar, se o árbitro não decidir todos os pedidos submetidos à arbitragem."
16. "Art. 32. É nula a sentença arbitral se: I – for nula a convenção de arbitragem; II – emanou de quem não podia ser árbitro; III – não contiver os requisitos do art. 26 desta Lei; IV – for proferida fora dos limites da convenção de arbitragem; V – não decidir todo o litígio submetido à arbitragem; VI – comprovado que foi proferida por prevaricação, concussão ou corrupção passiva; VII – proferida fora do prazo, respeitado o disposto no art. 12, III, desta Lei; e VIII – forem desrespeitados os princípios de que trata o art. 21, § 2.º, desta Lei."
17. Sobre o tema, especificamente no que se refere à Lei de Arbitragem brasileira, vide: WLADECK, Felipe Scripes. *Impugnação da sentença arbitral*. Salvador: JusPodivm, 2014.

(CPC, arts. 966 e ss.).[18] Ainda, o art. 31 da Lei de Arbitragem estabelece que "a sentença arbitral produz, entre as partes e seus sucessores, os mesmos efeitos da sentença proferida pelos órgãos do Poder Judiciário e, sendo condenatória, constitui título executivo".

A ausência de recursos, seja ao longo do processo arbitral (em face de decisões interlocutórias), seja posteriormente, torna a prolação da sentença de mérito em geral mais célere em comparação com o Judiciário. Mas essa afirmação pode não se concretizar na medida em que uma das partes promova medidas antiarbitragem, cujo objetivo é evitar a própria instauração da arbitragem ou que uma determinada questão seja objeto do processo arbitral. Além disso, a parte perdedora pode pretender desconstituir a decisão arbitral no âmbito judicial, com base em alguma justificativa processual.

De todo modo, podemos dizer que *em geral*, e especificamente para a prolação de sentença de mérito, a arbitragem tende a ser mais célere do que o juízo estatal para o julgamento de litígios de semelhante complexidade.

2.1.2.2 O árbitro deve se comprometer com o tempo da causa

Como já mencionamos, os árbitros devem se comprometer a dispor do seu tempo para o julgamento de um determinado caso, o que pode gerar maior celeridade no julgamento das questões.

2.1.2.3 Ressalva quanto à fase de execução

Tal conclusão desconsidera a fase de *execução* dos julgados. É que a execução forçada não pode ser realizada por árbitros, cabendo somente ao juízo estatal.[19]

Assim, no âmbito da implementação fática das decisões proferidas, não seria exagero considerar um grande risco de que a celeridade obtida na fase de conhecimento venha a ser neutralizada, na medida em que a sentença arbitral

---

18. Segundo a opinião externada por Paulo Henrique dos Santos Lucon, Rodrigo Barioni e Elias Marques de Medeiros Neto (LUCON, Paulo Henrique dos Santos; BARIONI, Rodrigo; MEDEIROS NETO, Elias Marques de. Ação anulatória de sentença arbitral: hipóteses taxativas? *Migalhas*, 14.10.2014. Disponível em: [www.migalhas.com.br/dePeso/16%2cMI209192%2c101048-Acao+anulatoria+de+sentenca+arbitral+hipoteses+taxativas]. Acesso em: 14.10.2014).

19. Como explicam Eduardo Talamini e Luiz Rodrigues Wambier, todos os atos derivados da arbitragem que exijam o emprego de força coativa serão desempenhados pelo juiz a pedido do(s) árbitro(s) (Lei de Arbitragem, art. 22, §§ 2.º e 4.º). Assim, a execução da sentença arbitral será realizada pelo Judiciário, e não pelos próprios árbitros (WAMBIER, Luiz Rodrigues; TALAMINI, Eduardo. *Curso avançado de processo civil: execução*. 13. ed. São Paulo: Ed. RT, 2014. vol. 2, p. 80).

seja submetida ao Poder Judiciário por algum dos meios de impugnação legalmente previstos.

A ausência de escrutínio prévio do Judiciário pode, na prática, sujeitar a sentença arbitral a um rigor maior por parte deste Poder, funcionando os meios de impugnação como verdadeiras instâncias recursais, ao menos quanto ao efeito de protelar a execução do julgado.[20] Não é de todo absurda, nesse sentido, a ideia de que uma maior efetividade da arbitragem poderia ser alcançada pela adoção de um necessário escrutínio estatal prévio à execução da sentença, evidentemente limitado aos aspectos formais mais salientes.[21]

2.1.2.4 Outras ressalvas

Cabe ressalvar ainda outros dois aspectos que podem neutralizar o efeito de celeridade na arbitragem.

O primeiro é relacionado às medidas *antiarbitragem*, que são impugnações e óbices colocados pelas partes ao desenvolvimento do processo arbitral, seja perante o Judiciário, seja perante o próprio tribunal arbitral. O julgamento dessas medidas pode evidentemente causar uma multiplicação do tempo gasto com um litígio, a ponto de torná-lo mais longo do que se fosse diretamente resolvido pelo Judiciário.

O segundo aspecto é relacionado a problemas práticos na condução do processo arbitral (especialmente pelos árbitros) que faz com que as arbitragens sejam paralisadas ou tramitem muito vagarosamente. Exemplificativamente, há casos de *processualismo* em excesso, gerado pelo excesso de pedidos feitos pelas partes ou pela atitude dos árbitros de facultar manifestações novas das partes a todo tempo, com receio de que a sentença venha a ser posteriormente atacada sob a alegação de cerceamento de defesa. Além disso, há casos em que os árbitros não dão atenção constante ao processo, deixando-o paralisado desnecessariamente por muito tempo.

---

20. Note-se que, ao estabelecer o § 3.º do art. 33 da Lei de Arbitragem que a sentença arbitral também poderá ser anulada por meio de impugnação ao seu cumprimento, cria-se a possibilidade de que, atribuído efeito suspensivo à impugnação (CPC, art. 525, § 6.º), protele-se a execução da sentença. Também é possível que se peça uma medida de urgência em sede de ação anulatória, com o objetivo de evitar a execução da sentença arbitral até uma decisão de mérito do Judiciário a respeito da pretensão anulatória (WLADECK, Felipe Scripes. Op. cit., p. 403-404).
21. Tal é o modelo adotado nos Estados Unidos da América (*Federal Arbitration Act*, Capitulo 1, § 9.º). No Brasil, a relativa velocidade com a qual o STJ vem homologando as sentenças estrangeiras também é um indicativo de que, em muitas situações, é mais conveniente definir a sede da arbitragem no estrangeiro, de modo a não se sujeitar aos vários graus de jurisdição junto ao Judiciário brasileiro.

2.1.2.5 A celeridade da via arbitral é uma vantagem certa

É possível reconhecer que a celeridade é uma vantagem *certa* da arbitragem, ainda que diversas circunstâncias possam, na prática, fazer com que a expectativa das partes em relação à celeridade do processo seja frustrada.

2.1.3 Confidencialidade

A confidencialidade é uma das principais vantagens de se resolver um conflito societário por meio de arbitragem, mas no caso da arbitragem societária há peculiaridades que não podem deixar de ser analisadas.

2.1.3.1 A ampla divulgação do litígio é prejudicial a qualquer sociedade

É evidente o dano marginal causado pela pendência de um conflito interno no âmbito de uma sociedade. Nas sociedades fechadas, a existência de conflitos entre os sócios pode levar até mesmo à paralisação das atividades da empresa, na medida em que o desenvolvimento de tais atividades dependa do desempenho e da iniciativa pessoal de um ou mais sócios.

Também no âmbito das sociedades abertas o fenômeno pode ter consequências bastante drásticas. A existência de um conflito interno, mesmo que não envolva todos os acionistas, poderá afastar investidores, promovendo uma corrida pela venda dos valores mobiliários de emissão da sociedade, com a consequente desvalorização dos papéis, trazendo prejuízos à empresa e aos acionistas que permanecerem na sociedade.[22]

Nesses casos, a resolução de conflitos por meio de arbitragem confidencial tenderia a reduzir os riscos da produção de danos marginais decorrentes do conflito.

O ideal, portanto, seria sempre reduzir o número de agentes informados a respeito do litígio,[23] o que se colocaria em prol de um interesse da própria sociedade no seu aspecto institucional potencializado ao extremo, bem como no interesse da própria empresa como atividade.[24]

---

22. WALD, Arnoldo. Op. cit., p. 25.
23. ARMELIN, Donaldo. Op. cit., p. 207.
24. Como se sabe, Alberto Asquini definiu quatro aspectos pelos quais o fenômeno da "empresa" pode ser olhado. O primeiro, subjetivo, refere-se à pessoa física ou jurídica que exerce a atividade empresarial, equiparando-se à noção de empresário do art. 966 do nosso Código Civil. O segundo, objetivo ou patrimonial, destaca que a empresa constitui patrimônio especialmente voltado ao desempenho de uma atividade. No terceiro, funcional, a empresa é vista como a própria atividade exercida. Por fim, no perfil corporativo, a empresa é assimilada como instituição, núcleo social com fim econômi-

No âmbito judicial, essa vantagem somente poderia ser obtida em situações excepcionais. O art. 93, IX, da CF estabelece que:

"todos os julgamentos dos órgãos do Poder Judiciário serão públicos (...) podendo a lei limitar a presença, em determinados atos, às próprias partes e a seus advogados, ou somente a estes, em casos nos quais a preservação do direito à intimidade do interessado no sigilo não prejudique o interesse público à informação".

No âmbito infraconstitucional, o art. 189 do CPC estabelece que "os atos processuais são públicos", concebendo hipóteses bastante específicas nas quais haverá segredo de justiça.

2.1.3.2 O incentivo à transparência no diálogo e ao cumprimento espontâneo de decisões

A confidencialidade também pode servir como incentivo ao desenvolvimento de um diálogo mais franco entre as partes e os árbitros, na medida em que não haja a preocupação com a divulgação de informações prejudiciais da empresa aos seus concorrentes e ao mercado em geral.

Além disso, o sigilo da arbitragem pode até mesmo incentivar o livre cumprimento da sentença arbitral pela parte derrotada. Como adverte Barbara Makant, a arbitragem "permite ao perdedor que restabeleça o seu comportamento, sem que seja atingida a sua reputação no meio empresarial no qual atua, além de evitar qualquer tipo de constrangimento a empresas que procuram contratar com o Governo (...)".[25]

2.1.3.3 A confidencialidade da arbitragem é uma vantagem relativa

No entanto, conforme trataremos no capítulo 6, não serão todas as arbitragens que poderão adotar a confidencialidade. Desse modo, podemos afirmar que a confidencialidade é uma vantagem *relativa* da arbitragem, que dependerá das circunstâncias do litígio e da própria configuração da sociedade para que possa ou não ser usufruída num dado caso concreto.

---

co (ASQUINI, Alberto. Perfis da empresa. *Revista de Direito Mercantil*. vol. 35. n. 104. p. 109-126. São Paulo: Ed. RT, out.-dez. 1996). Sobre tal construção, cabe-nos tomar de empréstimo a ressalva de Erasmo Valladão Azevedo e Novaes França quanto aos diferentes sentidos do aspecto institucional, no que se refere ao enfoque de Herbert Wiedemann: "Aspectos institucionais esses, todavia, num sentido evidentemente diverso daquele enfocado por Asquini, ligado à ideologia corporativa do regime fascista, então vigente na Itália. O sentido de instituição, aqui, refere-se ao fato de a empresa societária, ao menos aquela de maior relevância econômica, não dizer respeito apenas aos interesses dos sócios, mas também a outros interesses, tais como os dos trabalhadores, no regime da cogestão, da comunidade em que a empresa atua etc." (FRANÇA, Erasmo Valladão Azevedo e Novaes. Op. cit., p. 67).

25. MAKANT, Barbara. A arbitrabilidade subjetiva... cit., p. 100.

Além disso, a confidencialidade, mesmo quando presente, estará sujeita a uma *calibragem* para que não haja conflito com o princípio que impõe a simetria informacional no âmbito societário. Essa devida *calibragem* da confidencialidade também será objeto de estudo no capítulo 6.

2.1.4 Informalidade

A arbitragem geralmente se desenvolve num ambiente de maior informalidade do que o processo judicial.

2.1.4.1 O diálogo procedimental propiciado pelo ambiente da arbitragem

Primeiro, porque a própria variação do procedimento, dependendo da adoção pelas partes da arbitragem *ad hoc* ou de uma instituição arbitral, faz com que os sujeitos envolvidos numa determinada arbitragem não participem dela já com noções pré-concebidas a respeito do andamento do processo.

Num processo judicial as partes e o juiz têm em geral plena familiaridade com o rito e com as regras a serem seguidas. Já o desenvolvimento do processo arbitral exigirá um esforço de interpretação, adaptação e colaboração maior entre todos (partes e árbitros) para que a arbitragem se desenrole com o pleno atendimento do devido processo legal e das regras procedimentais escolhidas pelas partes.

Assim, a ausência de uma pré-concepção a respeito da forma como o processo arbitral deve se desenvolver contribui para que haja um ambiente mais informal entre todos os envolvidos. Por outro lado, dificilmente se verá, no âmbito do Judiciário, o juiz dialogando com as partes conjuntamente a respeito de determinada questão. Essa situação é muito mais comum em arbitragens.

Esse panorama tende a ser modificado na medida em que o novo Código de Processo Civil consagrou a figura dos negócios jurídicos processuais, sejam os típicos, espalhados em diversos dispositivos do diploma, sejam os atípicos, previstos no art. 190. Espera-se uma mudança de paradigma no âmbito do processo civil, aproximando-o, nesse aspecto, da arbitragem. As partes e o juiz deverão colaborar para a construção de um procedimento adequado ao caso concreto.

2.1.4.2 A flexibilidade do procedimento

Segundo, é da própria essência da arbitragem, se comparada ao processo judicial, um sistema mais informal e flexível de condução do procedimento.[26] Algumas características da arbitragem servem para demonstrar essa ideia, em especial o fato de que os julgadores (árbitros) e as partes (por meio de seus advogados)

---

26. ARMELIN, Donaldo. Op. cit., p. 207.

encontram-se numa posição de maior igualdade. Afinal, o árbitro não é uma autoridade pública, como o juiz. Dessa forma, as partes terão uma postura menos conflituosa, assim como os julgadores (árbitros) tenderão a ser mais acessíveis aos apelos das partes, desde que realizados conforme as regras do jogo.[27] Além disso, o próprio procedimento estabelecido no Código de Processo Civil é mais rígido e detalhado do que os procedimentos instituídos nos regulamentos arbitrais – embora atualmente as partes possam se valer dos negócios jurídicos processuais, na grande maioria dos casos.[28]

Nesse aspecto, a informalidade pode incentivar uma postura mais ativa dos árbitros, aproximando o processo de um modelo mais inquisitorial, em que as regras de ônus da prova são aplicadas com menos rigor em prol de uma resolução mais eficiente do litígio do ponto de vista do direito material. A própria característica flexível da arbitragem como meio de resolução de litígios, ressaltada pela doutrina, contribui para tal conclusão.[29]

---

27. Idem, ibidem. Acrescenta o autor que "O clima mais harmônico que normalmente se instala durante um procedimento arbitral é ideal quando se trata de manter no futuro a relação existente entre as partes, sem prejudicar as atuais parcerias". Por essa razão é que a arbitragem mostra-se adequada à resolução de conflitos em grupos de sociedades, nos quais as partes devem manter relacionamentos futuros.
28. "Art. 190. Versando o processo sobre direitos que admitam autocomposição, é lícito às partes plenamente capazes estipular mudanças no procedimento para ajustá-lo às especificidades da causa e convencionar sobre os seus ônus, poderes, faculdades e deveres processuais, antes ou durante o processo. Parágrafo único. De ofício ou a requerimento, o juiz controlará a validade das convenções previstas neste artigo, recusando-lhes aplicação somente nos casos de nulidade ou de inserção abusiva em contrato de adesão ou em que alguma parte se encontre em manifesta situação de vulnerabilidade."
29. Hanotiau observa que o procedimento judicial no tocante à matéria probatória e de satisfação do ônus da prova é extremamente rígido em determinados casos. Por outro lado, ressalta que na arbitragem tal procedimento é flexível, sendo possível que o árbitro realize quantas audiências entenda necessárias, por exemplo (HANOTIAU, Bernard. The Standards and Burden of Proof in International Arbitration. *Arbitration International*. vol. 10. p. 317-364. p. 345-346. The Hague: Kluwer Law International, 1994). No mesmo sentido, Musa Aygul e Dolgan Gultutan ressaltam que os tribunais arbitrais não se encontram restritos a regras processuais na condução dos procedimentos arbitrais, possuindo amplos poderes discricionários, desde que as regras cogentes sejam atendidas. Tal aspecto, segundo os autores, leva a uma das mais importantes vantagens da arbitragem em relação à justiça estatal, qual seja, a flexibilidade (AYGUL, Musa; GULTUTAN, Dolgan. Chapter 5: Arbitration Procedure. In: ESIN, Ismael; YESILIRMAK, Ali (eds.). *Arbitration in Turkey*. The Hague: Kluwer Law International, 2015. p. 73-140. p. 113). A flexibilidade da arbitragem também é destacada por Gary Born, que afirma ser essa uma de duas características fundamentais e que leva muitas vezes à preferência da arbitragem em relação ao processo judicial (BORN, Gary. *International Commercial Arbitration*. 2. ed. The Hague: Kluwer Law International. 2014. p. 61 e 83). Como dissemos, esse contraste entre a arbitragem (flexível), de um lado,

2.1.4.3 A informalidade da arbitragem é uma vantagem possível

A criação desse ambiente mais informal acarreta uma maior eficiência dos árbitros na busca do conhecimento dos fatos e na instituição do pleno contraditório entre as partes. A informalidade pode ser considerada como uma vantagem *possível* da arbitragem.

Cabe ressaltar, no entanto, a existência de casos em que os árbitros (e até mesmo as partes), fugindo do espírito em que se pauta a arbitragem, acabam criando formalidades desnecessárias e inoportunas. Uma explicação para isso pode residir na intenção dos árbitros de conceder as garantias processuais das partes em sua plenitude, de modo que o processo não seja posteriormente invalidado pelo Judiciário. Essa intenção pode gerar preocupações excessivas que tornam o processo excessivamente formal.

Ademais, os próprios advogados das partes, se forem mais habituados ao processo civil judicial, poderão indevidamente *processualizar* a arbitragem, procurando aplicar ao processo arbitral noções do processo civil que não lhe são adequadas. Uma das principais dificuldades enfrentadas na arbitragem é a necessidade de se despir de uma visão *processualística*, atrelada aos conceitos e princípios mais estritos do Código de Processo Civil.

2.2 Desvantagens da arbitragem

Praticamente todas as *vantagens* acima tratadas podem ser encaradas por outro ângulo, implicando conclusões opostas. Vistas as supostas vantagens da arbitragem, trataremos agora das possíveis *desvantagens*.[30]

2.2.1 Custos de curto e médio prazo

A *desvantagem* mais temida da arbitragem é o seu custo. Sabe-se que, em geral, os custos e despesas incorridos para iniciar uma arbitragem e obter uma

---

e o processo civil (inflexível), de outro, tende a ser abrandada na medida em que se instituir a ampla prática dos negócios jurídicos processuais previstos no novo Código de Processo Civil. Espera-se uma mudança de paradigmas pelo juiz e pelas partes, com certa *privatização* do processo civil – no sentido de aproximar-se do direito privado. Nesse aspecto, é possível que a arbitragem tenha influenciado as soluções propostas pelo legislador no novo Código.

30. Para uma análise a respeito de desvantagens da arbitragem societária do ponto de vista legal e econômico com base na doutrina norte-americana, vide: DIAS, Leonardo Adriano Ribeiro; BECUE, Sabrina Maria Fadel. Conflitos societários e arbitragem: considerações sobre a reforma do regulamento da câmara de arbitragem do mercado. In: PENTEADO, Mauro Rodrigues; MUNHOZ, Eduardo Secchi (coord.). *Mercado de capitais brasileiro: doutrina, cases e materials*. São Paulo: Quartier Latin, 2012. p. 195-223.

decisão final não são baixos. No caso de arbitragem institucional, a maioria das câmaras de arbitragem prevê o pagamento de taxas iniciais de registro e administração, com base no valor da causa. Além disso, também se estipula o pagamento de pelo menos uma parcela dos honorários dos árbitros, mediante estimativa de trabalho.[31]

Assim, o custo de instauração de uma arbitragem tende a ser mais alto do que o custo inicial de um processo judicial.

No entanto, como se disse acima, a pendência de um litígio (ou a sua resolução de uma maneira tecnicamente indesejável) pode ser muito mais prejudicial do ponto de vista econômico-financeiro das partes. É necessário que se faça um exame de custo-benefício, já que o dano marginal gerado pela simples existência do litígio pode causar mais custos indiretos à sociedade do que a sua mais rápida e especializada resolução por arbitragem. Considerado globalmente, o prejuízo causado por um litígio que se arraste durante décadas no Judiciário pode ser muito maior do que o investimento numa arbitragem que se resolva em alguns poucos anos.

Contra isso, pode-se reafirmar que a existência de uma sentença arbitral de mérito não garante a imediata execução do julgado. Mesmo assim, fato é que haverá uma decisão de mérito com razoável grau de confiabilidade, que somente poderá ser alterada pela estrita via da anulação (Lei de Arbitragem, arts. 32 e 33). Com isso, a sociedade poderá continuar as suas atividades com mais segurança e até mesmo provisionar valores para o pagamento de eventuais despesas futuras inesperadas.

Trata-se, portanto, de uma desvantagem bastante *relativa*, por assim dizer. Será mais sensível para a parte economicamente mais fraca, especialmente para o pequeno investidor que não tiver condições de arcar com os custos iniciais da arbitragem e com a contratação de defesa técnica que lhe coloque em condições semelhantes as dos seus adversários.[32]

---

31. No CAM-CCBC, por exemplo, são previstas as seguintes despesas: (i) taxa de registro em valor fixo; (ii) taxa de administração variável de acordo com o valor estimado da disputa; (iii) honorários dos árbitros variáveis também de acordo com o valor estimado da disputa, sendo que cada árbitro tem direito a um mínimo de 100 (cem) horas, cujo valor deverá ser depositado no prazo de 30 (trinta) dias da instauração do processo arbitral, pela parte requerente, ou do recebimento da notificação de instauração, pela parte requerida; (iv) fundo de despesas administrativas do CAM; (v) honorários periciais, se for o caso; (vi) honorários do Comitê Especial, caso necessária a sua intervenção (Tabela de Despesas disponível em: [http://ccbc.org.br/Materia/1068/tabela-de-despesas-e-calculadora]. Acesso em: 30.08.2014).
32. Trataremos mais especificamente dessa questão logo adiante. Por ora, vale transcrever as preocupações de Haroldo Malheiros Duclerc Verçosa, em recente artigo: "(...) a tese

2.2.2 Possibilidades de questionamento perante o Judiciário

Como já ponderamos, o sistema adotado pela Lei de Arbitragem, segundo o qual a sentença arbitral, para ser executada, não necessita passar por um prévio escrutínio do Judiciário, sendo impugnável em primeiro grau de jurisdição pela via da ação anulatória, pode se revelar protelatório. O vencedor da arbitragem pode passar pela situação incômoda de possuir uma sentença favorável de mérito e não poder executá-la. Pode-se cogitar até mesmo de uma indesejável *duplicação* do litígio, que pode vir a ser julgado primeiramente na arbitragem e, depois, no Judiciário.

Além disso, como já alertamos, é possível que o andamento da arbitragem também seja retardado em razão de medidas antiarbitragem com o objetivo de evitar a própria instauração da arbitragem ou que uma determinada questão seja objeto do processo arbitral.

Na realidade, a escolha da via arbitral não exclui por completo a atuação do Poder Judiciário. Ainda serão cabíveis intervenções pontuais do juízo estatal, que se destinam a "concretizar sentenças arbitrais ou, no geral, a eficacizar ou ineficacizar, no todo ou em parte, a arbitragem".[33]

Essas circunstâncias devem ser consideradas no momento da escolha da arbitragem como meio de resolução de litígios.

2.2.3 Impossibilidade de recursos

A inadmissão de recursos na arbitragem, relativamente à decisão de mérito da demanda e a decisões interlocutórias, pode ser vista tanto como uma vantagem quanto como uma desvantagem.

Se, por um lado, essa solução impede que a discussão de mérito se eternize, trazendo celeridade e segurança jurídica às partes, por outro impõe que as partes se conformem com a decisão proferida pelos árbitros. Não cabem recursos contra

---

a favor da construção de caminhos para a utilização da arbitragem interna na sociedade não pode deixar de lado a questão do seu custo para o sócio. Sabe-se que o custo de um processo arbitral pode colocar-se frequentemente acima da capacidade financeira dos sócios, o que geraria uma discussão sobre a negação inconstitucional do acesso à Justiça, fundada em um impedimento de natureza financeira" (VERÇOSA, Haroldo Malheiros Duclerc. Aspectos da arbitragem no direito societário. *Revista de Direito Empresarial*. ano 2. n. 6. p. 251-259. p. 257. São Paulo: Ed. RT, nov.-dez. 2014).

33. Tais intervenções são denominadas por Walfrido Jorge Warde Jr. e Fernando Antonio Maia da Cunha de "intervenções eficacizantes" (WARDE JR., Jorge; CUNHA, Fernando Antonio Maia da. Op. cit., p. 728). Os autores promovem uma análise detalhada das hipóteses interventivas.

a sentença arbitral, e muito menos contra as decisões interlocutórias proferidas ao longo do processo.

Assim, por exemplo, diante da denegação de uma tutela de urgência pretendida no início da arbitragem, a parte não terá outra opção se não esperar por uma tutela final, sujeitando-se aos prejuízos que podem decorrer de tal situação fática até que seja proferida sentença. Até por excesso de zelo, é possível que os árbitros evitem decisões que sejam aptas a causar grande repercussão às partes ao longo da pendência da arbitragem, deixando qualquer medida mais drástica para a sentença. Tal situação tem potencial para se converter, no caso concreto, em inefetividade da tutela arbitral.

No Judiciário, a parte que se sentir prejudicada por uma decisão interlocutória tem a opção de tentar convencer a instância superior a respeito da necessidade da tutela de urgência pretendida – ou até mesmo o próprio juízo que exarou a decisão, mediante um pedido de reconsideração.

Essa desvantagem parece trazer mais prejuízo para a parte mais fraca, que não tiver condições de contratar uma defesa técnica de alta qualidade. No caso da arbitragem societária, o tema é mais uma vez sensível para o pequeno investidor.

De todo modo, tais considerações funcionam como um alerta para que, em qualquer caso, escolhida a via arbitral, as partes procurem escolher árbitros de reconhecida reputação e qualidade técnica.

2.2.4 Dependência

Como já dissemos, o árbitro é um *ser do mercado*. Se, num caso concreto, isso não é suficiente para torná-lo suspeito ou impedido, poderá criar algum tipo de cuidado especial ou constrangimento em determinadas situações.

Por um lado, como dissemos, há um efeito positivo desse fato. O árbitro deverá estar zeloso da sua própria reputação no mercado, procurando atuar com a maior competência técnica e de maneira independente.

Mas, na prática, cogita-se que os árbitros poderiam favorecer ou prejudicar o mínimo possível a parte com maior poderio econômico. Afinal, seria uma tendência humana procurar não desagradar um sujeito com o qual se tem maior probabilidade de ter relacionamentos futuros. Num conflito entre uma grande sociedade e um minoritário, a tendência seria favorecer a sociedade, até mesmo para garantir indicações futuras em outras arbitragens.

Se essa análise não necessariamente corresponde à realidade estatística, não sabemos. Fato é que ela se presta a apontar a necessidade de que os árbitros se policiem no sentido de afastar julgamentos que procurem decidir o litígio de uma forma *salomônica*, julgando um pouco a favor de cada parte sem efetivamente resolver o conflito. Essa postura não contribui para a pacificação social, na medida em que gera a necessidade de novas discussões entre as partes a respeito das mesmas questões.

2.3 A arbitragem como instrumento de governança corporativa e proteção do interesse majoritário

Feitas as considerações acima a respeito das vantagens e desvantagens da arbitragem sob um prisma objetivo e geral, passamos agora a pensar a vantajosidade da arbitragem do ponto de vista subjetivo, isto é, daqueles sujeitos envolvidos nos conflitos societários. E o recorte que parece conveniente, em razão das preocupações já mencionadas respeitantes ao exercício do direito de ação, é aquele que coloca o majoritário de um lado e os minoritários de outro.

Do que já expusemos, resta claro que a arbitragem é perfeitamente adequada às melhores práticas de governança corporativa.[34] O seu benefício para a sociedade é evidente, na medida em que, reduzindo o potencial negativo dos conflitos internos, ela auxilie o incremento dos investimentos e do financiamento externo da empresa.

Ademais, no âmbito das sociedades anônimas, a instituição de cláusula arbitral societária também se mostra conveniente aos interesses majoritários, na medida em que ela cria uma via única e segura para a resolução dos litígios intrassociais. A escolha da arbitragem produz um afunilamento das possibilidades de ação dos acionistas em face de litígios que possam se instalar no seio social.

Não cabe neste trabalho adentrar no tormentoso problema do abuso de minoria, magistralmente tratado por Marcelo von Adamek.[35] De todo modo, alguns apontamentos decorrem da análise das vantagens e desvantagens que descrevemos anteriormente.

Sem a arbitragem, cada acionista terá a possibilidade de, em tese, opor-se a determinadas condutas ou deliberações do controlador perante o Judiciário, mediante ações autônomas. Ainda que os processos venham posteriormente a ser reunidos por conexão, por exemplo (art. 55, § 1.º, do CPC), é maior a possibilidade de que os acionistas minoritários se valham da sua posição de sujeição à vontade do controlador com o objetivo de obter liminares para sustar efeitos de atos sociais. Juízes estatais de perfil mais garantista poderiam ser induzidos, em tais situações, a proteger a posição da minoria, mesmo que não haja elementos robustos em prol da posição defendida pelos autores da demanda.

---

34. Dentre tantos outros, veja-se: MARTINS, Pedro Batista. Op. cit., p. 112 e ss.
35. ADAMEK, Marcelo Vieira von. *Abuso de minoria em direito societário*. São Paulo: Malheiros, 2014.

Já na arbitragem, essa possibilidade será reduzida. Embora também possa haver a instauração de mais de um processo arbitral em face de um mesmo ato,[36] é pouco provável que os custos iniciais mais elevados para a instauração da arbitragem encorajem vários acionistas a fazê-lo. O perfil do processo arbitral, em que as partes são confrontadas mais diretamente pelos árbitros, diminui o risco de que os acionistas minoritários façam uso do processo para atingir objetivos ilegítimos ou contrários ao interesse social.

Essa situação foi abordada com precisão por Guilherme Leporace, no intuito de demonstrar a impossibilidade de que a cláusula arbitral societária seja eficaz somente em face de parcela dos acionistas que com ela tenham concordado expressamente. No seu entender, a existência de foros paralelos para a solução de litígios sociais traz o perigo de que os minoritários façam uso do direito de ação em prejuízo do interesse social ou majoritário.[37]

2.4 A arbitragem societária como instrumento de proteção do minoritário?

Também já pudemos identificar que o ponto mais sensível da utilização da arbitragem no âmbito societário é a necessidade de proteção ao pequeno investidor no âmbito das sociedades abertas.

Diante disso, seria possível adotar uma posição restritiva, que "cortaria o mal pela raiz". Ao contrário, no Brasil, é admitida a arbitragem societária no âmbito de tais sociedades, o que exige um esforço de adaptação para evitar o perecimento de direitos dos minoritários.

2.4.1 A solução restritiva

Em dois países nos quais a cultura jurídica (e societária) não é de todo convergente em outras questões, encontramos entendimentos similares no sentido de restringir a utilização da arbitragem interna nas sociedades abertas.

---

36. No capítulo 7, abordaremos algumas questões processuais e procedimentais relacionadas a esta problemática e possíveis soluções por meio das quais é possível minimizar os problemas decorrentes da característica multiparte da arbitragem societária, entre as quais está a reunião de processos arbitrais. A solução já é adotada em muitos regulamentos de câmaras de arbitragem.
37. LEPORACE, Guilherme. Cláusulas compromissórias estatutárias: análise da proposta de nova regulamentação sob a ótica da lógica econômica e da política legislativa. *Revista de Arbitragem e Mediação*. ano 11. n. 40. p. 63-78, p. 69-70. São Paulo: Ed. RT, jan.--mar. 2014.

2.4.1.1 Itália

Na Itália, o art. 34, § 1.º, do Decreto Legislativo 5/2003 veda a instituição de cláusula arbitral no estatuto de sociedades "que fazem uso do mercado de capitais de risco, a teor do art. 2.325-bis do Código Civil" (tradução livre).[38] Com isso, proíbe-se que as companhias que negociam seus papéis no mercado de valores mobiliários contenham cláusula arbitral societária.

Francesco Paolo Luiso explica a *ratio* desse dispositivo reportando-se às características dos sócios desse tipo de sociedade. A restrição ocorre porque esses sócios são "em geral, investidores, que não possuem interesse particular na administração da sociedade, e que presumivelmente não conhecem o ato constitutivo ou o estatuto" (tradução livre).[39]

No mesmo sentido, Sergio Chiarlone explica que a discriminação é justificada pelo fato de que, nas sociedades de pequenas dimensões, o sócio que pretende adquirir participação social "presumivelmente importante" trata de se informar sobre a disciplina do grupo social. Nesse caso, ele presumivelmente tomaria conhecimento da existência de cláusula arbitral estatutária. Essa realidade seria diversa daquela do investidor que compra papéis de uma sociedade de maior dimensão, por uma escolha de investimento em um momento específico, e geralmente com o uso de intermediários.[40]

Francesco Galgano esclarece que a disciplina das sociedades com ações negociadas em bolsa na Itália possui evidente inspiração no *Securities Exchange Act* norte-americano. Ainda, explica que:

"Na base do estatuto especial das sociedades com ações cotadas em bolsa há uma declarada exigência de prestar proteção adequada ao investimento nas ações, até mesmo para incentivar um maior fluxo de investimentos no capital de risco das grandes empresas. Os interesses protegidos relacionam-se, em particular: (a) ao interesse dos investidores, ou seja, daqueles que dispõe de riqueza produzida, mas não consumida; e podem, abstratamente, ser considerados tanto o atual investidor-acionista, isto é, aquele que já investiu em ações sua própria economia, seja o potencial investidor-acionista, isto é, aquele investidor que está em busca

---

38. Texto original: "Che fanno ricorso al mercato del capitale di rischio a norma dell'articolo 2325-bis del codice civile".
39. LUISO, Francesco Paolo. *Il nuovo processo societario*. Torino: Giappichelli, 2006. p. 559-560. Texto original: "prevalentemente, soggeti investitori, che non hanno interesse a partecipare all'amministrazione dela società, e che presumibilmente neppure conosco l'atto costitutivo o lo statuto".
40. CHIARLONI, Sergio. Appunti sulle controversie deducibili in arbitrato societario e sulla natura del lodo. *Rivista Trimestrale di Diritto e Procedura Civile*. anno LVIII. n. 1. p. 123-135. p. 126-127. Milano: Giuffrè, mar. 2004.

de um investimento que seja conveniente, seja, enfim, o potencial investidor, isto é, aquele que, diante da existência de investimentos atrativos, vê razão para investir, ao invés de consumir o excedente monetário acumulado; (b) ao interesse das grandes empresas de atingir, diretamente por meio da poupança pública – por meio do capital de risco, evitando onerosa intermediação bancária – uma parte maior dos meios financeiros necessários ao desenvolvimento da sua atividade econômica; (c) ao interesse geral de acumulação, ou seja, de transformação da economia de riqueza produzida e não consumida em capital produtivo de novas riquezas. Trata-se de interesses de imediata relevância constitucional, protegidos pelo art. 47, n. 1, da Constituição, segundo o qual 'a República encoraja e tutela o investimento em todas as suas formas' (inclusive, portanto, aquelas formas que o transformam em participações de risco), enquanto o n. 2 do mesmo dispositivo constitucional faz referência mais específica ao objetivo (incluindo também a realização dos interesses acima indicados nas letras *b* e *c*) de favorecer 'o acesso da poupança popular (...) ao investimento acionário direto e indireto nos grandes complexos produtivos do País". (tradução livre)[41]

A solução restritiva adotada na Itália tem, portanto, um fundamento constitucional, baseado na determinação protetiva ao investimento popular. Preocupou-

---

41. GALGANO, Francesco (diretto da). *Trattato di diritto commerciale e di diritto pubblico dell'economia*. Padova: Cedam, 1984. vol. 7, p. 46-48. Texto original: "Alla base dello statuto speciale delle società con azioni quotate in borsa c'è dichiarata esigenza di apprestare una adeguata protezione del risparmio investito in azioni, anche al fine di incentivare un più vasto afflusso del risparmio al capitale di rischio delle grandi imprese. Gli interessi protetti appaiono, in particolare: (a) l'interesse dei risparmiatori, ossia di quanti dispongono di ricchezza prodotta, ma non consumata; e possono, in astratto, esse considerati sia l'attuale risparmiatore-azionista, cioè colui che abbia già investito in azioni il proprio risparmio, sia il potenziale risparmiatore-azionista, cioè il risparmiatore che sia alla ricerca di una conveniente forma di investimento, sia, infine, il potenziale risparmiatore, cioè colui che dalla esistenza di convenienti forme di investimento trae ragione per investire, anziché consumare, l'eccedenza monetaria accantonata; (b) l'interesse delle grandi imprese ad attingere direttamente dal risparmio e – quale apporto al capitale di rischio, evitando l'onerosa intermediazione bancaria – una più alta quota dei mezzi finanziari necessari alle loro attività economiche;

(c) l'interesse generale alla accumulazione, ossia alla trasformazione del risparmio quale ricchezza prodotta e non consumata, in capitale produttivo di nuova ricchezza. Si tratta di interessi di immediato rilievo costituzionale, protetti dall'art. 47 della Costituzione, per il comma 1.º del quale 'la Repubblica incoraggia e tutela il risparmio in tutte le sue forme' (incluse, dunque, anche quelle che lo trasformano in partecipazioni di rischio), mentre il comma 2.º fa più specifico riferimento all'obiettivo (includente anche le realizzazioni degli interessi sopra indicati *sub b* e *sub c*) di favorire 'l'acesso del risparmio popolare (...) al diretto e indiretto investimento azionario nei grandi complessi produttivi del Paese'".

-se o legislador italiano em evitar que essa proteção pudesse ser eventualmente mitigada com a previsão da arbitragem societária nas sociedades de capital aberto. No entanto, conforme atesta a doutrina acima transcrita, essa preocupação foi considerada de um modo abstrato, a partir da presunção de que o acionista investidor não procuraria verificar a cláusula de resolução de litígios antes de adquirir a sua participação.[42]

2.4.1.2 Estados Unidos da América

Nos Estados Unidos da América, a *Securities and Exchange Comission* (SEC) sempre entendeu pela impossibilidade de autorizar o registro de companhias abertas que contivessem disposições no sentido de obrigar o acionista a vincular-se à cláusula arbitral estabelecida no ato constitutivo. A vedação não se encontra na lei norte-americana, mas decorre de interpretação da SEC, dentro do seu âmbito de atuação.[43]

As razões pelas quais a SEC entende que as cláusulas compromissórias estatutárias não seriam vantajosas aos investidores são basicamente as seguintes: (i) restrição à produção antecipada de provas; (ii) restrição a medidas de emergência; (iii) inviabilização das *class actions*; (iv) imposição de sede da arbitragem que pode ser inconveniente ao investidor; (v) impedimento da fiscalização pública de infrações e condutas contra os investidores; (vi) imposição de renúncia ao Judiciário por pactos coletivos, sem que haja ato personalíssimo do investidor.[44]

Como se nota, a preocupação que norteia o entendimento norte-americano a respeito da questão também diz respeito à proteção do investidor, mas tem por fundamento questões de ordem prática que supostamente acarretariam desvantagens aos minoritários diante de um litígio societário.[45]

---

42. Barbara Makant e Samantha Longo Queiroz levantam outra possibilidade que poderia ter ensejado a restrição do legislador italiano quanto à admissibilidade da arbitragem societária nas sociedades abertas: a preocupação em evitar disputas muito complexas, com excessivo número de partes, que poderia trazer dificuldades procedimentais (MAKANT, Barbara; QUEIROZ, Samantha Longo. Comentários à nova Lei sobre Arbitragem Societária Italiana (Dec. 5, de 17.01.2003). *Revista de Arbitragem e Mediação*. ano 1. n. 3. p. 293-309. p. 301. São Paulo: Ed. RT, set.-dez. 2004).
43. Tem-se notícia, inclusive, de decisões do Judiciário norte-americano contrárias a esse posicionamento, admitindo que a cláusula arbitral estatutária seja obrigatória em face dos acionistas (FRANKEL, Alisson. Shareholders beware: Federal judge Oks corporate arbitration clause (Opinion). *Reuters*, 27.03.2014. Disponível em: [http://blogs.reuters.com/alison-frankel/2014/03/27/shareholders-beware-federal-judge-oks-corporate-arbitration-clause/]. Acesso em: 29.08.2014).
44. WARDE JR., Jorge; CUNHA, Fernando Antonio Maia da. Op. cit., p. 757-758.
45. Como explica Galgano, o modelo legislativo italiano teve evidente inspiração no modelo norte-americano, o que se mostra evidente diante da criação da Consob –

Ademais, é provável que contribua para essa solução o alto desenvolvimento do mercado de capitais norte-americano – do que é pressuposto o bom funcionamento do sistema de proteção ao investidor junto ao Judiciário.[46] Afinal, se o Judiciário está habituado a resolver os litígios societários de forma razoavelmente satisfatória, não haveria porque cogitar de arbitragem ou outros meios de resolução de litígios em tais casos.

2.4.2 O sistema brasileiro

Antes de prosseguir, vale examinar rapidamente o estado atual do sistema brasileiro de proteção ao investidor minoritário.

2.4.2.1 Mecanismos da Lei das S.A.

No âmbito do sistema de proteção desenhado pela própria Lei das S.A., Eduardo Secchi Munhoz afirma que a grande capacidade de o controlador obter benefícios privados decorrentes do controle no Brasil demonstra a improcedência da ideia de que a nossa lei acionária é uma das mais avançadas do mundo. Segundo aponta:

"(...) Para o ajuizamento da ação judicial por exercício abusivo de poder de controle ou de responsabilidade contra os administradores, verifica-se um sério problema de *concentração de custos* e de *dispersão de benefícios*. O acionista que pretender ingressar com ação de responsabilidade contra o controlador ou con-

---

Comissione Nazionale per le Società e la Borsa, que foi claramente inspirada na SEC (GALGANO, Francesco. Op. cit., p. 46).

46. Conforme explica Ada Pellegrini Grinover, "Os Estados Unidos da América têm uma longa tradição de ações coletivas. Sobre a *class action for damages*, na nova regulamentação das Federal Rules de 1966, os tribunais norte-americanos vêm trabalhando há cinquenta anos" (GRINOVER, Ada Pellegrini. A tutela coletiva dos investidores no mercado de valores mobiliários: questões processuais. In: YARSHELL, Flávio Luiz; PEREIRA, Guilherme Setoguti J. (coord.). *Processo societário*. São Paulo: Quartier Latin, 2012. p. 27-58. p. 32). Também Érica Gorga menciona estudo levado a cabo pelo Professor Bernard Black, em que se investiga os fatores fundamentais para o desenvolvimento do mercado de capitais. No caso dos EUA, constata-se que a "existência de uma rede complexa de instituições jurídicas e características organizacionais de mercado que asseguram que acionistas minoritários tenham acesso a informação confiável sobre o valor das companhias abertas e sintam-se seguros de que os administradores e acionistas controladores dessas companhias não venham a expropriar o valor de seu investimento. Black enumerou uma série de fatores que contribuem para garantir essas condições, tais como a existência de um sistema de regulação efetiva, composto por agência regulatória de operações com valores mobiliários, promotores e judiciário fortes" (GORGA, Érica. *Direito societário atual*. Rio de Janeiro: Elsevier, 2013. p. 30).

tra os administradores incorre em todos os custos do processo (contratação de advogados, pagamento de custas e despesas judiciais, honorários e custos da perícia, contratação de assistentes técnicos etc.) e se, ao final for vencedor, a indenização correspondente é atribuída à companhia. Na tentativa de equilibrar essa equação, cuidando-se de sociedade controladora, a Lei das S.A. estabelece um prêmio de 5% ao acionista e honorários de advogado de 20%, calculados sobre o valor da indenização, no caso de a ação ser julgada procedente. Esse benefício, porém, não se tem mostrado suficiente para compensar os custos e adversidades antes referidos".[47]

No que diz respeito a cada um dos mecanismos previstos na Lei das S.A., reportamo-nos por brevidade a algumas observações contidas em artigo de autoria de Anna Beatriz Alves Margoni e Carolina Dias Tavares Guerreiro. Segundo essas autoras, a defesa do minoritário em face de atos do administrador que causem dano à companhia ou de atos abusivos do controlador não é completamente satisfatória, devido às características das ações previstas na lei acionária (arts. 159[48] e 246[49]):

---

47. MUNHOZ, Eduardo Secchi. A importância do sistema de solução de conflitos para o direito societário. In: YARSHELL, Flávio Luiz; PEREIRA, Guilherme Setoguti J. (coord.). *Processo societário*. São Paulo: Quartier Latin, 2012. p. 85.
48. "Art. 159. Compete à companhia, mediante prévia deliberação da assembleia-geral, a ação de responsabilidade civil contra o administrador, pelos prejuízos causados ao seu patrimônio. § 1.º A deliberação poderá ser tomada em assembleia-geral ordinária e, se prevista na ordem do dia, ou for consequência direta de assunto nela incluído, em assembleia geral extraordinária. § 2.º O administrador ou administradores contra os quais deva ser proposta ação ficarão impedidos e deverão ser substituídos na mesma assembleia. § 3.º Qualquer acionista poderá promover a ação, se não for proposta no prazo de 3 (três) meses da deliberação da assembleia-geral. § 4.º Se a assembleia deliberar não promover a ação, poderá ela ser proposta por acionistas que representem 5% (cinco por cento), pelo menos, do capital social. § 5.º Os resultados da ação promovida por acionista deferem-se à companhia, mas esta deverá indenizá-lo, até o limite daqueles resultados, de todas as despesas em que tiver incorrido, inclusive correção monetária e juros dos dispêndios realizados. § 6.º O juiz poderá reconhecer a exclusão da responsabilidade do administrador, se convencido de que este agiu de boa-fé e visando ao interesse da companhia. § 7.º A ação prevista neste artigo não exclui a que couber ao acionista ou terceiro diretamente prejudicado por ato de administrador."
49. "Art. 246. A sociedade controladora será obrigada a reparar os danos que causar à companhia por atos praticados com infração ao disposto nos artigos. 116 e 117. § 1.º A ação para haver reparação cabe: a) a acionistas que representem 5% (cinco por cento) ou mais do capital social; b) a qualquer acionista, desde que preste caução pelas custas e honorários de advogado devidos no caso de vir a ação ser julgada improcedente. § 2.º A sociedade controladora, se condenada, além de reparar o dano e arcar com as custas, pagará honorários de advogado de 20% (vinte por cento) e prêmio de 5% (cinco por cento) ao autor da ação, calculados sobre o valor da indenização."

i) no caso da ação *ut universi* (art. 159, *caput*), é necessária a aprovação da assembleia geral, o que fragiliza a posição dos minoritários, ainda que seja reconhecido conflito de interesse do controlador;

ii) já no caso da ação *ut singuli* (art. 159, § 3.º), a reversão dos resultados favoráveis da demanda somente à sociedade desencoraja a atuação dos minoritários;

iii) por fim, no caso da ação *ut singuli* em que o acionista minoritário funciona como substituto processual ou *presentante* da companhia contra o abuso do poder de controle (art. 159, § 4.º, c/c art. 246), apesar de a Lei ter procurado prever uma recompensa (prêmio de 5% ao autor da ação e honorários advocatícios de 20%), não se considerou a possibilidade de o acionista controlador ser pessoa física, na medida em que o dispositivo trata de "Sociedade Controladora".[50]

Essas considerações, segundo nos parece, têm respaldo na realidade. De nossa parte, temos a acrescentar que a disfuncionalidade da Lei das S.A. nesse aspecto parece advir da própria forma não sistemática com a qual tratou duas questões distintas – ação de responsabilidade contra o administrador (art. 159) e ação por abuso de poder do controlador (art. 246). Com isso, força-nos a Lei a interpretar esses dispositivos de forma a propiciar mecanismos paralelos e semelhantes para ambos os casos, mesmo que não previstos explicitamente no texto.

Nesse sentido, poder-se-ia perfeitamente estender a aplicação das recompensas previstas no art. 246 (prêmio de 5% ao acionista e os honorários advocatícios de 20%) também para o caso de ação de responsabilidade do administrador. Ainda, poder-se-ia aplicar o art. 246 de modo sistemático, fazendo com que a recompensa ali prevista valha também para a ação promovida em face do controlador pessoa física ou do administrador, e não apenas em face de sociedade controladora.[51]

---

50. MARGONI, Anna Beatriz Alves; GURREIRO, Carolina Dias Tavares. Exercício abusivo do poder de controle e o dever de reparar o dano. *Direito empresarial e outros estudos de direito em homenagem ao Professor José Alexandre Tavares Guerreiro*. São Paulo: Quartier Latin, 2013. p. 475-493. p. 488-492.

51. Segundo o Professor Comparato, "A lei de sociedades por ações de 1976, ainda aí, não obstante consagrar a instituição do acionista controlador, deixou de completar a disciplina do instituto com o aparelhamento de côngruas sanções, a começar pelo mecanismo da ação social *uti singuli*, tradicionalmente prevista para os casos de responsabilidade administrativa". Com esse diagnóstico, Comparato conclui: "Diante da omissão legislativa, porém, parece irrecusável a aplicação analógica do direito positivo, segundo o mandamento da Lei de Introdução ao Código Civil (art. 4.º). Qualquer acionista, em nosso entender, é parte legítima para propor ação de perdas e danos, no interesse da companhia contra o controlador, observando, no que couber, os dispositivos do art. 246, § 1.º. Não vemos obstáculo insuperável para tanto, na norma do art. 6.º do CPC,

Mesmo assim, conforme diagnosticado por Eduardo Secchi Munhoz, isso não parece suficiente para encorajar o minoritário a agir, em razão do sério problema de "concentração de custos e de dispersão de benefícios" acima apontado. Como adverte Cândido Rangel Dinamarco, os acionistas que estiverem dispostos a acionar a companhia terão de suportar, no mínimo, os seguintes ônus: (i) recolhimento das custas iniciais do processo; (ii) ônus financeiros ao longo do processo, como honorários periciais e preparo de recursos; (iii) eventuais ônus da sucumbência, que devem corresponder ao que seria devido em caso de procedência da demanda (em razão do princípio da isonomia).[52]

Somem-se a isso as despesas de manutenção e remuneração de advogados, agravadas pela existência de um nível indesejado de morosidade e pela falta de especialização do Poder Judiciário. Tais circunstâncias contribuem para um quadro de ineficiência que agrava os ônus a serem suportados pelo demandante durante anos ou até mesmo décadas, afastando-se da ideia de tutela jurisdicional efetiva.

Osmar Brina Corrêa-Lima expõe com exatidão o problema ao afirmar que "O Poder Judiciário encontra enorme desafio no tocante à adequada proteção do chamado acionista minoritário", questionando se o Judiciário estaria preparado para tal desiderato:

"A rarefação da jurisprudência brasileira em matéria de legislação das sociedades por ações parece demonstrar que, das duas, uma: *ou* as coisas têm funcionado bem, não se justificando o recurso ao Poder Judiciário, *ou* as pessoas não têm compartilhado da confiança nele depositada pelo legislador.

Um observador de fora – e, talvez, por isso mesmo, com maior objetividade – já forneceu as seguintes explicações para a rarefação da jurisprudência brasileira em tema de responsabilidade civil dos administradores de companhias: carestia das custas processuais e dos honorários de advogados; morosidade da justiça;

---

uma vez que essa autorização legal para a substituição processual não pode ser interpretada de modo restrito, como previsão direta e taxativa da lei". O Professor Calixto Salomão Filho endossa esse raciocínio: "De todo modo, o princípio genérico de substituição processual em matéria societária já foi estabelecido no art. 246, § 1.º, da lei societária. Não haveria sentido aplicar o dispositivo apenas quando o controlador fosse pessoa jurídica, deixando de aplicar na hipótese autorização legal expressa para substituição processual no caso de controlador pessoa física. Até porque, tendo em vista o princípio constitucional do amplo acesso à justiça, a interpretação das regras sobre legitimidade ativa não pode e nem deve ser restritiva ou exclusivamente gramatical" (COMPARATO, Fábio Konder; SALOMÃO FILHO, Calixto. *O poder de controle na sociedade anônima*. 4. ed. Rio de Janeiro: Forense, 2005. p. 384).

52. DINAMARCO, Cândido Rangel. *Processo civil empresarial*. São Paulo: Malheiros, 2010. p. 629-630.

falta de treino dos magistrados para lidarem com problemas financeiros complexos, o que reduziria a expectativa de decisões justas; relutância em litigar, não inteiramente explicada por todos os fatores acima; e desconfiança de que mesmo as decisões justas venham a ser executadas (Poser, 1966: 1525)".[53]

2.4.2.2 O sistema de proteção por meio de ação civil pública

Ada Pellegrini Grinover discorre sobre mecanismo de proteção dos investidores que tem sido praticamente esquecido no Brasil. Trata-se da ação civil pública estabelecida pela Lei 7.913/1989,[54] em sistema bastante semelhante ao das *class actions for damages* do direito norte-americano.[55]

As *class actions* são admitidas com base num binômio de requisitos. Deve-se, primeiramente, verificar se há a prevalência de questões de fato e de direito comuns sobre os interesses individuais presentes. Ainda, é preciso aferir a superioridade da justiça e da eficácia da tutela coletiva em face da tutela individual.

Reconhece-se, nesses casos, a presença tanto de interesses individuais, quanto transindividuais (ou coletivos). De um lado, admite-se a tutela do interesse individual dos acionistas, pela reparação direta dos danos causados pela conduta ilícita ou abusiva do controlador ou do administrador. De outro lado, busca-se tutelar o mercado de capitais e a economia em geral, por meio da coibição de condutas consideradas lesivas em face do direito material. Tais condutas não causam somente prejuízos individuais, mas também um prejuízo às *regras do jogo* do mercado de capitais, cuja proteção é de interesse social.[56]

Assim, no sistema brasileiro, a Lei 7.913/1989 permite que se tutele tanto o que se conhece como direitos coletivos (mercado de capitais, economia pública), quanto direitos individuais homogêneos (prejuízo individual de cada acionista). Com isso, em tese, dribla-se a pulverização dos prejuízos de cada acionista que tornaria ineficiente, do ponto de vista econômico, a propositura de ações individuais para cada indivíduo lesado.

---

53. CORRÊA-LIMA, Osmar Brina. Op. cit., p. 480.
54. "Dispõe sobre a ação civil pública de responsabilidade por danos causados aos investidores no mercado de valores mobiliários".
55. GRINOVER, Ada Pellegrini. Op. cit. Salienta a autora: "Chega-se, por esse caminho, à conclusão de que a prevalência das questões comuns sobre as individuais, que é condição de admissibilidade no sistema das *class actions for damages* norte-americanas, também o é no ordenamento brasileiro, que só possibilita a tutela coletiva dos direitos individuais quando estes forem homogêneos. Prevalecendo as questões individuais sobre as comuns, os direitos individuais serão heterogêneos e o pedido de tutela coletiva se tornará juridicamente impossível" (p. 32).
56. GRINOVER, Ada Pellegrini. Op. cit., p. 42.

Segundo a doutrina, a Lei 7.913/1989 forma um sistema de proteção conjugado com a Lei 7.347/1985 (Lei da Ação Civil Pública). Assim, não é possível restringir a legitimação ativa para a propositura de demandas coletivas previstas na Lei 7.913/1989 ao Ministério Público, como previsto no *caput* do seu art. 1.º.[57] Como explica Grinover, "quer porque aquela [Lei] se aplica a todos os direitos e interesses difusos e coletivos, quer porque o próprio art. 3.º da Lei 7.913/1989 expressamente refere à aplicação, no que couber, da lei genérica",[58] deve-se reconhecer a legitimidade ativa dos entes arrolados no art. 5.º da Lei da Ação Civil Pública.[59]

Aplica-se, ainda, o Código de Defesa do Consumidor, por força do art. 21 da Lei da Ação Civil Pública.[60] Isso se dá não porque o investidor se equipararia ao consumidor, mas sim porque essas Leis formam um sistema de ações coletivas, informado pelos conceitos de direitos difusos, coletivos e individuais homogêneos do art. 81 do CDC.[61]

Desse modo, nos termos do art. 95 do diploma consumerista, "em caso de procedência do pedido, a condenação será genérica, fixando a responsabilidade

---

57. "Art. 1.º Sem prejuízo da ação de indenização do prejudicado, o Ministério Público, de ofício ou por solicitação da Comissão de Valores Mobiliários – CVM, adotará as medidas judiciais necessárias para evitar prejuízos ou obter ressarcimento de danos causados aos titulares de valores mobiliários e aos investidores do mercado, especialmente quando decorrerem de: (...)."
58. GRINOVER, Ada Pellegrini. Op. cit., p. 46.
59. "Art. 5.º Têm legitimidade para propor a ação principal e a ação cautelar: I – o Ministério Público; II – a Defensoria Pública; III – a União, os Estados, o Distrito Federal e os Municípios; IV – a autarquia, empresa pública, fundação ou sociedade de economia mista; V – a associação que, concomitantemente: a) esteja constituída há pelo menos 1 (um) ano nos termos da lei civil; b) inclua, entre suas finalidades institucionais, a proteção ao patrimônio público e social, ao meio ambiente, ao consumidor, à ordem econômica, à livre concorrência, aos direitos de grupos raciais, étnicos ou religiosos ou ao patrimônio artístico, estético, histórico, turístico e paisagístico."
60. "Art. 21. Aplicam-se à defesa dos direitos e interesses difusos, coletivos e individuais, no que for cabível, os dispositivos do Título III da lei que instituiu o Código de Defesa do Consumidor."
61. "Art. 81. A defesa dos interesses e direitos dos consumidores e das vítimas poderá ser exercida em juízo individualmente, ou a título coletivo. Parágrafo único. A defesa coletiva será exercida quando se tratar de: I – interesses ou direitos difusos, assim entendidos, para efeitos deste código, os transindividuais, de natureza indivisível, de que sejam titulares pessoas indeterminadas e ligadas por circunstâncias de fato; II – interesses ou direitos coletivos, assim entendidos, para efeitos deste código, os transindividuais, de natureza indivisível de que seja titular grupo, categoria ou classe de pessoas ligadas entre si ou com a parte contrária por uma relação jurídica base; III – interesses ou direitos individuais homogêneos, assim entendidos os decorrentes de origem comum."

do réu pelos danos causados". Os beneficiários de tal condenação ainda não estarão identificados, cabendo liquidação a título individual na qual se deve provar o dano pessoal e o nexo de causalidade, além da quantificação dos prejuízos.

Aí reside, segundo Grinover, uma dificuldade desse sistema para a proteção individual:

"A prova do dano pessoal e do nexo causal pode ser tão complexa, no caso concreto, que tornará praticamente ineficaz a sentença condenatória genérica do art. 95, a qual só reconhece a existência do dano geral. Nesse caso, a vítima ou seus sucessores deverão enfrentar uma fase de liquidação tão complicada quanto uma ação condenatória individual, até porque ao réu devem ser asseguradas as garantias do devido processo legal, notadamente o contraditório e a ampla defesa. E a via da ação coletiva terá sido inadequada para a obtenção da tutela pretendida".[62]

Embora Grinover minimize esse problema, apontando que nem todos os casos concretos apresentarão essas dificuldades,[63] fato é que a própria utilização escassa desse instrumento no Brasil demonstra que ele não é suficiente para uma adequada e completa proteção ao interesse dos acionistas minoritários individualmente considerados.

Outra dificuldade reside na questão da legitimação ativa para a propositura da ação coletiva. Embora, como apontamos acima, aplique-se um rol mais amplo do que o previsto no art. 1.º da Lei 7.913/1989, o único ente legitimado do art. 5.º da Lei da Ação Civil Pública que se encontra no âmbito da iniciativa privada é a associação constituída há pelo menos um ano e cujo objeto tenha pertinência temática com a questão a ser defendida em juízo. Em todas as demais hipóteses – Ministério Público, Defensoria Pública, União, Estados, Distrito Federal e Municípios, autarquias, empresas públicas, fundações e sociedades de economia mista – será necessária provocação do Estado para que a ação seja proposta, implicando a movimentação da máquina burocrática estatal, o que pode causar demora e ineficiência na tutela dos acionistas interessados.

Em síntese, conforme reconhecido por Ada Pellegrini Grinover, trata-se de mecanismo de proteção que, embora presente, ainda está longe de representar o papel que as *class actions for damages* têm nos EUA.

---

62. GRINOVER, Ada Pellegrini. Op. cit., p. 39.
63. "Há casos, todavia, em que esse problema não se coloca, pois os aspectos comuns – ser acionista – prevalecem sobre os individuais. Quantas ações cada acionista possui, qual a natureza da ação, qual seu patrimônio: tudo é verificável por dados objetivos e pode ser reduzido a fórmula matemática. (...) De fato, nem todas as ações civis públicas em defesa de direitos individuais homogêneos trarão a dificuldade apontada anteriormente" (Idem, p. 40).

2.5 Premissas para a continuidade do tratamento do tema

Da breve análise acima realizada, já é possível retirar algumas conclusões ou, mais realisticamente, algumas premissas para a continuidade deste estudo.

Uma primeira conclusão, intuitiva, é de que a escolha pela inserção de cláusula arbitral societária deverá ser feita com base na situação fática da sociedade. Deve-se verificar a configuração societária buscada, o tipo de investimento que se busca atrair, os sujeitos que se visa proteger, dentre outros aspectos.

Essa conclusão, no entanto, é demasiadamente genérica e simplista. Para o âmbito do presente trabalho, é preciso atenção às constatações que exprimem ângulos de problematização do tema.

2.5.1 Reafirmação da arbitragem societária como solução realisticamente possível no sistema brasileiro

No âmbito das sociedades anônimas, aqueles que vivenciam o problema da tutela dos investidores na prática brasileira facilmente percebem que os mecanismos da Lei das S.A. e das ações coletivas ainda estão muito longe de representar uma efetiva proteção ao investidor.

O sistema da Lei das S.A., como vimos, apresenta incongruências e dificuldades práticas, atinentes principalmente ao maléfico binômio da *dispersão de benefícios/concentração de ônus* definido por Eduardo Secchi Munhoz. Já o sistema de ações coletivas, ainda muito pouco utilizado e desenvolvido na experiência brasileira, pode apresentar dificuldades semelhantes, na medida em que cada um dos interessados tenha que liquidar a sentença genérica comprovando o dano, o nexo causal e a quantificação dos prejuízos.

Diante do deficiente sistema legal e judicial existente no Brasil, a solução parece ser o reconhecimento de que a arbitragem pode sim ser um importante instrumento de proteção do minoritário. Conforme afirma Munhoz, "a arbitragem, no Brasil, acompanha o desenvolvimento do mercado de capitais. A ligação entre arbitragem e mercado de capitais é de tal ordem que se pode reconhecer a experiência brasileira como única no contexto internacional".[64]

Assim, em que pese as *desvantagens* que podem advir da utilização da arbitragem societária, é necessário reafirmá-la como forma de resolução de litígios adequada aos conflitos societários, inclusive à proteção dos minoritários.

Toda escolha evidentemente implica ônus e bônus. No caso da arbitragem societária, será necessário contornar as possíveis dificuldades que poderão se colocar como entrave ao exercício dos direitos dos minoritários.

---

64. MUNHOZ, Eduardo Secchi. Op. cit., p. 87.

Essa tem sido, conforme indicam estudos empíricos recentes, a tendência do mercado de capitais brasileiro, mesmo entre os níveis de governança da BM&FBovespa nos quais não se exige a obrigatoriedade da cláusula compromissória estatutária.[65]

Para isso, no entanto, é necessário que os sujeitos envolvidos, e em especial os árbitros, tenham atenção aos pontos sensíveis acima mencionados, em especial no que concerne a possíveis dificuldades dos minoritários de acionar a arbitragem. No decorrer do trabalho, esperamos tecer algumas sugestões no sentido de afastar esse problema.

É relevante, nesse sentido, o alerta de Arnoldo Wald: "É preciso continuar e aprofundar os estudos e pesquisas em relação à governança corporativa e à arbitragem, sendo esta última um instrumento fecundo para consagrar aquela".[66]

2.5.2 Não se pode falar simplesmente "da arbitragem societária", mas sim "de alguma arbitragem societária", ou "da arbitragem societária que se busca"

Com essa afirmação queremos realçar que as soluções parecem diversas quando se trata de instituir arbitragem que potencialmente atingirá apenas empresários, ou também sujeitos que se enquadram como meros investidores, nos termos da distinção já empreendida acima.

No primeiro caso, os problemas que surgirão da implementação prática da cláusula compromissória estatutária tenderão a ser semelhantes àqueles vivenciados no âmbito da arbitragem empresarial em geral.

Já no segundo caso, haverá que se ter em conta as preocupações que levaram o legislador italiano e a SEC norte-americana a restringirem a utilização da arbitragem societária nas sociedades de capital aberto, sem fazer restrições quanto às sociedades de capital fechado. É possível que a cláusula arbitral, no caso dos minoritários, implique um "encarceramento societário", na expressão de Warde Jr. e Maia da Cunha.[67]

Assim, antes de procurar um tratamento distinto em função do *tipo societário*, é necessário que, independentemente do tipo adotado, tenha-se em conside-

---

65. Segundo estudo empreendido por Mariana Pargendler, Viviane Muller Prado e Alberto Barbosa Jr., "a relevância da arbitragem em muito excede o que seria esperado tendo em vista exclusivamente a obrigatoriedade desta via de solução de conflitos nos regulamentos do Nível 2, Novo Mercado e Bovespa Mais" (PARGENDLER, Mariana; PRADO, Viviane Muller; BARBOSA JR., Alberto. Cláusulas arbitrais no mercado de capitais brasileiro: alguns dados empíricos. *Revista de Arbitragem e Mediação*. ano 11. n. 40. p. 105-111. p. 107-108. São Paulo: Ed. RT, jan.-mar. 2014).
66. WALD, Arnoldo. Op. cit., p. 28.
67. WARDE JR., Jorge; CUNHA, Fernando Antonio Maia da. Op. cit., p. 750-753.

ração a condição dos sujeitos envolvidos, procurando dar especial atenção a situações em que a utilização da arbitragem pelas regras preestabelecidas possa gerar entrave ao exercício de direitos de acionistas. Trata-se de reconhecer a proteção dos "grupos de referência" afetados ao direito societário, conforme a expressão de Herbert Wiedemann.[68] É provável que nossa atenção tenha que se voltar, na matéria em questão, mais para o caso dos acionistas investidores ("rendeiros", e não especuladores, na classificação de Requião[69]) do que para os acionistas empresários.

Precisamente, foi a preocupação com a situação e a proteção dos acionistas "rendeiros" que possivelmente conduziu ao entendimento acolhido pela lei italiana, ao vedar a utilização da arbitragem societária nas sociedades abertas. Os especuladores, aparentemente, teriam mais condições de avaliar a presença de cláusula arbitral societária ao adquirir ações, além de, dados os movimentos de compra e venda de ações a que são afeitos, serem menos sujeitos a prejuízos decorrentes de litígios societários.

Fato é que, no Brasil, *habemus legge* e mercado (BM&FBovespa) incentivando a utilização da arbitragem societária inclusive nas sociedades abertas. Temos, portanto, que procurar solução que se adapte a essa nossa realidade.

Em síntese, embora tenhamos o escopo de reafirmar a arbitragem societária como forma de proteção dos acionistas, principalmente dos minoritários, fato é que as considerações acima lançadas já são suficientes para acender um alerta no

---

68. A ideia pode ser encontrada em: WIEDEMANN, Herbert. Op. cit. Analogamente, na obra de Alfredo Lamy Filho e José Luiz Bulhões Pedreira, quando descrevem os diversos interesses protegidos pelo que denominam de "sistema jurídico da companhia": o interesse geral na eficiência e expansão da empresa, o interesse dos acionistas, o interesse dos credores, o interesse dos investidores e dos intermediários dos mercados de valores mobiliários e o interesse dos administradores (LAMY FILHO, Alfredo; PEDREIRA, José Luiz Bulhões. *Direito das companhias*. Rio de Janeiro: Forense, 2009. vol. 1, p. 171-172).

69. A explicação da distinção já foi realizada anteriormente com base na doutrina de Wiedemann. O Professor Rubens Requião dividiu os acionistas em três espécies: (i) os acionistas empresários, "cujo intuito e preocupação é obter o controle da sociedade anônima, para dirigir os seus negócios ou influir na sua gestão social"; (ii) os acionistas especuladores, "que compõe a fauna assídua às Bolsas de Valores, que na circulação das ações enxergam apenas o jogo especulativo das altas e das baixas"; (iii) os acionistas rendeiros, "cujo escopo ao adquirir ações é auferir os dividendos, como fonte de renda pessoal, não se preocupando geralmente com a empresa, mas apenas com a fruição de seus dividendos" (REQUIÃO, Rubens. O controle e a proteção dos acionistas. *Revista de Direito Mercantil, Industrial, Econômico e Financeiro*. ano XIII. vol. 15-16. p. 23-36. p. 28. nova série. São Paulo: Ed. RT, 1974). É precisamente em relação a esses últimos que deverão ser voltadas as nossas preocupações, sempre que falarmos em "acionista minoritário" ou "acionista investidor".

sentido de se procurar resguardar o direito desses sujeitos. Isso deverá conduzir, inclusive, à criação de mecanismos com esse propósito.

2.5.3 O necessário reconhecimento de diferenças fundamentais entre sociedades anônimas abertas e fechadas

Ainda que seja uma premissa do presente trabalho não tratar do tema direcionando-o a um tipo societário específico, as considerações anteriormente lançadas inevitavelmente conduzem a diferenças no tratamento em relação a sociedades abertas e fechadas. Nas sociedades fechadas, embora possa haver a presença de acionistas meramente investidores – como, de resto, é possível em qualquer tipo societário – não há uma tutela do interesse geral do mercado de capitais.

Segundo Jorge Lobo, a análise das principais características das sociedades fechadas e das abertas conduz à constatação de que elas se assemelham na forma – na medida em que devem seguir as regras legais básicas da Lei das S.A., mas não no conteúdo. Com relação ao conteúdo, há uma radical diferença não apenas de ordem quantitativa, mas também qualitativa.

Com isso, conclui Lobo que somente as companhias fechadas, em razão das suas características, são objeto do direito comercial enquanto ramo do direito privado. Na outra ponta, as companhias abertas se sujeitam ao direito econômico. Por isso:

"(...) A teoria do direito societário deve tratar de forma distinta companhias fechadas e companhias abertas, enunciando princípios e regras próprios de cada categoria, com a finalidade de orientar o intérprete e o aplicador do Direito na análise e exegese das disposições da LSA e de responder às indagações e dúvidas de cada espécie (...)".[70]

Assim, enquanto na companhia fechada "prevalecem os princípios da autonomia da vontade e do consensualismo na constituição da sociedade e na elaboração e alteração do estatuto social", a companhia aberta orienta-se pelo "princípio do rigor formal na criação da sociedade e na redação e modificação do estatuto social proposto pelos fundadores".

Ademais, "na companhia fechada, a pessoa, que quiser fazer parte da sociedade, poderá discutir, com assistência de seus advogados, as cláusulas do estatuto social". Já na companhia aberta, "a pessoa 'adere' ao estatuto social proposto pelos fundadores".

---

70. LOBO, Jorge. Teoria do direito societário. In: KUYVEN, Luiz Fernando Martins (coord.). *Temas essenciais de direito empresarial*: estudos em homenagem a Modesto Carvalhosa. São Paulo: Saraiva, 2012. p. 668-680. p. 674-680.

Além disso, enquanto na companhia fechada "são poucas as exigências materiais, próprias do princípio do rigor formal", na companhia aberta "os administradores da sociedade devem seguir à risca as regras cogentes sobre determinadas matérias".

Ainda, "na companhia fechada, o acionista age na defesa de seu interesse privado, pessoal, particular, individual; na companhia aberta, o acionista age, ainda que contrariado, consoante o interesse público, coletivo, comum, geral".

Por fim, no que diz respeito aos conflitos societários, estes são dirimidos na companhia fechada "segundo os princípios da justiça comutativa", enquanto na companhia aberta, "da justiça distributiva".[71]

Essas conclusões já foram objeto da reflexão de Haroldo Malheiros Duclerc Verçosa, ao concluir pela necessidade de se repensar a modelação da companhia fechada no Brasil, diante da inexistência de modelo simplificado, como o adotado na França. Segundo o seu pensamento, a companhia fechada tem a seu favor a submissão integral aos termos do ato constitutivo, regrando a sociedade com eventual auxílio dos acordos de acionistas, desde que sem abusar das regras legais cogentes. Embora possa haver o desenvolvimento de regulamentação no sentido de proteger o minoritário, isso não deveria ensejar o desestímulo ao investimento de risco dos majoritários.

Por fim, relembrando a lição de Eduardo Secchi Munhoz, Verçosa aponta a necessidade de revisão do binômio *poder empresarial/responsabilidade pelos riscos do negócio*, que vem sendo desvirtuado por algumas tendências como a generalização da desconsideração da personalidade jurídica.[72]

Essas considerações deverão nortear a análise das demais questões propostas no trabalho, tendo também evidente reflexo na arbitragem nas sociedades limitadas, que pela flexibilidade de sua engenharia jurídica podem se aproximar tanto das companhias abertas, quanto das fechadas.[73]

2.5.4 Necessidade de pensar a arbitragem como um meio possível de resolução de litígios que atende aos postulados do devido processo legal

Por fim, é preciso sempre ter em conta que, independentemente de haver vantagens e desvantagens (como em qualquer outra escolha), a arbitragem é um

---

71. Idem, p. 679-680.
72. VERÇOSA, Haroldo Malheiros Duclerc. *Curso de direito comercial*. São Paulo: Malheiros, 2008. vol. 3, p. 757-758.
73. VERÇOSA, Haroldo Malheiros Duclerc. *Curso de direito comercial*. 2. ed. São Paulo: Malheiros, 2010. vol. 2, p. 79.

meio de resolução de litígios que atende aos princípios constitucionais aplicáveis ao processo, os quais consubstanciam o devido processo legal (CF, art. 5.º, LIV e LV).

Assim, a arbitragem não é *menor* nem *pior* do que o Judiciário, tampouco *melhor* em qualquer circunstância. É apenas outra opção que, no âmbito empresarial, deve ser seriamente considerada, sob pena até mesmo de violação dos deveres de diligência do sujeito, seja na gerência do patrimônio alheio, seja do seu próprio.

Ademais, devemos lembrar com Pedro Batista Martins que a arbitragem se alinha "com a incapacidade estatal de prover, com eficiência e a tempo e hora, as imensas necessidades da sociedade".[74]

---

74. MARTINS, Pedro Batista. Op. cit., p. 33-34.

3
CABIMENTO DA ARBITRAGEM EM MATÉRIA SOCIETÁRIA (O ESTÁGIO ATUAL DA MATÉRIA NO BRASIL: "ARBITRABILIDADE")

"O direito societário caracteriza-se como um 'pequeno Estado de Direito', [kleines Staatsrecht] porque também nas sociedades a formação da vontade deve ser organizada e surge uma relação de supremacia e de subordinação, uma vez que sejam permitidas decisões por maioria. Por isso, o direito societário [Verbandsrecht] tem, tematicamente em comum com o direito público, a organização do poder coletivo e os direitos e deveres dos 'cidadãos societários'. [Verbandsbürger]."[1]

3.1 A noção geral de "arbitrabilidade"

Fala-se em *arbitrabilidade* para se referir à aptidão genérica de uma determinada lide para que seja submetida a julgamento arbitral. Para Francisco José Cahali, "A arbitrabilidade é condição essencial para que um determinado conflito seja submetido à arbitragem, e vem previsto já no art. 1.º da Lei Especial".[2] Segundo Manuel Pereira Barrocas:

"A arbitrabilidade constitui matéria da maior importância no estudo da arbitragem. Pode existir a convenção de arbitragem e cumpridos todos os requisitos de validade, mas se o litígio não for arbitrável não é possível resolvê-lo pelo recurso à arbitragem. A arbitrabilidade do litígio condiciona a validade da convenção de arbitragem. Na verdade, um litígio não arbitrável objeto de uma convenção de arbitragem torna esta nula à face da lei portuguesa (arts. 1.º, 1, e 3.º, ambos da LAV)".[3]

---

1. FRANÇA Erasmo Valladão Azevedo e Novaes. Excerto do "Direito Societário I – Fundamentos". *Temas de direito societário, falimentar e teoria da empresa.* Trad. Herbert Wiedemann. São Paulo: Malheiros, 2009. p. 628-629.
2. CAHALI, Francisco José. *Curso de arbitragem.* São Paulo: Ed. RT, 2011. p. 91.
3. BARROCAS, Manuel Pereira. *Manual de arbitragem.* Coimbra: Almedina, 2010. p. 215.

Como toda lide possui sujeito (partes envolvidas) e objeto (controvérsia), parte dos estudiosos da arbitragem costuma dividir a arbitrabilidade, didaticamente, em subjetiva e objetiva.[4]

Evidentemente, essa divisão não deve ser encarada como um mantra, como se fosse sempre possível investigar a possibilidade de submissão a juízo arbitral pelos ângulos subjetivo e objetivo de maneira completamente separada.

O porquê dessa afirmação ficará mais claro adiante, quando tratarmos da questão da arbitrabilidade voltando-se ao âmbito dos conflitos internos de uma sociedade. Em síntese, para determinar se a cláusula arbitral societária tem efeitos sobre determinado sujeito, é necessário antes verificar se este sujeito possui alguma ligação com o litígio estabelecido. A questão subjetiva sempre estará de algum modo ligada à questão objetiva, de maneira que não se deve encarar essa divisão para além de fins meramente didáticos.

A afirmação de Manuel Pereira Barrocas segundo a qual a submissão de um litígio não arbitrável a uma convenção arbitral a torna nula também não nos parece completamente precisa. É possível pensar em nulidade de um compromisso arbitral nesse caso, mas o mesmo não vale necessariamente para uma cláusula compromissória.

No caso da cláusula compromissória, não há como prever ou definir previamente, e com exatidão, quais litígios podem advir do contrato ou da relação jurídica que dele nasce entre as partes. É possível, em tese, que haja tanto litígios arbitráveis quanto inarbitráveis, decorrentes de uma mesma relação jurídica. Assim, poder-se-ia falar em ineficácia da cláusula compromissória relativamente à determinada situação de fato que por força de lei tenha sido colocada fora do alcance da cláusula arbitral, mas não de nulidade da cláusula. Essas colocações ficarão mais claras quando tratarmos detalhadamente da arbitrabilidade objetiva.

Com todas essas ressalvas, procuraremos primeiramente tratar do que podemos denominar de *arbitrabilidade subjetiva* no âmbito da arbitragem societária, ou seja, a aptidão de uma cláusula arbitral societária para ter efeitos sobre determinados sujeitos que possuem ligação com o conflito discutido.

Posteriormente, trataremos da *arbitrabilidade objetiva*, que para o âmbito de investigação deste trabalho consistirá em analisar se há alguma matéria societária que necessariamente não poderá ser decidida por meio de arbitragem, demandando intervenção do juiz estatal.

---

4. VISCASILLAS, Pilar Perales. Arbitrability of (intra-) corporate disputes (Chapter 14). In: MISTELIS, Loukas A.; BREKOULAKIS, Stavros L. *Arbitrability: International & Comparative Perspectives*. The Netherlands: Wolters Kluwer, 2009. p. 273-292. p. 273.

3.2 "Arbitrabilidade subjetiva"

Manuel Pereira Barrocas define a *arbitrabilidade subjetiva*, de forma sintética, do seguinte modo: "é aquela em que a susceptibilidade de submissão de um litígio a arbitragem depende da capacidade das partes".[5]

Para José Albuquerque Rocha, "só as pessoas físicas com capacidade de exercício de seus direitos, entre as quais se incluem os emancipados, podem instituir a arbitragem". Para que os incapazes possam ser parte em arbitragem não bastaria a assistência e a representação, devendo haver autorização judicial mediante prévia oitiva do Ministério Público, porque a participação em arbitragem supostamente excederia os poderes de mera administração.[6]

Carlos Alberto Carmona compartilha essa mesma opinião, acrescentando que também para os entes despersonalizados (como o espólio, a massa falida e o condomínio) é necessária autorização judicial para a celebração de convenção arbitral e a participação em arbitragem, a ser obtida pelo representante legal (inventariante ou síndico).[7]

Noutro sentido, Francisco José Cahali esclarece que a titularidade dos direitos difere do seu exercício. Assim, o fato de a lei ter estabelecido restrições para o exercício de determinados direitos (CC, arts. 3.º[8] e 4.º[9]), condicionando a validade dos atos à assistência e à representação, não impede a utilização da arbitragem, já que a convenção arbitral poderá ser contratada com o concurso da respectiva assistência ou representação. A ressalva à utilização da arbitragem não decorre da incapacidade do agente, mas sim da indisponibilidade dos seus direitos numa determinada situação concreta.[10]

---

5. BARROCAS, Manuel Pereira. Op. cit., p. 215.
6. ROCHA, José de Albuquerque. *Lei de Arbitragem: uma avaliação crítica*. São Paulo: Atlas, 2008. p. 30-31.
7. CARMONA, Carlos Alberto. *Arbitragem e processo: um comentário à Lei n. 9.307/96*. 3. ed. São Paulo: Atlas, 2009. p. 37-38. A referência ao síndico da massa falida é uma evidente imprecisão, já que com a nova Lei de Recuperações e Falências (Lei 11.101/2005) o síndico foi substituído pelo administrador judicial.
8. "Art. 3.º São absolutamente incapazes de exercer pessoalmente os atos da vida civil: I – os menores de dezesseis anos; II – os que, por enfermidade ou deficiência mental, não tiverem o necessário discernimento para a prática desses atos; III – os que, mesmo por causa transitória, não puderem exprimir sua vontade."
9. "Art. 4.º São incapazes, relativamente a certos atos, ou à maneira de os exercer: I – os maiores de dezesseis e menores de dezoito anos; II – os ébrios habituais, os viciados em tóxicos, e os que, por deficiência mental, tenham o discernimento reduzido; III – os excepcionais, sem desenvolvimento mental completo; IV – os pródigos. Parágrafo único. A capacidade dos índios será regulada por legislação especial."
10. CAHALI, Francisco José. Op. cit., p. 91-92.

No mesmo sentido, Luiz Antonio Scavone Junior escreve que:

"(...) Basta que a pessoa tenha personalidade jurídica para que possa se submeter à arbitragem. (...)

Isto porque estamos no campo da capacidade de gozo de direitos (capacidade de direito) e não do seu exercício pessoal (capacidade de fato), que depende da inexistência de incapacidades absolutas ou relativas, tal qual delineadas no Código Civil.

O que se quer afirmar, diferentemente do que pensam alguns autores, é que as pessoas podem ser representadas ou assistidas na convenção de arbitragem, desde que respeitados os limites decorrentes da matéria, que deve versar sobre direitos patrimoniais disponíveis.

Assim, com respeito a posições em sentido contrário, nada obsta que, circunscritos aos limites de mera administração impostos à representação, tutela e curatela, os pais, tutores ou curadores possam representar ou assistir os incapazes, firmando cláusulas ou compromissos arbitrais que versem sobre direitos patrimoniais disponíveis desses mesmos incapazes".[11]

A nosso ver, este último entendimento revela que a arbitrabilidade subjetiva acaba por se aproximar da noção de arbitrabilidade objetiva, porque tudo se resume a verificar a possibilidade de submeter à arbitragem o direito controvertido da pessoa envolvida numa determinada lide. Mesmo Carmona, que considera que é necessária autorização judicial para a celebração de convenção arbitral por incapazes, justifica esse entendimento com base no pressuposto de que "a instituição do juízo arbitral pressupõe a disponibilidade do direito".[12] Como se vê, para tratar da arbitrabilidade subjetiva, um dos autores da Lei Brasileira de Arbitragem não prescinde da noção de disponibilidade, relacionada à segunda parte do art. 1.º da referida Lei, que trata da arbitrabilidade objetiva.

Na aferição da arbitrabilidade, pode-se eventualmente indagar sobre alguma qualidade inerente ao sujeito titular do direito, mas que acaba por conduzir à análise sobre a possibilidade de levar o direito em si (objeto) a julgamento arbitral. A plena aceitação de que a Administração Pública seja parte em arbitragem é prova do que dizemos. Não se pode dizer que a Administração não pode ser parte em arbitragem por uma simples questão subjetiva, porque ela é o ente constitucionalmente habilitado ao exercício de determinadas prerrogativas públicas, por exemplo.[13] Não é necessário verificar se a administração pode ou não ser parte em arbi-

---

11. SCAVONE JUNIOR, Luiz Antonio. *Manual de arbitragem*. 4. ed. São Paulo: Ed. RT, 2010. p. 21-22.
12. CARMONA, Carlos Alberto. Op. cit., p. 37.
13. A doutrina a respeito da arbitragem na administração pública já evoluiu para uma quase unanimidade no sentido de que, ao falar em "pessoas capazes de contratar", sem

tragem (porque ela sempre pode[14]), mas sim se o objeto de determinado litígio em que ela é parte é arbitrável (arbitrabilidade objetiva).

Tudo isso para dizer que, em nossa opinião, a primeira parte do art. 1.º da Lei de Arbitragem[15] é absolutamente inútil. Seu efeito prático consiste em repetição desnecessária das regras sobre capacidade, representação e assistência do Código Civil.[16] É evidente que aqueles que são capazes de contratar podem se valer da

---

distinguir entre Estado e particulares, a Lei Brasileira de Arbitragem já é suficiente para que a administração seja parte em arbitragem (LEMES, Selma. *Arbitragem na Administração Pública: fundamentos jurídicos e eficiência econômica*. São Paulo: Quartier Latin, 2007. p. 116). No mesmo sentido, entre vários outros: KLEIN, Aline Lícia. A arbitragem nas concessões de serviço público. In: PEREIRA, Cesar Augusto Guimarães; TALAMINI, Eduardo (coord.). *Arbitragem e poder público*. São Paulo: Saraiva, 2010. p. 63-109; OLIVEIRA, Gustavo Henrique Justino de. A arbitragem e as Parcerias Público-Privadas. In: SUNDFELD, Carlos Ari (coord.). *Parcerias Público-Privadas*. 2. ed. São Paulo: Malheiros, 2007. p. 598-640; PINTO, José Emilio Nunes. A arbitrabilidade de controvérsias nos contratos com o Estado e empresas estatais. *Revista Brasileira de Arbitragem*. ano 1. n. 1. p. 9-26. São Paulo: Ed. RT, jan.-mar. 2004; SOUZA JUNIOR, Lauro da Gama e. Sinal verde para a arbitragem nas parcerias público-privadas (a construção de um novo paradigma para os contratos entre o estado e o investidor privado). *Revista Brasileira de Arbitragem*. ano 2. n. 8. p. 7-42. São Paulo: Ed. RT, out.-dez. 2005; TALAMINI, Eduardo. Arbitragem e Parceria Público-Privada (PPP). In: _____; JUSTEN, Monica Spezia (coord.). *Parcerias Público-Privadas*: um enfoque multidisciplinar. São Paulo: Ed. RT, 2005. p. 333-358.

14. Segundo José Cretella Neto: "Quanto à qualificação das partes, o único requisito legal para que possam valer-se da arbitragem é o da capacidade para contratar. Silencia a lei sobre se estas podem ou não ser pessoas jurídicas de Direito Público e, nesse caso, como inexiste vedação a que estas empreguem a arbitragem, é forçoso concluir que podem perfeitamente fazê-lo" (CRETELLA NETO, José. *Comentários à Lei de Arbitragem brasileira*. 2. ed. Rio de Janeiro: Forense, 2007. p. 28). Essa noção se encontra presente mesmo entre aqueles que têm uma visão mais restrita a respeito da arbitragem envolvendo a administração pública: "Quanto às pessoas jurídicas de direito público, em tese, nada as impediria de ser parte no convênio arbitral. Todavia, a natureza indisponível dos bens públicos atua como um obstáculo nesse sentido. Embora, tecnicamente, a capacidade para ser parte seja independente do poder de disposição dos bens objeto do litígio, que diz respeito à legitimação, do ponto de vista prático a questão tem relevância, uma vez que o compromisso, tendo por objeto bens indisponíveis, torna-se ineficaz, isto é, não produz efeitos relativamente ao titular dos bens. Por tal razão, as pessoas jurídicas de direito público, em princípio não devem ser admitidas à via arbitral. Se, porém, as relações jurídicas litigiosas de que é titular a pessoa jurídica de direito público são regidas pelo direito privado, nada impede possam elas instaurar o juízo arbitral, desde que autorizadas por lei" (ROCHA, José de Albuquerque. Op. cit., p. 31-32).
15. "Art. 1.º *As pessoas capazes de contratar poderão valer-se da arbitragem* para dirimir litígios relativos a direitos patrimoniais disponíveis" (grifo nosso).
16. José Cretella Neto menciona que nem sempre a pessoa civilmente capaz pode contratar, como no caso do comerciante cuja empresa está em processo de falência (CRETELLA

arbitragem, seria um contrassenso se não pudessem. Ademais, mesmo por um ângulo objetivo essa disposição não tem qualquer relevância, porque a transacionabilidade de um direito (capacidade de contratar sobre ele) também não é critério para a arbitrabilidade objetiva.[17]

Essas considerações reforçam a artificialidade que caracteriza a divisão tradicional entre arbitrabilidade subjetiva e objetiva, de que falamos acima.

Mais uma vez, portanto, colocamos em dúvida conceitos tradicionais da doutrina da arbitragem. Para o estudo que pretendemos empreender no presente trabalho, e com todas as ressalvas, podemos dizer, genericamente, que a arbitrabilidade subjetiva tratará de saber se determinado sujeito (i) é parte numa convenção de arbitragem, (ii) pode ser atingido pelos seus efeitos e (iii) se tais efeitos poderão lhe ser opostos coercitivamente.

No âmbito da arbitragem societária, isso acaba tendo maior relevância em relação à aptidão de a cláusula arbitral contida no contrato social ou no estatuto atingir determinados sujeitos que gravitam em torno da sociedade. Assim, para o presente trabalho, o tema da *arbitrabilidade subjetiva* importa, basicamente, dois questionamentos: (i) se a introdução de cláusula compromissória societária alcança os sócios dissidentes, ausentes ou que se abstiveram em face da deliberação que a introduziu no contrato social ou no estatuto da sociedade, bem como o sócio futuro; (ii) se a cláusula compromissória societária atinge os órgãos sociais e os seus titulares de princípio, ou seja, sem que sejam necessários outros atos de concordância expressa de tais sujeitos.

A primeira questão será tratada no presente capítulo, por já ter sido objeto de ampla discussão na doutrina, de modo que é possível identificar uma posição amplamente majoritária. A segunda questão será deixada para capítulo específico do estudo, por ter sido muito pouco explorada pela doutrina brasileira e ser bastante controversa na aplicação da arbitragem societária.

NETO, José. Op. cit., p. 29). O art. 103 da Lei de Recuperações e Falências, repetindo o que dispunha o art. 40 do Dec.-lei 7.661/1945, prevê que "Desde a decretação da falência ou do sequestro, o devedor perde o direito de administrar os seus bens ou deles dispor". Nesse caso, o falido não terá capacidade para contratar, podendo apenas o síndico fazê-lo mediante autorização do juiz. De fato, trata-se de caso específico, que foge ao raciocínio que expusemos acima a respeito da possibilidade de as pessoas com capacidade de direito serem parte em contratos (e convenções de arbitragem) com o concurso de assistência ou representação. No entanto, mais uma vez a solução prescinde do art. 1.º da Lei de Arbitragem, bastando que se aplique o previsto na Lei de Recuperações e Falências.

17. Essa questão será melhor explorada ao tratarmos dos critérios da arbitrabilidade objetiva. Por ora, basta guardar a afirmação de que o fato de se poder transacionar sobre algum direito não é suficiente para que se determine a sua disponibilidade.

Note-se que, tecnicamente, as questões que pretendemos examinar aqui sequer se enquadram perfeitamente numa noção tradicional de *arbitrabilidade subjetiva*, que já criticamos acima. Dizem mais respeito à extensão ou ao alcance dos efeitos da convenção de arbitragem e do próprio processo arbitral no âmbito societário. Não se trata de cogitar da capacidade genérica de direito dos sujeitos envolvidos numa sociedade.

No entanto, diante da possível necessidade de análise da condição especial dos sujeitos relacionados (especialmente no que diz respeito aos titulares de órgãos sociais), optamos por inserir o tema sob este título, seguindo a divisão tradicionalmente adotada.[18]

3.2.1 O cerne da discussão e sua delimitação: o alcance da cláusula compromissória (sócio dissidente, sócio ausente, sócio futuro)

A principal dúvida que foi discutida na doutrina em relação à arbitragem societária está justamente relacionada à arbitrabilidade subjetiva. Trata-se de determinar se a cláusula arbitral societária que é inserida já no curso da vida de uma sociedade alcança o acionista ou o sócio ausente ou dissidente da deliberação ou alteração contratual que aprovou a inserção da cláusula no estatuto ou no contrato social. Ainda, consiste em saber se os futuros acionistas ou sócios que também não tenham participado da deliberação ou alteração do contrato social (ou concordado expressamente com elas no momento do ingresso) devem se sujeitar à cláusula arbitral societária.

O fato de a matéria deste tópico ter sido a mais discutida no Brasil não deve conduzir à ideia de que ela ocupa uma posição de centralidade no âmbito da arbitragem societária. Na verdade, conforme demonstraremos, a tendência é inclusive a superação dessa discussão. Deve-se deixar claro que as questões postas acima correspondem a apenas uma parcela da multiplicidade de indagações que decorre da inserção de cláusula de arbitragem nos estatutos e contratos sociais das sociedades – algumas das quais tentaremos responder ao longo deste trabalho.

Há uma evidente explicação histórica para o fato de essa questão ter sido a mais discutida quando se fala em arbitragem societária no Brasil. A Lei das S.A. foi alterada em 2001 pela Lei 10.303, que incluiu o § 3.º no art. 109, dispondo que "o estatuto da sociedade pode estabelecer que as divergências entre os acionistas e a companhia, ou entre os acionistas controladores e os acionistas minoritários, poderão ser solucionadas mediante arbitragem, nos termos em que especificar". A partir daí, toda a discussão doutrinária a respeito da arbitragem societária no Brasil passou a girar em torno desse dispositivo.

---

18. Essa forma de divisão do trabalho foi baseada especialmente em: MARTINS, Pedro Batista. *Arbitragem no direito societário*. São Paulo: Quartier Latin, 2012.

Além disso, os Regulamentos de Listagem de três segmentos de governança corporativa da BM&FBovespa (Nível 2, Novo Mercado e Bovespa Mais) previram em seu item 3.1, V,[19] que uma das condições mínimas para a autorização para negociação em tais níveis de listagem é a adaptação do estatuto social das companhias às cláusulas mínimas divulgadas pela BM&FBovespa, especialmente a "Cláusula Compromissória". A "Cláusula Compromissória" é termo definido dos Regulamentos de Listagem, consistindo no seguinte:

"(...) Cláusula de arbitragem, mediante a qual a Companhia, seus acionistas, Administradores, membros do conselho fiscal e a BM&Fbovespa obrigam-se a resolver, por meio de arbitragem, perante a Câmara de Arbitragem do Mercado, toda e qualquer disputa ou controvérsia que possa surgir entre eles, relacionada ou oriunda, em especial, da aplicação, validade, eficácia, interpretação, violação e seus efeitos, das disposições contidas na Lei das Sociedades por Ações, no estatuto social da Companhia, nas normas editadas pelo Conselho Monetário Nacional, pelo Banco Central do Brasil e pela Comissão de Valores Mobiliários, bem como nas demais normas aplicáveis ao funcionamento do mercado de valores mobiliários em geral, além daquelas constantes deste Regulamento de Listagem, do Regulamento de Arbitragem e do Contrato de Participação (...)".

Também consta no item 13.1 de tais Regulamentos de Listagem que a companhia, o controlador, os demais acionistas, os administradores e os membros do conselho fiscal das sociedades enquadradas em tais níveis de governança corporativa comprometem-se a resolver por arbitragem perante da CAM-BM&FBovespa qualquer disputa ou controvérsia relacionada com ou oriunda do próprio Regulamento de Listagem, do Contrato de Participação no nível de listagem, do Regulamento de Sanções e das Cláusulas Compromissórias.

3.2.2 A posição de Modesto Carvalhosa

Merece destaque a posição de Modesto Carvalhosa dentre os que consideram impossível obrigar todos os acionistas (incluindo os dissidentes, os ausentes e os futuros) a sujeitarem-se à cláusula arbitral inserta no estatuto de uma sociedade anônima.[20]

---

19. "3.1 Autorização para Negociação de Valores Mobiliários no Novo Mercado. A BM&FBOVESPA poderá conceder autorização para negociação de valores mobiliários no Novo Mercado para a Companhia que preencher as seguintes condições mínimas: (...) (v) tenha adaptado o seu estatuto social às cláusulas mínimas divulgadas pela BM&FBOVESPA, em especial a que se refere à Cláusula Compromissória." O item 3.1 dos Regulamentos de Listagem do Nível 2 de Governança Corporativa e do Bovespa Mais reproduzem essa redação.

20. CARVALHOSA, Modesto. *Comentários à Lei de sociedades anônimas*. 6. ed. São Paulo: Saraiva, 2014. vol. 2, p. 379-407.

Carvalhosa defende eloquentemente que o acionista teria somente uma posição jurídica ativa perante a inserção de cláusula arbitral estatutária na forma do art. 109 da Lei das S.A. Os acionistas teriam uma faculdade ou poder de aderir à cláusula compromissória estatutária, decorrente de um direito subjetivo individual, e não de um dever. Isso seria confirmado pelo fato de a previsão de utilização da arbitragem nas sociedades anônimas estar contida no dispositivo que trata dos direitos essenciais do acionista.[21]

A interpretação do § 3.º do art. 109 no sentido de impor um dever de o acionista se sujeitar à cláusula arbitral estatutária esbarraria no § 2.º do mesmo dispositivo, que prevê que "os meios, processos ou ações que a lei confere ao acionista para assegurar os seus direitos não podem ser elididos pelo estatuto ou pela assembleia-geral". Para Carvalhosa:

"(...) O § 2.º do presente artigo reproduz o direito individual instituído como cláusula pétrea (art. 60, § 4.º, IV, da CF) no inciso XXXV do art. 5.º da CF. Trata-se, portanto, o procedimento arbitral estatutariamente instituído de uma *prerrogativa* do acionista de *aderir* a todo tempo, conforme a sua manifestação de concordância, ao pacto compromissório".[22]

De acordo com essa visão, a convenção arbitral seria "pacto personalíssimo que deve ser inquestionavelmente declarado em seu aspecto formal, e que não se transmite por sucessão ou cessão à pessoa do sucessor ou cessionário".[23] O juízo arbitral seria um substitutivo do Poder Judiciário no julgamento do litígio, cujas decisões têm força obrigatória entre as partes. Por isso, seria pressuposto de validade e eficácia da decisão por arbitragem, no sentido de consistir em requisito para a cláusula compromissória, a "declaração de vontade das partes envolvidas, seja na cláusula compromissória, seja no compromisso propriamente dito".[24]

---

21. "Art. 109. Nem o estatuto social nem a assembleia-geral poderão privar o acionista dos direitos de: I – participar dos lucros sociais; II – participar do acervo da companhia, em caso de liquidação; III – fiscalizar, na forma prevista nesta Lei, a gestão dos negócios sociais; IV – preferência para a subscrição de ações, partes beneficiárias conversíveis em ações, debêntures conversíveis em ações e bônus de subscrição, observado o disposto nos artigos 171 e 172; V – retirar-se da sociedade nos casos previstos nesta Lei. § 1.º As ações de cada classe conferirão iguais direitos aos seus titulares. § 2.º Os meios, processos ou ações que a lei confere ao acionista para assegurar os seus direitos não podem ser elididos pelo estatuto ou pela assembleia-geral. § 3.º O estatuto da sociedade pode estabelecer que as divergências entre os acionistas e a companhia, ou entre os acionistas controladores e os acionistas minoritários, poderão ser solucionadas mediante arbitragem, nos termos em que especificar."
22. CARVALHOSA, Modesto. Op. cit., 6. ed., vol. 2, p. 380.
23. Idem, p. 381.
24. Idem, p. 385.

A aprovação da cláusula compromissória estatutária consistiria em verdadeiro pacto parassocial, com natureza semelhante aos acordos de acionistas, vinculando obrigatoriamente a própria sociedade e, no caso dos acionistas, somente os fundadores na constituição da sociedade e os que posteriormente renunciarem ao direito essencial previsto no § 2.º do art. 109 em prol do julgamento arbitral. A cláusula compromissória, enquanto pacto parassocial, não poderia vincular os acionistas atuais que não a tenham subscrito, nem aqueles que ingressarem na sociedade posteriormente, sem aderir a tal pacto.

Em decorrência desse pensamento, não poderia haver presunção de renúncia ao direito essencial do acionista de litigar perante o Judiciário, de modo que a sociedade ou a maioria dos acionistas não poderia impor cláusula compromissória em face de quem não tenha expressamente aderido a ela.

Também não se imporiam *erga omnes* os efeitos da cláusula compromissória estatutária. Ela somente vincularia os acionistas que tivessem livre e expressamente aderido à arbitragem, aplicando-se o art. 4.º, § 2.º, da Lei de Arbitragem.[25] Ademais, a cláusula compromissória não seria "norma organizativa da sociedade, não vinculando, portanto, todos os seus acionistas. A sociedade aí não aparece como centro de imputação de interesses, mas como parte num pacto arbitral".[26] A sua aprovação pela maioria apenas implicaria a obrigação da própria sociedade, enquanto ente autônomo, de submeter-se à arbitragem, e não dos acionistas que não concordaram com a cláusula arbitral.

Sobre o novo acionista, que ingressa na sociedade adquirindo ações, Carvalhosa defende que não há sucessão do antigo acionista num contrato, mas sim na propriedade de uma ação (título):

"Recebe, assim, o novo titular uma *coisa*, e não uma obrigação contratual. Não se transmite o pacto com a venda do *título* (ação), já que não é o pacto compromissório estatutário uma cláusula organizativa da sociedade, mas *convenção parassocial*, ao qual deve o adquirente das ações, *mortis causa* ou *inter vivos*, expressamente aderir na forma supra referida. Se não o fizer, a cláusula compromissória não lhe será oponível".[27]

---

25. "§ 2.º Nos contratos de adesão, a cláusula compromissória só terá eficácia se o aderente tomar a iniciativa de instituir a arbitragem ou concordar, expressamente, com a sua instituição, desde que por escrito em documento anexo ou em negrito, com a assinatura ou visto especialmente para essa cláusula."
26. CARVALHOSA, Modesto. Op. cit., 6. ed., vol. 2, p. 395.
27. CARVALHOSA, Modesto. Op. cit., 6. ed., vol. 2, p. 401. Em relação a esse raciocínio, é possível desde logo apontar o erro de premissa. Evidentemente, há sucessão contratual na aquisição de ações de uma sociedade. Basta ver que a aquisição do título não é suficiente, sendo necessária a averbação do nome do acionista adquirente no livro apro-

Assim, o novo acionista apenas se vincularia com a aceitação expressa e à parte do pacto parassocial consistente na cláusula arbitral societária.[28]

---

priado da companhia. O art. 31 da Lei das S.A. dispõe que "a propriedade das ações nominativas presume-se pela inscrição do nome do acionista no livro de 'Registro de Ações Nominativas' ou pelo extrato que seja fornecido pela instituição custodiante, na qualidade de proprietária fiduciária das ações (Redação dada pela Lei 10.303/2001). § 1.º A transferência das ações nominativas opera-se por termo lavrado no livro de 'Transferência de Ações Nominativas', datado e assinado pelo cedente e pelo cessionário, ou seus legítimos representantes. § 2.º A transferência das ações nominativas em virtude de transmissão por sucessão universal ou legado, de arrematação, adjudicação ou outro ato judicial, ou por qualquer outro título, somente se fará mediante averbação no livro de 'Registro de Ações Nominativas', à vista de documento hábil, que ficará em poder da companhia". A esse respeito, Fábio Ulhoa Coelho observa que "as primeiras [ações nominativas] circulam por meio de registros nos livros da sociedade anônima emissora (LSA, art. 31, §§ 1.º e 2.º). Os diversos atos anteriores a esse registro, que normalmente as partes praticam na compra e venda da ação, como a definição do preço, eventual assinatura de contrato, pagamento, formalização da quitação, entrega do certificado etc., não operam a transferência da titularidade da ação, quer dizer, embora projetem cada um os seus válidos e próprios efeitos, nenhum deles importa a circulação do valor imobiliário. Este apenas se desloca do patrimônio do acionista-vendedor para o do acionista-comprador, concretizando a mudança do titular da ação, no momento em que é lançado o respectivo termo no livro específico, escriturado pela sociedade anônima emissora" (COELHO, Fábio Ulhoa. *Curso de direito comercial*. 14. ed. São Paulo: Saraiva, 2010. vol. 2, p. 147-148).

28. Conforme demonstraremos a seguir, esse entendimento é hoje absolutamente minoritário. Em pesquisa realizada com aproximadamente meia centena de textos sobre o tema publicados no Brasil, encontramos poucos autores que corroboram o entendimento de Carvalhosa, a maioria deles pouco tempo após a introdução do § 3.º no art. 109 da Lei das S.A: BERTOLDI, Marcelo M. *Reforma da Lei das Sociedades Anônimas – Comentários à Lei 10.303, de 31.10.2001*. 2. ed. São Paulo: Ed. RT, 2002; CANTIDIANO, Luiz Leonardo. *Reforma da Lei das S.A. comentada*. Rio de Janeiro: Renovar, 2002; CARVALHOSA, Modesto; EIZIRIK, Nelson. *A nova Lei das S.A*. São Paulo: Saraiva, 2002; PELA, Juliana Krueger. Notas sobre a eficácia da Cláusula Compromissória Estatutária. *Revista de Direito Mercantil, Industrial, Econômico e Financeiro*. vol. 126. p. 129-140. p. 138. São Paulo: Ed. RT, abr.-jun. 2002; YONEKURA, Sandra Yuri. A arbitragem e a Lei das Sociedades Anônimas. *Revista de Direito Empresarial*. n. 2. p. 81-94. Curitiba: Juruá, jul.-dez. 2004. E ainda, Daniela Bessone Barbosa Moreira, entendendo pela não vinculação dos acionistas dissidentes e pela vinculação do acionista ausente, silente ou futuro (MOREIRA, Daniela Bessone Barbosa. A convenção arbitral em estatutos e contratos sociais. In: ALMEIDA, Ricardo Ramalho (coord.). *Arbitragem interna e internacional: questões de doutrina e da prática*. Rio de Janeiro: Renovar, 2003. p. 361-391). Carlos Alberto Carmona defende a necessidade de que a deliberação se dê por unanimidade, sob pena de afronta à necessária consensualidade da cláusula arbitral (Op. cit., p. 111). Mais recentemente, porém, apenas Carvalhosa continuou manifestando esse posicionamento mais extremado nas novas edições dos seus *Comentários*.

3.2.3 A irrelevância da oposição institucionalismo-contratualismo

Antes de prosseguir, cabe referir à advertência de Pedro Batista Martins no sentido de que a solução da questão proposta independe de se adotar a teoria contratualista ou institucionalista sobre a natureza da sociedade anônima.[29]

Em ambas as concepções, encontra-se a noção de prevalência do interesse social. A diferença é que, enquanto a teoria contratualista alinha esse interesse ao interesse do conjunto dos sócios, a teoria institucionalista o alinha ao interesse da instituição metafisicamente considerada. O que distingue essas diferentes visões sobre a natureza da sociedade é a titularidade do interesse social – se proveniente dos sócios ou de um interesse institucional superior independente de quem são os detentores do capital social.

Assim, sendo a arbitragem coerente com o interesse social (presente em ambas as concepções), a filiação a uma visão mais ou menos institucionalista – ou, inversamente, menos ou mais contratualista – seria de menor relevância.

De nossa parte, temos a acrescentar algo que nos parece igualmente desmistificar uma suposta visão (carregada de ideologia) no sentido de que a ampla aceitação da cláusula arbitral societária estaria relacionada a interesses egoísticos dos sócios, o que tenderia a se aproximar mais da concepção contratualista.

É que a plena aceitação da cláusula compromissória estatutária como obrigatória em face de todos os acionistas – mesmo que não tenham a ela aderido expressamente – passa necessariamente pela aceitação do princípio da maioria como regra do jogo, como veremos na sequência. Nesse sentido, a ampla aceitação da arbitragem societária acaba se afastando de uma visão voluntarista, segundo a qual se deveria levar em conta, a todo custo, a vontade do sócio individualmente considerado. Essa última visão é a que é tradicionalmente adotada pela doutrina da arbitragem, ao considerar que a arbitragem sempre decorre da vontade das partes e deve respeitá-la como um princípio fundamental do instituto.[30]

---

29. MARTINS, Pedro Batista. Op. cit., p. 53-69.
30. Gary Born destaca que a arbitragem consiste em um processo consensual que requer um acordo entre as partes pelo qual decidem submeter o seu conflito à arbitragem. Assim, não é possível requerer a uma parte que submeta seu litígio à arbitragem se isso não foi previamente acordado (BORN, Gary. *International Arbitration: Law and Practice*. The Hague: Kluwer Law International, 2012. p. 3-4). Na doutrina brasileira, Carmona observa que a liberdade dos contratantes de estabelecer o modo pelo qual o seu litígio será resolvido consiste em um ponto fundamental da arbitragem, diante do que se prestigia em grau máximo e de modo expresso o princípio da autonomia da vontade (*Arbitragem e processo*, p. 15 e 64-65). A incidência do princípio da autonomia da vontade também é observada por José Cretella Neto (op. cit., p. 33). Luiz Antunes Caetano ressalta a voluntariedade e a consensualidade como elementos que integram a natureza da arbitragem, diante do que o instituto se encontra fundamentado no princípio da

Mais uma razão, portanto, para se concluir que a adoção de uma posição contratualista ou institucionalista é irrelevante.

3.2.4 O "status" de sócio e a inarredável aplicação do princípio da maioria

A manifestação favorável da maior parte da doutrina brasileira em relação à aplicação irrestrita da cláusula arbitral societária se deu, especialmente, com base na reafirmação do princípio da maioria.

Antes de tratar do princípio da maioria, é preciso chamar atenção para a qualificação jurídica da posição do sócio em relação à sociedade. Afinal, qual é essa posição? O que o sócio tem para com a sociedade são obrigações, direitos, posições de sujeição?

Para Ascarelli, a posição jurídica do sócio pode ser explicada como um estado:

"A complexidade da disciplina da sociedade anônima põe em evidência, parece-me, a impossibilidade de identificar os direitos do sócio em 'um só' direito, seja real, seja obrigacional. Pode-se, antes, encarar na posição do sócio uma 'posição', um pressuposto, um *status* do qual – verificados demais requisitos, diversos nos vários casos – decorrem, de um lado, deveres (em relação à integralização das ações) e, de outro lado, direitos de caráter patrimonial (por exemplo, o direito ao dividendo, o direito à quota de liquidação) e não patrimonial (por exemplo, o direito de informação, o direito de participar da assembléia) e podêres (como o de votar na assembleia); direitos e podêres extrapatrimoniais, por seu turno, contribuem a tutelar os direitos patrimoniais do acionista. Cada um dêsses direitos está sujeito a uma disciplina própria; diverso, com efeito, pode ser o momento da aquisição e da perda de cada qual, e estas podem se verificar até independentemente da aquisição e da perda da posição do sócio; até a transferência de alguns dêsses direitos pode, às vezes, se verificar independentemente daquela da posição de sócio.

Todos êsses direitos, podêres, obrigações, têm, no entanto, um pressuposto comum. A ação se refere a êste pressuposto e não, diretamente, aos direitos dêle decorrentes, alguns entre os quais podem até ser corporizados em títulos de crédito distintos; constitui um 'título de crédito' ou 'título-valor', enquanto faculta a incorporação dessa posição num título que circula conforme as regras dos títulos de crédito, ou seja, *transferindo um direito literal* e autônomo; constitui, mais exatamente, um 'título de participação', enquanto – na categoria geral dos títulos de crédito ou títulos-valores – pode-se subdistinguir a subespécie dos títulos de participação, caracterizados justamente pelo fato de se prenderem à posição de mem-

---

autonomia da vontade das partes (CAETANO, Luiz Antunes. *Arbitragem e mediação: rudimentos*. São Paulo: Atlas, 2002. p. 60).

bro de uma pessoa jurídica, ou seja, ao pressuposto, do qual, por seu turno, verificados eventualmente demais requisitos, decorrem direitos, podêres, obrigações diversas".[31]

Em consonância com a sua teoria da sociedade como contrato plurilateral, Ascarelli afirma que as sociedades anônimas se fundam sobre dois princípios: a responsabilidade limitada e a divisão do capital social em ações – esse último decorrente do princípio da irrelevância da pessoa do sócio.[32] Desse último princípio do anonimato decorre a divisão do capital em ações. Assim, quando se transfere a ação enquanto título que representa o *status* de sócio, transfere-se aquele feixe de direitos e obrigações, e não o contrato em que se funda a sociedade.

Disso decorre, como explica Pedro Batista Martins, que a cláusula arbitral societária se inclui nesse *feixe* de direitos e obrigações componentes do *status* de sócio. Assim, ao se transferir a posição de sócio, não há como não se transferir o direito ou a obrigação de submeter-se à cláusula arbitral societária. Isso porque a transmissão do *status* de sócio segue uma lógica do "tudo ou nada", por ser incompatível com a dinâmica dos contratos de organização a aceitação de apenas parte da posição contratual (ou se aceita tudo, ou nada).[33]

Pois bem, o princípio da maioria, aplicável amplamente no direito das sociedades e utilizado pela doutrina da arbitragem para sustentar a aplicação irrestrita da cláusula compromissória societária, igualmente decorre do *status* de sócio. Uma vez que tenha ingressado em determinada sociedade, o sócio está sujeito à vontade da maioria. Isso, apesar de ser mais evidente nas sociedades anônimas,[34] vale igualmente para as sociedades do Código Civil.[35]

---

31. ASCARELLI, Tullio. *Problemas das sociedades anônimas e direito comparado*. 2. ed. São Paulo: Saraiva, 1969. p. 340-342.
32. Idem, p. 319-320.
33. MARTINS, Pedro Batista. Op. cit., p. 148.
34. Lei das S.A., art. 129, *caput*: "As deliberações da assembleia geral, ressalvadas das exceções previstas em lei, serão tomadas por maioria absoluta de votos, não se computando os votos em branco".
35. É o que se vê no *caput* do art. 999, da disciplina da sociedade simples: "As modificações do contrato social, que tenham por objeto matéria indicada no art. 997, dependem do consentimento unânime de todos os sócios; as demais podem ser decididas por maioria absoluta de votos, se o contrato não determinar a necessidade de deliberação unânime". Do mesmo modo, o art. 1.076, III, da disciplina das sociedades por quotas de responsabilidade limitada, estabelece que as deliberações serão tomadas "pela maioria dos votos dos presentes, nos demais casos previstos na lei ou no contrato, se este não exigir maioria mais elevada". Cabe registrar, no entanto, a autorizada crítica de Alfredo de Assis Gonçalves Neto, no sentido de que "não foi feliz o legislador de 2002 ao estatuir quóruns e maiorias distintas para deliberações as mais diversas. Muito melhor revelava-se nisso o regime anterior, que se contentava em fixar o princípio geral da maioria,

Em relação ao princípio da maioria, Francesco Galgano anota que:

"Entre o voto do acionista e a deliberação assemblear em si, tradicionalmente, instaura-se uma diferença que não é meramente quantitativa, ou seja, baseada no fato de que a deliberação deriva de uma pluralidade de votos, mas uma diferença de ordem qualitativa: fala-se da deliberação como uma declaração 'de vontade da assembleia' e, sendo a assembleia 'órgão' da sociedade, como 'vontade da sociedade'. (...) A razão de ser desse modo de conceber a deliberação é a exigência de justificar o princípio majoritário: assume a função de reconduzir esse princípio julgado contrastante com o sistema de direito privado, regido pela autonomia do indivíduo; assume também, para além do âmbito do direito privado, a função de ocultar, sob a fórmula da 'vontade coletiva' ou 'unitária' do colégio, o voto dissidente". (tradução livre)[36]

Há que se considerar, nessa perspectiva, que o princípio da maioria conduz à formação da vontade social. Se a vontade da maioria é a submissão dos litígios societários à arbitragem, não há como a minoria impedir que isso ocorra, tampou-

---

deixando livre aos sócios ajustar, às suas conveniências, maiorias qualificadas para a aprovação de certas matérias que, na avaliação deles, parecessem mais relevantes" (GONÇALVES NETO, Alfredo de Assis. *Direito de empresa: comentários aos artigos 966 a 1.195 do Código Civil*. 4. ed. São Paulo: Ed. RT, 2012. p. 412). Também Haroldo Malheiros Duclerc Verçosa tece acentuadas críticas sobre a disciplina do Código Civil: "Foi preferida a construção de um instituto prenhe de dispositivos cogentes, desproporcionais aos interesses dos sócios e da própria sociedade no seu viver diário, estrangulada por exigências de quórum deliberativo muitas vezes inalcançável e, sobretudo, jogada no colo da sociedade simples, que atua como mão e madrasta (aquela má, dos contos de fadas). Mesmo que certos aspectos presentes no modelo da sociedade limitada no Código Civil possam ser modificados pela vontade dos sócios, esta possibilidade demanda uma iniciativa em tal sentido, por meio de uma opção original do contrato social ou de sua modificação posterior, o que aumenta os custos de transação" (VERÇOSA, Haroldo Malheiros Duclerc. Aspectos da arbitragem no direito societário. *Revista de Direito Empresarial*. ano 2. n. 6. p. 254. São Paulo: Ed. RT, nov.-dez. 2014).

36. GALGANO, Francesco. *Trattato di diritto commerciale e di diritto pubblico dell'economia*. Padova: Cedam, 1984. vol. 7, p. 211. Texto original: "Fra voto del socio e deliberazione dell'assemblea si suole, tradizionalmente, instaurare una differenza non semplicemente quantitativa, ossia basata sul fatto che la deliberazione consta di una pluralità di voti, ma una differenza di ordine qualitativo: si parla della deliberazione come una dichiarazione di 'volontà dell'assemblea' e, essendo l'assemblea 'organo' della società, come 'volontà della società'. (...)

La ragion d'essere di questo modo di concepire la deliberazione è nell'esigenza di giustificare il principio maggioritario: esso assolve la funzione di ricondurre questo principio, giudicato come contrastante con il sistema del diritto privato, retto dall'autonomia del singolo; assolve anche, oltre l'ambito del diritto privato, la funzione di occultare, sotto la formula della 'volontà collettiva' o 'unitaria' dell collegio, l'esistenza di voti di dissenso".

co deixar de se submeter-se à cláusula arbitral societária enquanto estiver na condição de sócio. A aplicação do princípio da maioria é, nesse sentido, *inarredável*,[37] porque formadora da vontade da sociedade como ente autônomo em relação aos sócios individualmente considerados.

É interessante, nesse sentido, a figura de Herbert Wiedemann, ao comparar o direito societário a um "pequeno estado de direito" (*kleines Staatsrecht*). Segundo essa perspectiva, o direito societário é comparado ao direito constitucional, na medida em que em ambos a vontade coletiva deriva da vontade da maioria, à qual se vincula a minoria por uma relação de supremacia e subordinação:

"O direito societário caracteriza-se como um 'pequeno Estado de Direito', *[kleines Staatsrecht]* porque também nas sociedades a formação da vontade deve ser organizada e surge uma relação de supremacia e de subordinação, uma vez que sejam permitidas decisões por maioria. Por isso, o direito societário *[Verbandsrecht]* tem, tematicamente em comum com o direito público, a organização do poder coletivo e os direitos e deveres dos 'cidadãos societários'. *[Verbandsbürger]* Enumera-se, outrossim, uma série de problemas paralelos: a distribuição de competências, a renúncia à soberania, a estruturação dos órgãos, a votação nas assembleias, a exclusão do direito de voto, a incompatibilidade de muitas funções, a vigência de direitos individuais perante a maioria, o exercício do poder repressivo, e assim por diante".[38]

Como explica Carlos Augusto da Silveira Lobo, o princípio majoritário é a forma estabelecida pela lei para viabilizar as alterações estatutárias,[39] já que as sociedades, como organizações perenes, têm a necessidade de modificar o seu regramento interno para se adaptar à passagem dos anos. Esse poder de modificação do regramento social é conferido à assembleia geral enquanto órgão social e viabilizado por intermédio do princípio majoritário, sem o qual (exigida a unanimidade) o ato fundante da sociedade ficaria irremediavelmente engessado.[40]

Assim, ao votar no âmbito da assembleia geral, o acionista não está se vinculando pela vontade que expressa, mas apenas contribuindo para a formação da vontade social, à qual se vinculou pelas "regras do jogo", conhecidas desde o mo-

---

37. A adjetivação foi tomada de Pedro Batista Martins, que a utiliza no título do capítulo 2 de *Arbitragem no direito societário*.
38. FRANÇA, Erasmo Valladão Azevedo e Novaes. Op. cit., p. 628-629.
39. Digressões históricas a respeito do desenvolvimento do princípio majoritário podem ser encontradas em textos congrados de Otto von Gierke (GIERKE, Otto von. Sulla Storia del principio di maggioranza. *Rivista dele Società*. ano 6. p. 1.103-1.120. Milano) e Francesco Galgano (GALGANO, Francesco. *La forza del numero e la legge dela ragione: storia del principio di maggioranza*. Bologna: Il Mulino, 2007).
40. LOBO, Carlos Augusto da Silveira. A cláusula compromissória estatutária. *Revista de Arbitragem e Mediação*. ano 6. n. 22. p. 18. São Paulo: Ed. RT, jul.-set. 2009.

mento em que ingressou na sociedade. Contanto que sejam cumpridas todas as formalidades legais (convocação, quórum etc.), o acionista dissidente não pode pretender que a deliberação com a qual não concordou não seja eficaz perante ele.[41] Descabe dizer que a adesão à arbitragem seria personalíssima, exigindo a expressão da vontade acordante de todos os sócios, porque quem adere à arbitragem é a sociedade como um todo, e não cada acionista separadamente.

Muito menos poderá o acionista ausente ou que se absteve em relação à deliberação reclamar a ineficácia da cláusula compromissória em face da sua participação social. Essa hipótese seria até mesmo absurda diante dos mais básicos princípios do direito privado.[42]

Pelas mesmas razões, o acionista que ingressar numa sociedade que tenha cláusula arbitral societária terá que se sujeitar ao ordenamento societário interno vigente. Não está ele *aderindo* ao contrato de sociedade no sentido comum da teoria contratual, mas sim adquirindo um bem (título) que contém um feixe de direitos e obrigações.[43]

3.2.5 A natureza das coisas

Há mais uma razão elementar para que se imponha a aceitação da cláusula arbitral estatutária na base do "tudo ou nada".

Na visão de Modesto Carvalhosa, o fato de a cláusula arbitral poder ser aceita por alguns sócios e rejeitada por outros não excluiria a competência do juízo arbitral, caso o mesmo pedido e causa de pedir seja concomitantemente levado ao Judiciário:

"Devem, com efeito, os acionistas compromissados sujeitar a controvérsia ao juízo arbitral sobre uma mesma questão submetida ao juízo estatal pelos demais acionistas não compromissados. Ainda que as decisões de um e de outro juízo (estatal e arbitral) sejam diversas, estarão os *acionistas compromissados* vinculados ao *decisório arbitral* e respectivos efeitos.

Já os acionistas não compromissados estarão, por sua vez, vinculados à decisão judicial sobre a mesma matéria, não podendo escusar-se de seus efeitos sob a alegação de que maior benefício ou menor condenação, ou mesmo procedência ou improcedência, adviriam da decisão arbitral simétrica. Assim, vale para a mesma *matéria*, o *mesmo pedido* e a mesma *causa de pedir* o juízo estatal para os acionistas não compromissados e para a sociedade, já que necessariamente citada.

---

41. MARTINS, Pedro Batista. Op. cit., p. 125 e ss.; LOBO, Carlos Augusto da Silveira. A cláusula compromissória... cit., p. 24.
42. Boa-fé e *non venire contra factum proprium*.
43. LOBO, Carlos Augusto da Silveira. A cláusula compromissória... cit., p. 18.

E vale o juízo arbitral nesse mesmo caso para os acionistas compromissados e a sociedade, não obstante a discrepância eventual entre as decisões de um e de outro juízo".[44]

Mais uma vez, devemos discordar de Carvalhosa. No âmbito societário, não é viável que uma mesma questão seja submetida concomitantemente a dois juízos distintos, sem que se possa estabelecer, em caso de decisões conflitantes, qual deve prevalecer. Como o juízo arbitral e o juízo estatal são hierarquicamente equiparados no sistema brasileiro,[45] trata-se exatamente dessa situação.

Diversos autores no âmbito do direito societário já se preocuparam com a questão de saber como harmonizar a multiplicidade de interesses e pessoas envolvidas em disputas societárias. Em especial, aventa-se a possibilidade de que nem todas essas pessoas e interesses estejam envolvidos numa demanda (seja arbitral, seja judicial) a respeito de determinada controvérsia no âmbito de uma sociedade.[46] Não seria exagero dizer que se trata de uma das questões mais relevantes e sensíveis da prática e da teoria do direito societário, especialmente no âmbito da impugnação das deliberações assembleares.

É evidente que uma mesma deliberação não pode produzir efeitos perante apenas parte dos acionistas que não a impugnou. Muito menos, pode tal deliberação deixar de produzir efeitos (em razão de decretação de nulidade, por exemplo) perante acionistas que a impugnaram perante o Judiciário e continuar produzindo efeitos perante outros que não tenham sido integrados na demanda. Toda a teoria concernente à invalidação de deliberações sociais e deliberações conexas[47] foi assentada sobre tal premissa.

Do mesmo modo, seria impensável que uma mesma deliberação pudesse ser anulada no âmbito de uma arbitragem e considerada válida no âmbito de um

---

44. CARVALHOSA, Modesto. Op. cit., 6. ed., vol. 2, p. 405.
45. Lei de Arbitragem, art. 18: "O árbitro é juiz de fato e de direito, e a sentença que proferir não fica sujeita a recurso ou a homologação pelo Poder Judiciário".
46. A esse respeito, veja-se, por todos, o panorama traçado por Eduardo Talamini (TALAMINI, Eduardo. Legitimidade, interesse, possibilidade jurídica e coisa julgada nas ações de impugnação de deliberações societárias. In: YARSHELL, Flávio Luiz; PEREIRA, Guilherme Setoguti J. *Processo societário*. São Paulo: Quartier Latin, 2012. p. 101-155).
47. No âmbito das deliberações conexas, por exemplo, Vasco da Gama Lobo Xavier desenvolveu uma teoria para a solução do problema de sucessivas decisões a respeito de deliberações societárias conectadas entre si, quando tais decisões são contraditórias ou inconciliáveis, chegando a traçar algumas soluções para hipóteses concretas (XAVIER, Vasco da Gama Lobo. *Anulação de deliberação social e deliberações conexas*. Coimbra: Almedina, 1998). Vide, a respeito de implicações desse tema no processo, inclusive no que respeita à arbitragem, artigo de nossa autoria (FRANZONI, Diego. O problema das deliberações conexas: alguns reflexos no processo. *Revista de Processo*. ano 39. n. 235. p. 243-260. São Paulo: Ed. RT, set. 2014).

processo judicial, por exemplo. Essa situação evidentemente representaria um problema incontornável se adotado o entendimento de Modesto Carvalhosa. Não se pode, por exemplo, considerar que a modificação dos direitos de determinada classe de acionistas foi aprovada apenas para aqueles que não impugnaram a deliberação assemblear respectiva, não valendo para outros que a impugnaram e obtiveram decisão favorável. Nesse sentido, o próprio § 1.º do art. 109 da Lei das S.A. veda o estabelecimento de diferenças entre os direitos conferidos a titulares de ações de uma mesma classe. Esse entendimento se apoia no fato de que "As ações são títulos de massa, padronizados, para que sejam fungíveis e possam circular no mercado".[48]

A necessidade de harmonização das controvérsias no âmbito das sociedades não se verifica somente na questão das deliberações assembleares, mas também, logicamente, nas mais diversas questões que podem surgir em torno de uma sociedade.

Pense-se, ainda, por exemplo, na hipótese de uma ação de dissolução parcial intentada por um sócio de uma sociedade por quotas de responsabilidade limitada em face da sociedade e dos demais sócios. A prevalecer o entendimento aqui combatido, caso houvesse sócios "compromissados" e "não compromissados", o sócio que deseja retirar-se da sociedade não poderia propor apenas uma demanda dissolutória, mas teria que propor duas demandas, sendo uma no Judiciário e outra perante tribunal arbitral. Isso porque são legitimados passivos para a ação de dissolução parcial, segundo o entendimento majoritário, tanto a sociedade quanto todos os sócios.[49] Só que os sócios "não compromissados" não poderiam, supostamente, ser integrados ao processo arbitral.[50]

Não se explica, no entanto, como se procederia no caso de o tribunal arbitral acolher a retirada e o Judiciário não. Parece mesmo intuitivo que essa situação não teria solução ou, mesmo que tivesse, afrontaria a segurança jurídica tão cara ao direito das sociedades. Nesse caso, é evidente que o deferimento da dissolução parcial pelo juízo arbitral traria reflexos a todos os sócios, sejam os "compromissados" ou os "não compromissados", na linguagem de Carvalhosa. No entanto, o sócio retirante não teria como executar a decisão arbitral que lhe é favorável em

---

48. LOBO, Carlos Augusto da Silveira. A cláusula compromissória... cit., p. 18.
49. FONSECA, Priscila M. P. Corrêa da. *Dissolução parcial, retirada e exclusão de sócio*. 5. ed. São Paulo: Atlas, 2012. p. 102-105.
50. Na nossa visão – que considera que a cláusula arbitral obriga a todos, amplamente, caso aprovada por maioria – todos poderiam ser integrados à arbitragem. Se por razões individuais optassem por não se defender ou participar do processo, isso evidentemente não traria maiores consequências para o autor e para a solução de mérito obtida. Afinal, tanto no processo judicial quanto na arbitragem, integração da parte ao processo e efetiva participação são coisas diferentes.

face daqueles que não tomaram parte na arbitragem, sob pena de violação do devido processo legal. Nessa situação hipotética, o maior contrassenso seria o caso de o sócio que pretende retirar-se não ter aceitado a arbitragem, porque ele de todo modo teria que ingressar com uma arbitragem em face dos sócios que a aceitaram, uma vez que para estes o Judiciário não teria competência para as controvérsias societárias.

A situação, como se vê, seria absurda, a ponto de ser até mesmo difícil prever a multiplicidade de problemas que poderiam surgir.[51] Não se pode desconsiderar a realidade em prol de teses abstratas supostamente adequadas segundo uma determinada visão ideológica da arbitragem. A própria lógica do direito das sociedades, que envolve múltiplos interesses ligados pelo contrato social ou pelo estatuto, impõe que sejam buscados meios e soluções harmoniosas para as controvérsias surgidas em seu âmbito.

Guilherme Leporace abordou com precisão essas preocupações:

"(...) se a companhia tivesse acionistas vinculados à convenção de arbitragem e outros não vinculados, haveria o risco de prolação de sentenças conflitantes em processo arbitral e em processo judicial, o que, naturalmente, seria fonte de grande insegurança jurídica (...) – embora não afaste, por si só, o risco de prolação de sentenças conflitantes em diferentes processos arbitrais, a vinculação de todos os acionistas à cláusula compromissória permite que se estabeleçam mecanismos contratuais para contornar esse problema.

(...) Não se impor a igual vinculação de todos os acionistas às deliberações regularmente tomadas significaria permitir que um ou outro minoritário, independentemente de sua participação no capital – e, como se viu, quanto menor a participação, menor, em regra, o alinhamento de interesses com companhia – frustrasse o interesse social, em detrimento da companhia e da generalidade dos acionistas (...).

Conferir a acionistas minoritários poder tão desproporcional causaria grande instabilidade na sociedade anônima, tornando a sua estrutura menos atrativa para investidores em geral e, consequentemente, reduzindo a sua eficiência como veí-

---

51. Na opinião de Marcelo Dias Gonçalves Vilela, "admitir que a cláusula compromissória inserida no contrato ou estatuto social seria válida apenas quanto a alguns associados, afigura-se ainda mais ilógico, à medida que aquela, no âmbito societário, só cumprirá sua finalidade se abranger todos os membros do corpo social. Por outro lado, impor-se a necessidade de unanimidade para adoção da cláusula compromissória no âmbito da sociedade significa relegar a utilização da arbitragem ao desuso neste ramo específico do direito, uma vez que a dinâmica do direito empresarial e as mutações constantes da composição do quadro societário mostram-se incompatíveis com tal exigência" (VILELA, Marcelo Dias Gonçalves. *Arbitragem no direito societário*. Belo Horizonte: Mandamentos, 2004. p. 201-202).

culo para a reunião de capitais voltados ao financiamento de atividades produtivas, o que, a nosso ver, colidiria com a sua própria razão de ser".[52]

Essas considerações reforçam a necessidade de que se reconheça a ampla eficácia da cláusula compromissória estatutária em face de todos os sócios, tenham eles aceitado ou não submeter-se a ela – desde que com respaldo no princípio da maioria e respeitadas as demais formalidades legais para a deliberação de inserção da convenção de arbitragem.

3.2.6 A superação da discussão: o entendimento majoritário

A maior parte dos autores que tratou sobre a questão no Brasil,[53] assim como no exterior,[54] é amplamente favorável à ideia de que a cláusula compromissória

---

52. LEPORACE, Guilherme. Cláusulas compromissórias estatutárias: análise da proposta de nova regulamentação sob a ótica da lógica econômica e da política legislativa. *Revista de Arbitragem e Mediação*. ano 11. n. 40. p. 63-78. p. 69-70. São Paulo: Ed. RT, jan.--mar.-2014.
53. Dentre outros: ACERBI, Andrea Goes. A extensão dos efeitos da cláusula compromissória nos estatutos das sociedades anônimas. In: VERÇOSA, Haroldo Malheiros Duclerc (org.). *Aspectos da arbitragem institucional: 12 anos da Lei 9.307/1996*. São Paulo: Malheiros, 2008. p. 181-231; ALVES, Alexandre Ferreira de Assumpção. A arbitragem no direito societário. *Revista da Faculdade de Direito de Campos*. ano VII. n. 9. p. 7-34. Campos dos Goiatacases: Faculdade de Direito de Campos, dez. 2006; ARMELIN, Donaldo; COSTA, Vamilson J. Mandado de segurança contra ato do Presidente da Junta Comercial do Estado de São Paulo – Jucesp (parte das razões). Trabalho Forense. *Revista de Arbitragem e Mediação*. ano 6. n. 20. p. 337-348. São Paulo: Ed. RT, jan.-mar. 2009; BARROS, Octávio Fragata Martins de. Os litígios sociais e a arbitragem. In: MOTTA PINTO, Ana Luiza Baccarat da; SKITNEVSKY, Karin Hlavnicka. *Arbitragem nacional e internacional: os novos debates e a visão dos jovens arbitralistas*. Rio de Janeiro: Elsevier, 2012. p. 243-265, p.249; CAHALI, Francisco José. Op. cit., p. 340-344; CUKIER, Daniel Ber. A arbitragem aplicada ao direito societário. *Revista de Arbitragem e Mediação*. ano 11. n. 41. p. 225-241. São Paulo: Ed. RT, abr.-jun. 2014; ENEI, José Virgilho Lopes. A arbitragem nas sociedades anônimas. *Revista de Direito Mercantil, Industrial, Econômico e Financeiro*. n. 129. p. 136-173. São Paulo: Ed. RT, 2003; FLAKS, Luís Loria. A arbitragem na reforma da Lei das S.A. *Revista de Direito Mercantil, Industrial, Econômico e Financeiro*. n. 131. p. 100-121. São Paulo: Ed. RT, jul.-set. 2003; GARCEZ, José Maria Rossani. *Arbitragem nacional e internacional*. Belo Horizonte: Del Rey, 2007; KROETZ, Tarcisio Araujo. Efeito vinculante da cláusula compromissória no direito societário. *Cadernos Jurídicos da Ordem dos Advogados do Brasil*. n. 45. p. 1-2. Seção do Paraná, out. 2013; LEPORACE, Guilherme. Op. cit., p. 63-78; LOBO, Carlos Augusto da Silveira. A cláusula compromissória... cit., p. 11-32; MAKANT, Barbara. A arbitrabilidade subjetiva nas sociedades anônimas. *Revista de Arbitragem e Mediação*. ano 2. n. 4. p. 82-103. São Paulo: Ed. RT, jan.-mar. 2005. p. 82-103; MARTINS, Pedro Batista. Op. cit., p. 41-162; MUNHOZ, Eduardo Secchi. A importância do sistema de solução de conflitos para o direito societário: limites do instituto da arbitragem. In: YARSHELL, Flávio Luiz; PEREIRA, Guilherme Setoguti J. (coord.). *Processo societário*. São Paulo: Quartier Latin, 2012. p. 77-99; PELLEGRINO, Antonio Pedro de Lima. Cláusula compromissória es-

societária atinge todos os sócios, independentemente (i) de terem estado presentes na deliberação que introduziu a convenção de arbitragem no estatuto ou contrato social, (ii) de terem votado favoravelmente a tal deliberação ou (iii) de terem ingressado posteriormente na sociedade. Ao menos em relação à doutrina, pode-se dizer seguramente que essa é uma questão que caminha para a superação.[55]

tatutária e litisconsórcio facultativo unitário. *Revista de Arbitragem e Mediação.* ano 9. n. 35. p. 71-104. São Paulo: Ed. RT, out.-dez. 2012; ROSSI, Lívia. Arbitragem na Lei das Sociedades Anônimas. *Revista de Direito Mercantil, Industrial, Econômico e Financeiro.* n. 129. p. 186-205. São Paulo: Ed. RT, jan.-mar. 2003; SCAVONE JUNIOR, Luiz Antonio. Op. cit., p. 51-53; SEGALL, Pedro Machado. Da vinculação dos sócios à cláusula arbitral estatutária. Comentários ao Agln 1.0035.09.169452-7/001. *Revista de Arbitragem e Mediação.* ano 8. n. 31. p. 355-370. São Paulo: Ed. RT, out.-dez. 2011; TOLEDO, Paulo Fernando Campos Salles de. A arbitragem na Lei das Sociedades Anônimas. *Sociedade anônima, 30 anos da Lei 6.404/76.* São Paulo: Quartier Latin, 2007. p. 247-271; VALÉRIO, Marco Aurélio Gumieri. A arbitragem nas sociedades anônimas: vinculação dos acionistas novos, ausentes, dissidentes e administradores à cláusula compromissória. Inclusão do § 3.º ao art. 109 da Lei 10.303/2001. *Revista de Direito Mercantil, Industrial, Econômico e Financeiro.* n. 139. p. 164-176 São Paulo: Ed. RT, 2005; VERÇOSA, Haroldo Malheiros Duclerc. *Curso de direito comercial.* São Paulo: Malheiros, 2008. vol. 3, p. 337-341; VIEIRA, Maíra de Melo. Vinculação de todos os sócios à cláusula compromissória estatutária aprovada por maioria: Comentários à Ap 0126050-67.2006.8.26.0000. *Revista de Arbitragem e Mediação.* ano 9. n. 33. p. 377-385. São Paulo: Ed. RT, abr.-jul. 2012; VIEIRA, Maíra de Melo; BENETI, Giovana Valentiniano; VERONESE, Lígia Espolaor; BOSCOLO, Ana Teresa de Abreu Coutinho. Arbitragem nos conflitos societários, no mercado de capitais e a reforma do Regulamento da Câmara de Arbitragem do Mercado (CAM) da BM&FBovespa. *Revista de Arbitragem e Mediação.* ano 11. n. 40. p. 193-232. São Paulo: Ed. RT, 2014; VILELA. Arbitragem no direito societário cit., p. 190-206; WALD, Arnoldo. A arbitrabilidade dos conflitos societários: considerações preliminares (1). *Revista de Arbitragem e Mediação.* ano 4. n. 12. p. 22-28. São Paulo: Ed. RT, jan.-mar. 2007; WALD, Arnoldo. A crise e a arbitragem no direito societário e bancário *Revista de Arbitragem e Mediação.* ano 6. n. 20. p. 16-22. São Paulo: Ed. RT, jan.-mar. 2009; WARDE JR., Jorge; CUNHA, Fernando Antonio Maia da. A arbitragem e os limites à atuação do Judiciário nos litígios societários. In: YARSHELL, Flávio Luiz; PEREIRA, Guilherme Setoguti J. (coord.). *Processo societário.* São Paulo: Quartier Latin, 2012. p. 725-758.
54. Dentre outros: BARROCAS, Manuel Pereira. Op. cit., p. 122-123; CAPRASSE, Olivier. *Les Sociétés et L'Arbitrage.* Bruxelles: Bruylant, 2002; CARAMELO, António Sampaio. A arbitragem de litígios societários. *Revista Internacional de Arbitragem e Conciliação.* ano IV. p. 7-64. Coimbra: Almedina, 2011; COHEN, Daniel. *Arbitrage et Société.* Paris: LGDJ, 1993; HANOTIAU, Bernard. L'arbitrabilité des litiges en matière de droit dês sociétés. *Liber Amicorum Claude Reymond.* Paris: Litec, 2004. p. 97-110.
55. Tem-se notícia de decisões judiciais desfavoráveis a esse entendimento, como a comentada por Pedro Machado Segall (SEGALL, Pedro Machado. Op. cit.). Em sentido contrário, o acórdão do Tribunal de Justiça de São Paulo comentado por Maíra de Melo Vieira (VIEIRA, Maíra de Melo. Vinculação de todos os sócios... cit.). Eduardo Secchi Munhoz também faz referência ao caso Walpires S.A. Corretora de Câmbio, Títulos e Valores Mobiliários vs. Bovespa, em que, apesar de não ter havido análise da questão

Não é o caso, neste trabalho, de promover uma análise aprofundada de cada um dos argumentos mencionados pela doutrina majoritária no sentido de defender a eficácia ampla da cláusula compromissória societária. De princípio, a digressão que efetuamos acima a respeito do ordenamento societário e, em especial, do princípio majoritário, mostra-se suficiente para sustentar a posição defendida, seja para as sociedades anônimas, seja para as sociedades previstas no Código Civil.

Cabe, no entanto, pontuar sinteticamente algumas razões adicionais que impõem o afastamento do entendimento de Modesto Carvalhosa, em consonância com a explicação a respeito da prevalência do princípio majoritário.

3.2.6.1 Dever, e não faculdade do sócio de se sujeitar à cláusula compromissória societária

Em primeiro lugar, a ideia de que o § 3.º do art. 109 exprimiria simplesmente uma posição jurídica ativa do acionista, consubstanciada numa faculdade de aderir ou não à arbitragem, já foi afastada pela análise empreendida acima a respeito do ordenamento jurídico societário e do princípio da maioria. Afinal, se o acionista está sempre sujeito aos direitos e deveres previstos no *feixe* que compõe o *status socii*, não há como atribuir a ele direitos ou deveres distintos daqueles estabelecidos para todos os sócios da mesma classe.[56]

Na lúcida explicação de Carlos Augusto da Silveira Lobo, entendimento diverso se chocaria com a advertência de Ascarelli no sentido de que é inadequada a generalização das regras peculiares aos contratos bilaterais em relação ao contrato de sociedade. Afinal, a sociedade se constitui "por um contrato associativo ou plurilateral, aberto, que cria uma organização perene dotada de personalidade jurídica", orientado por regras que compõe o que o autor denomina de "sistema jurídico das companhias".[57]

3.2.6.2 A interpretação condizente com o § 2.º do art. 109 e a desinfluência da localização do dispositivo na Lei das S.A.

Em segundo lugar, o fato de a disposição que permite a introdução da cláusula arbitral estatutária (§ 3.º) estar contida na Seção da Lei das S.A. que trata dos

---

em profundidade, reconheceu-se a eficácia da cláusula compromissória estatutária em face de acionista que não concordou expressamente com ela (MUNHOZ, Eduardo Secchi. A importância do sistema... cit., p. 90).

56. Como inclusive dispõe o § 1.º do mesmo art. 109: "As ações de cada classe conferirão iguais direitos aos seus titulares".

57. LOBO, Carlos Augusto da Silveira. A cláusula compromissória estatutária (II): anotações adicionais. *Revista de Arbitragem e Mediação*. ano 7. n. 27. p. 46-55. p. 50-51. São Paulo: Ed. RT, out.-dez. 2010.

"Direitos Essenciais" dos acionistas também não altera o entendimento que adotamos. A regra deve ser lida de forma sistemática, em conjunção com o dispositivo imediatamente antecedente (§ 2.º), que estabelece que "os meios, processos ou ações que a lei confere ao acionista para assegurar os seus direitos não podem ser elididos pelo estatuto ou pela assembleia geral".

A razão da localização do dispositivo que trata da arbitragem societária no art. 109 da Lei das S.A., portanto, não está relacionada à suposta natureza essencial do direito do acionista à resolução de litígios perante o Judiciário ou por arbitragem. Ao contrário, o legislador quis deixar claro que, apesar da regra do § 2.º, que assegura os meios de defesa dos direitos dos acionistas, é possível a instituição de cláusula arbitral estatutária, sem que com isso se elidam os "meios, processos ou ações" que a lei confere ao acionista para a defesa dos seus direitos.[58] E, como afirma Pedro Batista Martins, a arbitragem é indubitavelmente um desses meios, na medida em que há apenas a sujeição do acionista a uma forma processual diversa para a resolução de litígios, e não a renúncia a direitos subjetivos materialmente considerados.[59]

3.2.6.3 A ausência de contrariedade ao art. 5.º, XXXV, da CF

Em terceiro lugar, há que se afastar de uma vez por todas o entendimento de que a obrigatoriedade de submissão à arbitragem esbarraria no art. 5.º, XXXV, da CF, que exprime cláusula pétrea. Afinal, ao decidir pela constitucionalidade da Lei de Arbitragem, o próprio STF já fixou o entendimento de que a arbitragem não impede o direito de ação, que não é monopólio do Poder Judiciário. O que o Judiciário possui é o monopólio da justiça estatal, e não da jurisdição.[60]

O mencionado dispositivo constitucional, cujo histórico advém de contextos pós-ditatoriais, dirige-se às autoridades, e não ao cidadão.[61] Impede que o legislador ou os demais poderes estatais afastem os meios de defesa e as respectivas ga-

---

58. LOBO, Carlos Augusto da Silveira. A cláusula compromissória... cit., p. 23-24; MARTINS, Pedro Batista. Op. cit., p. 111-112.
59. MARTINS, Pedro Batista. Op. cit., p. 104-105.
60. Idem, p. 108.
61. A ideia está presente em: LOBO, Carlos Augusto da Silveira. A cláusula compromissória estatutária (II) cit., p. 49. O que a Constituição veda pelo seu art. 5.º, XXXV, é a interdição da apreciação do Judiciário pelo próprio Estado, sendo essa a razão pela qual o STF afirmou a constitucionalidade da Lei de Arbitragem (SARLET, Ingo Wolfgang; MARINONI, Luiz Guilherme; MITIDIERO, Daniel. *Curso de direito constitucional*. São Paulo: Ed. RT, 2012. p. 629). No mesmo sentido, Gilmar Mendes ressalta que a posição do STF permite vislumbrar a compatibilidade da Lei de Arbitragem brasileira com o referido dispositivo, o que confere uma feição menos reducionista ao direito fundamental à proteção efetiva do Poder Judiciário (MENDES, Gilmar Ferreira; BRANCO, Paulo Gustavo Gonet. *Curso de direito constitucional*. São Paulo: Saraiva, 2013. p. 392).

rantias processuais dos sujeitos de direito privado, e não que, por vontade própria, tais sujeitos escolham retirar do Poder Judiciário a competência para decidir determinados litígios. O § 2.º do art. 109 da Lei das S.A., em paralelo com esse dispositivo constitucional, tem justamente esse mesmo sentido no ambiente intrassocietário, na medida em que veda que os acionistas fiquem sem meios de defesa, mas não proíbe que a sociedade defina, pelos meios legalmente previstos, o afastamento do Judiciário e a submissão dos litígios à arbitragem.

3.2.6.4 O não enquadramento como pacto parassocial

Em quarto lugar, a convenção de arbitragem societária não pode em nenhuma hipótese ser enquadrada como pacto parassocial. Carlos Augusto Lobo adverte que o conceito de pacto parassocial foi criado por Oppo para compreender contratos celebrados pelos sócios à margem do ato constitutivo da sociedade, regulando a forma do exercício de direitos e do cumprimento de obrigações inerentes ao *status socii*. Assim, é mais comum que não abranjam todos os acionistas da sociedade, obrigando apenas aqueles que assinaram o pacto à parte. A sua própria razão de existência é regular relações à parte do estatuto ou do contrato social, criando direitos subjetivos entre os participantes, e não normas objetivas válidas irrestritamente (com caráter geral) no âmbito da sociedade.

A inserção de cláusula compromissória em pactos parassociais sempre foi permitida e é até mesmo comum. Não seria necessária a criação do § 3.º do art. 109 para possibilitar ou incentivar essa solução. O propósito da modificação legislativa foi justamente o de prever a cláusula compromissória com força de cláusula estatutária, aplicando-se indistintamente a todos os sócios, de forma vinculante.[62]

3.2.6.5 A inaplicabilidade do art. 4.º, § 2.º, da Lei de Arbitragem

Em quinto lugar, é inaplicável o art. 4.º, § 2.º, da Lei de Arbitragem, que estabelecem que nos contratos de adesão a cláusula compromissória só tem eficácia se o aderente tomar a iniciativa de instituir a arbitragem ou concordar expressamente com a sua instituição, por escrito em documento anexo ou em negrito, com assinatura ou visto especialmente para essa cláusula.

Como argumentam Walfrido Jorge Warde Jr. e Fernando Antonio Maia da Cunha, não é o caso de aplicar tais disposições, que são evidentemente direcionadas às relações consumeristas, nas quais o aderente ostenta a condição de hipossuficiente, no mais das vezes não tendo a possibilidade de recusar a contratação ou discutir os seus termos. Por outro lado, a compra de ações ou quotas de uma sociedade se dá num outro contexto:

---

62. LOBO, Carlos Augusto da Silveira. A cláusula compromissória... cit., p. 21-22.

"Não é o caso. Nem mesmo o da grande companhia aberta, cujas ações são negociadas milhares de vezes ao dia em mercados bolsistas. Quem o faz, mesmo que queira ignorar as peculiaridades do mercado acionário, participa de negócios em um contexto de alta sofisticação; não o faz para satisfazer necessidades essenciais e, exatamente porque a poupança é pressuposto do negócio, não é hipossuficiente em sentido econômico. As eventuais assimetrias de informação não são capazes de caracterizar uma hipossuficiência informacional, uma vez que no mercado acionário – em vista de suas características regulatórias – a informação flui em maior abundância e qualidade do que em outros mercados".[63]

Carlos Augusto da Silveira Lobo ressalta que o ordenamento jurídico brasileiro admite em princípio a eficácia vinculante de qualquer meio capaz de levar a conhecimento de outrem a vontade de se obrigar. Forma especial somente é exigida quando estiver expressamente prescrita pela lei (CC, art. 104, III). Assim, como a Lei de Arbitragem somente exige que a cláusula compromissória seja escrita e inserta no contrato ou em documento apartado que a ele se refira, e a Lei das S.A. não estabelece nenhuma formalidade específica para a cláusula compromissória estatutária, não há que se cogitar da colheita da manifestação de adesão de cada sócio ou acionista.[64]

3.2.6.6 A excepcionalidade das hipóteses de unanimidade ou quórum qualificado

Em sexto lugar, há que se considerar que as hipóteses de unanimidade ou quórum qualificado são expressamente previstas na lei. A elevação desses quóruns, no caso das sociedades anônimas, só é permitida nos estatutos das companhias fechadas. Como lembra Carlos Augusto da Silveira Lobo, a unanimidade não é exigida, para as sociedades anônimas, sequer na assembleia de constituição (art. 87, § 3.º, da Lei das S.A.). Todas as demais deliberações dependem tão somente de maioria.[65] A maioria seria, por assim dizer, um princípio societário também no sentido de repelência à instituição de quóruns mais altos, especialmente da unanimidade, que podem vir a engessar a dinâmica societária.[66-67]

---

63. WARDE JR., Jorge; CUNHA, Fernando Antonio Maia da. Op. cit., p. 749-750.
64. LOBO. Carlos Augusto da Silveira. A cláusula compromissória estatutária (II) cit., p. 48.
65. LOBO. Carlos Augusto da Silveira. A cláusula compromissória... cit., p. 14.
66. Carlos Augusto da Silveira Lobo explica porque o princípio majoritário só admite exceções por lei, e não por interpretação, como pretendem os partidários da tese oposta a aqui defendida (LOBO, Carlos Augusto da Silveira. A cláusula compromissória estatutária (II) cit., p. 52-53).
67. Nesse sentido, como já expusemos, Alfredo de Assis Gonçalves Neto critica algumas alterações feitas pelo Código Civil de 2002 quanto aos quóruns para as deliberações nas

3.2.6.7 A ausência de violação à autonomia dos sócios

Também não se pode cogitar de violação ao princípio caro à arbitragem, consistente na necessidade de consentimento para afastamento da justiça estatal. Como explica Guilherme Leporace, deve-se considerar que o consentimento com a possibilidade de adoção da solução arbitral, nesses casos, foi tacitamente expresso no momento de ingresso do sócio na sociedade, na medida em que o sócio assumiu a possibilidade de se sujeitar à deliberação da maioria nesse sentido.[68]

Nesse mesmo sentido, manifesta-se Maíra de Melo Vieira:

"E nem se diga, como alguns, que tal entendimento, na realidade, fere a Lei de Arbitragem, pois, neste caso, o sócio contrário à inclusão da cláusula compromissória não teria dado seu consentimento. Tal consentimento é dado, por todos os sócios, ao integrarem a sociedade e se submeterem às regras, legais e estatutárias, que a regem, bem como a eventuais modificações das mesmas, de acordo com as regras e quóruns previstos na lei e no estatuto".[69]

Ademais, a própria arbitragem em geral assiste a um arrefecimento da ideia de que a cláusula arbitral somente poderia produzir vinculação diante de manifesta expressão da vontade, na medida em que se reconhece casos de extensão subjetiva da cláusula.[70]

3.2.7 A equivalência de tratamento da questão nas sociedades limitadas e nas sociedades anônimas fechadas

O entendimento reproduzido acima se aplica também às sociedades por quotas de responsabilidade limitada e às sociedades anônimas fechadas.

Com relação às sociedades limitadas, conforme explica Marcelo Vilela, deve-se reconhecer que o Código Civil não reproduz nenhuma restrição à ins-

---

sociedades limitadas. Segundo o autor, o regime anterior que apenas fixava o princípio geral da maioria, deixando livre aos sócios ajustar maiorias qualificadas quando entendessem necessário, revelava-se mais adequado. As alterações feitas pelo novo Código Civil, com a exigência de quóruns mais altos, podem fazer com que se perca a necessária mobilidade da sociedade para tomar decisões e se adaptar às exigências da realidade empresarial (GONÇALVES NETO, Alfredo de Assis. *Direito de empresa...* cit., p. 412).
68. LEPORACE, Guilherme. Op. cit., p. 73-75.
69. VIEIRA, Maíra. Vinculação de todos os sócios... cit., p. 393.
70. Por todos, veja-se os trabalhos de Cristina Saiz Jabardo (JABARDO, Cristina Saiz. "*Extensão*" *da cláusula compromissória na arbitragem comercial internacional: o caso dos grupos societários*. Dissertação apresentada como requisito para a obtenção do grau de mestre em Direito Internacional, São Paulo, USP, 2009) e Leonardo de Campos Melo (MELO, Leonardo de Campos. *Extensão da cláusula compromissória e grupos de sociedades*. Rio de Janeiro: Forense, 2013).

tituição de cláusula compromissória societária. Ademais, diante da natureza contratual dessas sociedades, sequer seria necessária qualquer previsão autorizativa da arbitragem societária, que já seria por si só possível diante da Lei de Arbitragem.[71]

No mais, é possível a introdução da cláusula compromissória societária por maioria representativa de três quartos do capital social, na forma do art. 1.071, V,[72] c/c o art. 1.076, I,[73] do CC. O § 5.º do art. 1.072 prevê que "as deliberações tomadas de conformidade com a lei e o contrato vinculam todos os sócios, ainda que ausentes ou dissidentes", conformando a aplicação do princípio majoritário. A única diferença em relação à disciplina do anonimato, portanto, diz respeito ao quórum qualificado e ao direito de retirada concedido pelo art. 1.077.[74] No mais, aplica-se integralmente o raciocínio exposto nos tópicos anteriores.[75]

Veja-se, a respeito, a explicação de Warde Jr. e Cunha:

"Entre as limitadas, desde logo, a vinculação a uma cláusula arbitral dá-se por ato formal, um documento escrito assinado por sócios. Todos os sócios (ao tempo da assinatura) subscrevem o contrato social e, o mais frequente, é que todos eles também subscrevam as consequentes alterações ao contrato social. Isso não ocorre, entretanto, nos casos em que a inserção da cláusula compromissória no contrato decorre de uma deliberação determinada pelo controlador ou pelo grupo de controle, que ostenta direitos de voto capazes de aprová-la a despeito da abstenção ou do dissenso da minoria.

---

71. VILELA, Marcelo Dias Gonçalves. Aplicabilidade da arbitragem na resolução de conflitos societários no âmbito da sociedade limitada. In: _____ (coord.). *Métodos extrajudiciais de solução de controvérsias*. São Paulo: Quartier Latin, 2007. p. 129-155. p. 139 e ss. De nossa parte, como já consignado, entendemos que sequer para as sociedades anônimas era necessária a previsão legal para que se pudesse instituir cláusula compromissória estatutária. O § 3.º do art. 109 da Lei das S.A. foi introduzido apenas com o intuito de gerar maior segurança jurídica e reforçar o cabimento da arbitragem nas sociedades anônimas. Nesse sentido: ACERBI, Andrea Goes. Op. cit., p. 188; ENEI, José Virgílio Lopes. Op. cit., p. 137.
72. "Art. 1.071. Dependem da deliberação dos sócios, além de outras matérias indicadas na lei ou no contrato: (...) V – a modificação do contrato social."
73. "Art. 1.076. Ressalvado o disposto no art. 1.061 e no § 1.º do art. 1.063, as deliberações dos sócios serão tomadas: I – pelos votos correspondentes, no mínimo, a três quartos do capital social, nos casos previstos nos incs. V e VI do art. 1.071."
74. "Art. 1.077. Quando houver modificação do contrato, fusão da sociedade, incorporação de outra, ou dela por outra, terá o sócio que dissentiu o direito de retirar-se da sociedade, nos trinta dias subsequentes à reunião, aplicando-se, no silêncio do contrato social antes vigente, o disposto no art. 1.031."
75. Ainda no mesmo sentido: CUKIER, Daniel Ber. Op. cit., p. 237-239.

O mesmo problema vale para os novos sócios, que adquiram quotas de sócios egressos, passando a integrar o quadro social após a inserção de uma cláusula compromissória no contrato".[76]

Igualmente, não visualizamos diferenças significativas no trato da questão no âmbito das sociedades anônimas fechadas. Nessas sociedades, a diferença fundamental também será relativa ao eventual estabelecimento de quórum qualificado na forma do § 1.º do art. 129 da Lei das S.A., que excepciona a regra da maioria absoluta[77] prevista no *caput* para estabelecer que "o estatuto da companhia fechada pode aumentar o quorum exigido para certas deliberações, desde que especifique as matérias".[78]

3.2.8 O tratamento da questão após a reforma da Lei das S.A.

Com a recente alteração da Lei das S.A., o *caput* do novo art. 136-A dispõe que "*a aprovação da inserção de convenção de arbitragem no estatuto social, observado o quórum do art. 136, obriga a todos os acionistas da companhia*, assegurando ao acionista dissidente o direito de retirar-se da companhia mediante o reembolso do valor de suas ações (art. 45)" (grifo nosso).

Reconheceu o legislador, portanto, o entendimento anteriormente exposto, já consagrado pela doutrina majoritária, no sentido de que a inclusão da cláusula arbitral societária pode se dar por maioria.

No entanto, ao mesmo tempo estabeleceu-se quórum qualificado[79] e direito de recesso em tal hipótese, questões bastante controversas que serão tratadas em capítulo específico deste estudo.

---

76. WARDE JR., Jorge; CUNHA, Fernando Antonio Maia da. Op. cit., p. 745.
77. Maioria esta que, na autorizada lição de Carvalhosa, corresponde à "metade mais um dos votos realmente manifestados pelos acionistas presentes à assembleia geral", do que depende do atingimento do quórum de instalação (art. 125) e da desconsideração dos votos em branco, contando-se todos os votos, ainda, na proporção detida no capital social pelos acionistas presentes (CARVALHOSA, Modesto. Op. cit., 6. ed., vol. 2, p. 1.062).
78. Carlos Augusto da Silveira Lobo defende que o entendimento exposto se aplica integralmente às sociedades *intuito personae*, porque também nelas não é possível transpor o que se denomina "sistema jurídico das companhias", regido pelo princípio majoritário e por regras cogentes que não podem ser afastadas a bel-prazer dos sócios (LOBO, Carlos Augusto da Silveira. A cláusula compromissória estatutária (II) cit., p. 53-54).
79. Na medida em que o art. 136 da Lei das S.A. dispõe que "é necessária a aprovação de acionistas que representem *metade, no mínimo, das ações com direito a voto*" (grifo nosso) para as deliberações explicitadas no mesmo dispositivo (podendo o estatuto da companhia fechada estabelecer quórum superior), no que difere do quórum estabelecido no art. 129, que se baseia na maioria absoluta dos votos dos acionistas presentes no conclave (CARVALHOSA, Modesto. Op. cit., 6. ed., vol. 2, p. 1.190).

3.3 "Arbitrabilidade objetiva"

A *arbitrabilidade objetiva* está ligada ao objeto da arbitragem, funcionando como filtro aos litígios e matérias que podem ser submetidos à arbitragem, pelos critérios determinados pelo art. 1.º da Lei de Arbitragem brasileira (patrimonialidade e disponibilidade).

Quanto à patrimonialidade, Francisco José Cahali define que os direitos não patrimoniais (direitos da personalidade e questões de estado da pessoa) são de plano excluídos da arbitragem. Eventuais impactos patrimoniais de tais direitos poderão ser objeto de arbitragem.[80]

Quanto à disponibilidade, Cahali define que:

"(...) Se refere à possibilidade de seu titular ceder, de forma gratuita ou onerosa, estes direitos sem qualquer restrição. Logo, necessário terem as partes o poder de autorregulamentação dos interesses submetidos à arbitragem, sobre eles podendo dispor sobre as mais diversas formas dos negócios jurídicos; são, pois, interesses individuais, passíveis de negociação, ou seja, podem ser livremente exercidos pela parte".[81]

Segundo José de Albuquerque Rocha, a natureza liberal do ordenamento jurídico brasileiro conduz à consideração da disponibilidade dos direitos como regra, sendo a indisponibilidade exceção. Por consequência, a regra geral é a possibilidade de submissão dos litígios à arbitragem. No entanto, como a Lei de Arbitragem não relaciona as matérias indisponíveis, impõe pesquisar o ordenamento jurídico para verificar a arbitrabilidade dos litígios.[82]

---

80. Justamente porque os impactos patrimoniais de determinados direitos poderão ser objeto de arbitragem, ainda que não possa ser objeto de arbitragem a discussão sobre a existência do próprio direito, é que afirmamos que não é possível prever, em um determinado caso concreto, quais litígios poderão advir do contrato ou da relação jurídica que dele nasce entre as partes. É possível, em tese, que haja tanto questões arbitráveis quanto não arbitráveis decorrentes de um mesmo substrato. Aplica-se, nesse caso, a noção de eficácia da cláusula arbitral sobre determinada questão (v. considerações iniciais deste capítulo). Além disso, como anota Pilar Viscasillas, deve-se distinguir as questões atinentes à arbitrabilidade das questões referentes à validade da cláusula arbitral: "A questão da arbitrabilidade vai além do escopo de uma convenção arbitral, sendo inerente ao poder dos Estados de decidir que questões são aptas a serem resolvidas por arbitragem, e, portanto, estando fora do âmbito da vontade das partes" (tradução livre). Texto original: "The issue of arbitrability goes beyond the scope of an arbitration agreement, it is inherent to the power of States as to what issues are capable of being resolved through arbitration, and it is outside the will of the parties" (VISCASILLAS, Pilar Perales. Op. cit., p. 274-275).
81. CAHALI, Francisco José. Op. cit., p. 92-93.
82. ROCHA. José de Albuquerque. Op. cit., p. 35.

José Cretella Neto divide os direitos patrimoniais em disponíveis e indisponíveis, sendo que apenas os primeiros poderiam ser objeto de arbitragem. Os direitos patrimoniais disponíveis seriam aqueles que envolvem apenas interesses individuais, enquanto os indisponíveis envolveriam interesses gerais. Admite, no entanto, que esse critério não é suficientemente preciso, opinando que teria sido melhor opção adotar-se a transigibilidade como noção afeita à arbitrabilidade objetiva, por acarretar menor restrição ao âmbito dos litígios arbitráveis.[83]

Sob a égide do Código Civil anterior, Marcos Paulo de Almeida Salles partia do instituto da transação para definir a arbitragem, porque ambos seriam institutos voltados à extinção das obrigações. Para Salles, a arbitragem, assim como a transação, seria "um contrato entre os postulantes, partes no negócio subjacente e os árbitros, contrato este cuja causa é a prestação de uma tutela jurisdicional privada, por meio de uma sentença, pela qual os árbitros se obrigam".[84]

Por essa razão, a arbitrabilidade deveria ser aferida pelos mesmos critérios pelos quais se verifica a possibilidade de transacionar sobre determinado direito. O ponto comum entre a convenção arbitral e a transação seria a natureza patrimonial do direito, que serviria para ambas as figuras. Por isso as partes, para submeter o litígio à arbitragem, deveriam ter capacidade para transigir, porque estariam, com isso, renunciando ao conhecimento do litígio pelo juízo estatal.

No entanto, há a possibilidade de, mesmo se tratando de direitos patrimoniais, não estarem eles à disposição da pessoa. Assim se dá com o tutor, em relação ao tutelado, o curador em relação ao curatelado, o cônjuge sem outorga uxória etc. Por isso acolheu-se, no *caput* do art. 1.º da Lei de Arbitragem, a cumulação entre a patrimonialidade e a disponibilidade, ainda que tudo se refira à possibilidade de transacionar sobre determinados direitos.[85]

Em sentido parcialmente diverso ao dos autores mencionados, Carmona opina que o art. 1.º da Lei de Arbitragem traduz técnica superior a da lei anterior (art. 1.072 do CPC/1973, revogado pela Lei de Arbitragem), na medida em que substituiu a noção de transacionabilidade pela de disponibilidade, para referir à arbitrabilidade objetiva. Assim, "diz-se que um direito é disponível quando ele pode ser ou não exercido livremente pelo seu titular, sem que haja norma cogente impondo o cumprimento do preceito".[86]

---

83. CRETELLA NETO, José. Op. cit., p. 39-41. No mesmo sentido: CAHALI, Francisco José. Op. cit., p. 93; SCAVONE JUNIOR, Luiz Antonio. Op. cit., p. 24.
84. SALLES, Marcos Paulo de Almeida. Da arbitrabilidade. *Revista de Direito Bancário, do Mercado de Capitais e da Arbitragem*. ano 3. n. 10. p. 360-365. p. 361. São Paulo: Ed. RT, out.-dez. 2000.
85. Idem, p. 361-363.
86. CARMONA, Carlos Alberto. Op. cit., p. 38.

3.3.1 A necessidade de interpretação crítica do art. 1.º da Lei de Arbitragem

A respeito dessas noções, temos a ponderar, em primeiro lugar, que a aparente cumulação de critérios dada pelo *caput* do art. 1.º da Lei de Arbitragem, ao falar em patrimonialidade e disponibilidade, não pode ser simplesmente assimilada de maneira acrítica. Como se vê pelas diversas considerações da doutrina acima colocadas, não há uma uniformidade sobre a interpretação do dispositivo. Uns procuram ligar a arbitrabilidade objetiva à possibilidade de renunciar ou transacionar a respeito de determinado direito, enquanto outros simplesmente reportam-se à disponibilidade como liberdade do titular do direito de exercê-lo sem a intromissão de normas cogentes.

Não se pode negar, portanto, que há uma absoluta falta de clareza sobre o tema, que é tratado sob diferentes roupagens.[87-88] Especialmente a definição da *disponibilidade* acaba se tornando bastante controvertida quando encarada com maior profundidade.[89]

---

87. Diante da lei portuguesa, os escritos de Manuel Pereira Barrocas bem demonstram a verdadeira balbúrdia que ronda o tema: "Deste modo, como antes se disse, a patrimonialidade do direito constitui uma presunção da sua disponibilidade. Há, porém, direitos não patrimoniais que são arbitráveis, da mesma maneira que nem todos os direitos patrimoniais são necessariamente arbitráveis, como é o caso acabado de referir dos direitos dessa natureza da massa falida" (BARROCAS, Manuel Pereira. Op. cit., p. 102-103). Como se vê, define-se uma coisa a pretexto de definir outra, depois negando-se a primeira definição e dizendo que não constitui regra, porque há exceções que confirmam outra regra, e assim por diante...
88. Além disso, como já dissemos anteriormente, dá-se conta da questão da arbitrabilidade por esse ângulo objetivo, dispensando noções que tradicionalmente são enquadradas como arbitrabilidade subjetiva.
89. Eduardo Damião Gonçalves notou e anotou esse fenômeno no âmbito da arbitragem internacional: "a busca de conceitos gerais de arbitrabilidade nos tratados internacionais não traz grandes resultados, reforçando as raízes nacionais do conceito de arbitrabilidade. (...) Cada critério corresponde a uma noção carregada de sentido no direito e, ademais, são inter-relacionados e relacionam-se com a noção de arbitrabilidade de modos diversos. Daí, como aponta um autor, a real dificuldade da definição de arbitrabilidade. (...) O número de significados diferentes para a noção de 'disponibilidade' impressiona. Do acima exposto, o mínimo que se pode dizer é que o conceito de direitos disponíveis é passível de receber tantos significados quantos forem os doutrinadores chamados para a tarefa de definir esse conceito. E que os magistrados se valem indiscriminadamente de diferentes definições para estabelecer a disponibilidade dos direitos em disputa. Percebe-se, assim, que o conceito de 'disponibilidade' está longe de ser unívoco" (GONÇALVES, Eduardo Damião. *Arbitrabilidade objetiva*. Tese apresentada como requisito à obtenção do grau de doutor em Direito Internacional. São Paulo, USP, 2008. p. 157, 162 e 183).

3.3.1.1 Afastamento de interpretações arbitrárias

Conforme já tivemos a oportunidade de anotar,[90] após uma revisão das diversas interpretações possíveis para o critério da disponibilidade, é necessário afastar-se de uma leitura arbitrária do art. 1.º da Lei de Arbitragem.

Segundo Edoardo Ricci, a inserção da disponibilidade como pressuposto da arbitrabilidade está ligada a razões de caráter dogmático e ideológico, ao se relacionar a tutela jurisdicional mais ao exercício da soberania estatal do que a um simples serviço prestado pelo Estado ao cidadão, o que conduziria ao sacrifício do direito de escolha deste em nome da soberania daquele. Além disso, a confusão entre a convenção sobre o direito e a convenção sobre a escolha do juiz é um resquício da indistinção entre direito material e o direito processual, já há muito superada pela doutrina processualista pela afirmação da autonomia do processo em face do direito material.

Assim, a ideia adotada no Brasil, na Argentina, no Peru, na França, na Itália, em Portugal, entre outros países, segundo a qual a arbitrabilidade objetiva está ligada à disponibilidade, denota resquício de um modelo estatal autoritário. Isso porque a disponibilidade é determinada arbitrariamente pelo direito de cada Estado, sem que haja um critério lógico legítimo para o estabelecimento do que é disponível e do que não é. A aproximação entre a disponibilidade e a arbitrabilidade, portanto, não é lógica, necessária ou imprescindível. Ao contrário, trata-se de deixar à discricionariedade do legislador a definição, em cada caso específico, de ser um determinado direito arbitrável ou não, o que esvaziaria a necessidade de haver um critério legal geral para a determinação da arbitrabilidade objetiva.[91]

3.3.1.2 Inexistência de conexão entre disponibilidade e possibilidade de transação

Não há, portanto, equivalência entre a disponibilidade como critério para a arbitrabilidade e a figura da transação:

"A conexão lógica entre a disponibilidade do objeto da lide e a admissibilidade da arbitragem seria verdadeiramente necessária, se a sentença arbitral, em vez de ser o equivalente da decisão proferida pelo juiz, no que concerne a seus efeitos,

---

90. FRANZONI, Diego; DAVIDOFF, Fernanda. Interpretação do critério da disponibilidade com vistas à arbitragem envolvendo o Poder Público. *Revista de Arbitragem e Mediação*. ano 11. n. 41. p. 243-264. São Paulo: Ed. RT, 2014. O presente tópico foi extraído desse artigo, com algumas poucas adaptações que julgamos adequadas para o presente trabalho.
91. Critério diverso foi adotado no art. 190 do CPC, que simplificou a questão e estabeleceu a possibilidade de celebração de negócios jurídicos processuais atípicos sobre direitos que admitem autocomposição.

fosse o equivalente de contrato estipulado pelas partes, com o propósito de resolver a lide mediante transação ou conciliação. Nesse caso, as partes obteriam, mediante o árbitro, o mesmo resultado que poderiam conseguir diretamente por meio de acordo. O árbitro seria mandatário das partes, com o poder de firmar contrato entre as mesmas, contrato que seria, em si mesmo, ato de disposição. Esse tipo de arbitragem, que podemos qualificar de "contratual", verdadeiramente exige a disponibilidade da lide como pressuposto".[92]

A noção de arbitragem como transação corresponde a tipo específico de arbitragem existente na Itália, denominado *arbitrato irrituale* ou *arbitrato libero*, que nada tem a ver com o modelo de arbitragem tratado no Brasil pela Lei de Arbitragem – bem como em diversos outros sistemas jurídicos nos quais a sentença arbitral equivale à sentença judicial. Assim, a convenção arbitral, apesar de convenção, não é convenção sobre o objeto da lide, mas sim sobre a escolha do juiz, simplesmente.[93]

Essa opinião é compartilhada pelo português António Sampaio Caramelo, ao asseverar que não há qualquer analogia possível entre a transação – enquanto negócio jurídico pelo qual as partes põem termo a uma controvérsia por meio de concessões recíprocas – e a arbitragem tal qual a tratamos aqui – que se dá pela escolha de terceiros imparciais para a solução do litígio, independentemente da vontade das partes litigantes no sentido de transacionar quanto ao seu mérito.[94] Também Eduardo Damião Gonçalves filia-se a esse entendimento, acrescentando que a adoção da possibilidade de transação como critério da arbitrabilidade é tautológica.[95]

3.3.1.3 Tendência do direito brasileiro (arts. 851-853 do CC; art. 8.º, parágrafo único, da Lei de Arbitragem; art. 190 do CPC)

Há uma aproximação da lei brasileira ao modelo adotado pelo direito alemão, no qual o art. 1.030 do CPC estabelece como pressuposto da arbitrabilidade apenas o critério da patrimonialidade, permitindo que seja objeto de arbitragem direitos indisponíveis no âmbito patrimonial. Nesse modelo, o critério da transigibilidade é pressuposto da arbitrabilidade apenas no campo das relações não patrimoniais.

---

92. RICCI, Edoardo F. Desnecessária conexão entre disponibilidade do objeto da lide e admissibilidade da arbitragem: reflexões evolutivas. In: LEMES, Selma Ferreira; CARMONA, Carlos Alberto; MARTINS, Pedro Batista (coord.). *Arbitragem: estudos em homenagem ao Prof. Guido Fernando Silva Soares*, in memorian. São Paulo: Atlas, 2007. p. 402-412. p. 405.
93. Idem, p. 405-406.
94. CARAMELO, António Sampaio. Critérios de arbitrabilidade dos litígios. Revisitando o tema. *Revista de Arbitragem e Mediação*. ano 7. n. 27. p. 129-161. p. 151. São Paulo: Ed. RT, out.-dez. 2010.
95. GONÇALVES, Eduardo Damião. Op. cit., p. 169.

Na Itália, a mesma tendência é observada na medida em que o já mencionado *Decreto Legislativo* 5/2003 previu a possibilidade de utilização da arbitragem em matéria societária *indisponível*. Na França, a ideia de que a invalidade, tida anteriormente como matéria completamente indisponível, poderia ser analisada e declarada pelo árbitro, também evidencia o mesmo movimento.[96]

No Brasil, a redação dos arts. 851 a 853 do CC/2002 e o art. 8.º, parágrafo único, da Lei de Arbitragem, também confirmam essa ordem de ideias. Em relação ao Código Civil, o art. 853 é o único que se refere expressamente à cláusula compromissória, estipulando que esta é admitida "para dirimir litígios relativos a direitos patrimoniais disponíveis", no que reproduz o *caput* do art. 1.º da Lei de Arbitragem. No entanto, no que se refere ao compromisso, os arts. 851 e 852 somente exigem, respectivamente, a capacidade para contratar (arbitrabilidade subjetiva) e a patrimonialidade (arbitrabilidade objetiva), exceto pelas questões de estado e de direito pessoal e de família, expressamente referidas no art. 852.[97]

De fato, pensando especificamente no contexto das situações nas quais o ordenamento jurídico veda a transação sem autorização judicial, não há razão para que a referida vedação seja estendida para o âmbito da arbitragem. Isso porque, no caso da arbitragem, serão os árbitros os sujeitos que terão competência para exarar uma decisão a respeito de litígio que envolva bens do tutelado, por exemplo. A solução é heterônoma, e não autônoma,[98] de modo que o possível conflito de interesses que justificaria a exigência de autorização judicial para que o tutor pudesse transigir não faz sentido para a arbitragem, no mesmo exemplo.

Já o art. 8.º da Lei de Arbitragem demonstra uma possível evolução da arbitragem brasileira em relação ao art. 1.º da mesma Lei, na medida em que, depois de consagrar o princípio da autonomia da cláusula compromissória (*caput*), prevê no parágrafo único que os árbitros podem decidir sobre a validade, existência ou eficácia da convenção arbitral "e do contrato que contenha a cláusula compromissória". Quer dizer, segundo a parte final do dispositivo, "a nulidade constitui questão prejudicial a ser solucionada *incidenter tantum*, mas, também, ao caso em

---

96. Para um panorama da questão no âmbito do direito estrangeiro, vide: GARCEZ, José Maria Rossani. Arbitrabilidade no direito brasileiro e internacional. *Revista de Direito Bancário, do Mercado de Capitais e da Arbitragem*. ano 4. vol. 12. p. 337-356. São Paulo: Ed. RT, abr.-jun. 2001.
97. RICCI, Edoardo. Desnecessária conexão... cit., p. 409-411.
98. Como assentou Marcos Paulo de Almeida Salles, a arbitragem é meio heterônomo de composição de litígios, ao lado da Justiça estatal e da Justiça de mão própria. Trata-se, nas palavras do autor, de uma "multiplicidade de soluções palatáveis à vista do mesmo fato" (SALLES, Marcos Paulo de Almeida. Efeitos da judiciarização da arbitragem. *Revista de Arbitragem e Mediação*. ano 4. n. 13. p. 30-37. p. 31. São Paulo: Ed. RT, 2007).

que a nulidade constitui o objeto da decisão a ser proferida com autoridade de coisa julgada".[99-100]

Em outras palavras, a aceitação universal do princípio da autonomia da cláusula compromissória permite que os árbitros decidam sobre o tema da nulidade do contrato, que a princípio era a questão mais cara à noção de indisponibilidade. Supera-se, com isso, a conexão dogmática entre a disponibilidade do direito material e a arbitrabilidade do litígio.

Caminha-se, nesse sentido, para o reconhecimento de que a patrimonialidade mostra-se como critério geral útil para a verificação da arbitrabilidade dos litígios do ponto de vista objetivo. Há que se verificar também, em cada caso, se há norma estabelecendo a necessidade de intervenção estatal, por conseguinte impedindo a submissão da questão específica à arbitragem.

Em síntese, a disponibilidade é conceito que à guisa de definir a arbitrabilidade em conjunto com a patrimonialidade acaba não tendo a utilidade pretendida. Para saber o que é *disponível* de fato é preciso descer à situação concreta e verificar se a sua regulação legal específica exige a intervenção necessária do juízo estatal.[101]

Portanto, assim como criticamos a primeira parte do *caput* do art. 1.º da Lei de Arbitragem, atinente à noção de arbitrabilidade subjetiva, devemos fazê-lo também com a segunda parte. De todo o dispositivo, o que se presta a colaborar efetivamente, e de forma geral, com a noção de arbitrabilidade, é a patrimonialidade dos direitos em litígio. A nosso ver, trata-se do único critério que com algum

---

99. RICCI, Edoardo. Desnecessária conexão...cit., p. 409.
100. Assevera Eduardo Damião Gonçalves: "Apesar de haver uma proximidade entre os critérios de disponibilidade e patrimonialidade, a verdade é que os redatores da Lei Brasileira de Arbitragem optaram por um sistema cumulativo: o objeto do litígio deve ser disponível e também ser patrimonial. A arbitrabilidade no Brasil, portanto, é mais restrita do que em países que se valem de um ou de outro critério. Apesar de a opção feita pelo legislador nacional restringir a opção pela arbitragem, há autor que a aplaude. A nosso ver, a combinação de um critério restritivo com a falta de distinção entre arbitragem doméstica e internacional não é a melhor opção legislativa" (GONÇALVES, Eduardo Damião. Op. cit., p. 173). Em outras passagens, no entanto, o autor reconhece que a interpretação do art. 1.º da Lei de Arbitragem brasileira em conjunção com o art. 852 do CC/2002 pode se dar de forma evolutiva e liberal, tal como proposto por Ricci (p. 175).
101. É o que Eduardo Talamini denomina como "princípio da não necessariedade da intervenção jurisdicional", evidenciado pela dispensa da intervenção estatal para o cumprimento espontâneo de deveres contratualmente estabelecidos. Um litígio sobre questão patrimonial somente não poderá ser submetido à arbitragem quando o legislador, por razões de política legislativa, prever especificamente a necessidade de intervenção estatal (TALAMINI, Eduardo. Arbitragem e Parceria Público-Privada cit., p. 340-342).

grau de generalidade é capaz de auxiliar na verificação da arbitrabilidade, não apenas no que diz respeito ao direito brasileiro, mas também a uma noção universal do instituto da arbitragem.

Essas ideias também são corroboradas pela redação do art. 190 do CPC, que admite a celebração dos negócios jurídicos processuais atípicos quando o direito material em discussão admitir *autocomposição*. Como explica Fredie Didier, esse critério exprime um âmbito de aplicação mais amplo do que o da Lei de Arbitragem, porque o universo dos direitos que admitem autocomposição é maior do que o universo dos direitos patrimoniais disponíveis.[102] Desse modo, pode haver direitos indisponíveis sobre os quais se admita autocomposição. O dispositivo, de todo modo, adota um critério que consideramos mais evoluído do que o art. 1.º da Lei de Arbitragem, o que também se coaduna com a interpretação evolutiva defendida por Edoardo Ricci.

3.3.2 Premissa: a submissão de um litígio à arbitragem não representa renúncia a direitos ou desvio a normas de ordem pública

Também se deve afastar a ideia de que a arbitragem representaria renúncia a direitos. Essa noção de arbitrabilidade como renúncia é ligada a concepções ideológicas, que consideram que o julgamento de litígios pelo Estado seria supostamente superior ao julgamento pelos árbitros. Segundo Pedro Batista Martins, trata-se de corrente que minimiza o alcance jurídico da arbitragem, tendendo a sustentar o monopólio do Poder Judiciário, colocando-o como único órgão capaz de desenvolver de modo definitivo as controvérsias:

"Desse pensamento monopolista do Judiciário se pode abstrair o modelo ideológico em que se sustenta essa corrente doutrinária, qual seja, a de valorização do Estado como ente supremo na condução da sociedade e, particularmente, na pacificação de crises interpessoais. O ponto nevrálgico do modelo está na supremacia do Estado frente à vontade individual dos seus jurisdicionados. Somente o Estado pode pacificar conflitos porque o Estado é o único *ser* legítimo e capaz para executar essa função.

Esse modelo ideológico, conquanto embasado em fundamentos de Direito, acaba por dar guarida ao Estado-Providência, de muito paternalismo e pouca efetividade, e a subtrair do cenário jurídico o princípio da autonomia privada que dá vida às qualidades individuais, com retorno positivo à sociedade, sob a singela alegação da existência de um monopólio Judiciário na realização da justiça".[103]

---

102. DIDIER JR., Fredie. *Curso de direito processual civil: introdução ao direito processual civil, parte geral e processo de conhecimento.* Salvador: JusPodivm, 2015. p. 387.
103. MARTINS, Pedro Batista. Op. cit., p. 28.

É com base nessa premissa que se deve assentar outra base, segundo a qual quem recorre à arbitragem não renuncia a nenhum direito: apenas escolhe via diversa do Judiciário para defender os direitos que julga possuir.

Assim, ao escolher a solução arbitral, a parte se sujeita (assim como no Judiciário) a um processo em contraditório, sendo que a sentença arbitral estará sujeita às mesmas circunstâncias da sentença judicial transitada em julgado (cumprimento espontâneo, possibilidade de anulação, cumprimento forçado etc.).[104] Ou seja, não importa a via (arbitral ou judicial), as partes do litígio se submeterão a uma série de princípios e garantias que são efetivadas por meio de um procedimento próprio, estando, ao final, obrigadas a cumprir a sentença, mesmo que com ela não concordem.[105] Eventual cumprimento espontâneo da decisão arbitral (assim como da decisão judicial) não poderá ser equiparado à renúncia de direitos.[106]

Devemos também afastar outra confusão de parte da doutrina que costuma associar a indisponibilidade de direitos à ordem pública.[107] Segundo essa visão, a disponibilidade estaria relacionada a direitos que não esbarrem na ordem pública e, por conseguinte, a normas dispositivas, que conferem liberdade aos su-

---

104. Historicamente, foi provavelmente para afastar a ordem de ideias refutada acima, segundo a qual a arbitragem seria menor do que a via judicial, que o ordenamento de muitos países procurou, assim como o nosso, equivaler à sentença arbitral à sentença judicial, sem a necessidade de qualquer escrutínio prévio para que a sentença arbitral seja submetida à execução forçada. Ademais, também é possível que essa opção reflita a necessidade prática de fortalecer a arbitragem como meio *alternativo* ao Judiciário, que carece de problemas notoriamente conhecidos. Essa escolha, que tem sua razão de ser no contexto histórico em que a arbitragem precisava ser reavivada no Brasil na década de 1990, tem hoje, objetivamente, suas vantagens e desvantagens, como já sugerimos no capítulo 2.
105. A própria equiparação acolhida pelo nosso direito positivo entre a arbitragem e o juízo estatal contribui para tais conclusões. Tal equiparação é evidenciada pelos seguintes dispositivos: (i) art. 17 da Lei de Arbitragem, que estabelece que no exercício de suas funções os árbitros são equiparados aos funcionários públicos para efeitos penais; (ii) art. 18 da Lei de Arbitragem, que estabelece que o árbitro é juiz de fato e de direito da causa, e a sua sentença não se sujeita a recurso ou a homologação judicial; (iii) art. 31 da Lei de Arbitragem, que equipara a sentença arbitral à sentença judicial e estabelece que ela constitui título executivo; (iv) art. 515, VII, do CPC, que estabelece que a sentença arbitral é considerada título executivo judicial.
106. A ideia é bem explicada por Aline Lícia Klein, que se baseia nos ensinamentos de Adilson Dallari para tratar do tema em relação à arbitragem envolvendo o poder público (op. cit., p. 71-73).
107. CARVALHOSA, Modesto. Op. cit., 6. ed., vol. 2, p. 383 e 403. Segundo o autor, em coerência com a sua posição a respeito do tema, as cláusulas organizativas da sociedade, respeitantes a matéria de ordem pública, não podem ser objeto de arbitragem.

jeitos no seu seguimento. Já a indisponibilidade diria respeito à ordem pública, substanciada em normas cogentes que não se encontram no campo da liberdade dos sujeitos.

Como explica Eduardo Damião Gonçalves, grande parte dessa confusão pode ser atribuída ao art. 2.060 do *Code Civil*,[108] que reflete uma noção superada da função da ordem pública na matéria. Esse dispositivo é, de um lado, inútil, porque lista assuntos que já podem ser retirados da interpretação do artigo imediatamente antecedente. De outro lado, é equivocado porque "contribui para o conceito que prevaleceu até meados do século XIX na jurisprudência francesa de que, desde que uma norma imperativa estivesse em discussão, a ordem pública estaria em jogo e a arbitragem estaria excluída".[109]

Essa concepção é igualmente equivocada porque parte da mesma premissa (errada) que já refutamos. A arbitragem (salvo no caso da escolha pela equidade) não implica abrir mão da aplicação do ordenamento jurídico, nem de direito algum.

Marcelo Dias Vilela afirma que "no âmbito do direito societário, pode-se afirmar que quase a totalidade das questões enquadra-se no campo da arbitrabilidade", mas coloca a questão de saber se "há uma ordem pública societária a restringir a incidência do juízo arbitral". Lembra, adiante, que há dois parâmetros de limitação à autonomia das partes no estabelecimento da arbitragem, previstos no § 1.º do art. 2.º da Lei de Arbitragem, que são os bons costumes e a ordem pública. Conclui que "a ordem pública não é obstáculo à utilização da arbitragem, mas apenas direciona seu emprego".[110]

Pedro Batista Martins salienta que no âmbito societário a dúvida é reforçada pelo fato de que muitas disposições incorporadas nas respectivas leis de regência são cogentes ou relacionadas à ordem pública. Deve-se, inicialmente, distinguir as normas imperativas da ordem pública, sendo as primeiras aquelas que não podem ser afastadas pela autonomia das partes e a ordem pública a expressão de um "princípio sociopolítico". A conclusão é que "controvérsia que se situe no âmbito da projeção de normas imperativas, nomeadamente as que encerram efetiva ordem

---

108. "Art. 2.060. Não se pode celebrar compromisso sobre questões de estado e de capacidade das pessoas, sobre aquelas relativas à separação de corpos ou sobre aquelas que interessam à coletividade e aos estabelecimentos públicos, e mais genericamente em todas as matérias que dizem respeito à ordem pública" (tradução livre). Texto original: "Article 2.060. On ne peut compromettre sur les questions d'état et de capacité des personnes, sur celles relatives au divorce et à la séparation de corps ou sur les contestations intéressant les collectivités publiques et les établissements publics et plus généralement dans toutes les matières qui intéressent l'ordre public".
109. GONÇALVES, Eduardo Damião. Op. cit., p. 163-164.
110. VILELA, Marcelo Dias. *Arbitragem no direito...* cit., p. 169-170.

pública, é totalmente passível de resolução por arbitragem, sem prejuízo de competir ao árbitro observar a aplicação dessa normativa".[111]

Chega-se a essa conclusão pela diferenciação entre a indisponibilidade[112] e a ordem pública, em trecho que merece transcrição:

"A indisponibilidade é da essência do direito da pessoa, enquanto a ordem pública nele pode ou não *impactar*. A indisponibilidade, portanto, é elemento que interfere diretamente no objeto do direito, já a ordem pública, conquanto nele interfira, somente o faz de forma indireta.

O direito indisponível encontra-se no patrimônio da pessoa e, devido a sua sensível dimensão jurídica (v.g. direito à vida; à nacionalidade; à integridade física), merece atenção especial do Estado.

A ordem pública é uma projeção do direito em direção ao bem jurídico. O direito indisponível é elemento encrustado no bem da vida. A ordem pública projeta-se *de fora em direção à esfera jurídica do direito da pessoa*. Já a indisponibilidade é inerente, intrínseca ao bem objeto do direito.

O direito indisponível não comporta uma esfera de manejo pelo seu titular. Dele se retira o exercício da plena autonomia da vontade. Muito embora de natureza privada, o Estado afasta o direito desse plano jurídico, tornando-o indisponível ao seu titular, por um imperativo de ordem jurídico-social. Sem embargo de se destinarem ao particular, e compor seu patrimônio jurídico, a sua disposição lhe é subtraída em proveito de uma marcante finalidade social. Afinal, a presença e a existência do Estado têm por *ratio juris* a preservação da ordem e a proteção do interesse comum da coletividade.

O direito submetido à ordem pública não trafega em uma esfera jurídica ampla, vez que sua restrição quanto à liberdade de disposição encontra obstáculo apenas nos ditames relevantes do direito. Portanto, sua aferição e aplicação encerram certa mitigação no plano jurídico. O titular mantém o exercício da liberdade, não obstante a sujeição a certas restrições legais. Estas previsões de ordem pública contemplam uma ordem pública positiva ou negativa (*facere*) contida em preceito normativo.

---

111. MARTINS. Pedro Batista. Op. cit., p. 179 e 181.
112. Em que pese as nossas críticas sobre o critério da disponibilidade como critério suficientemente preciso e uniforme, fato é que as lições de Pedro Batista Martins podem ser entendidas como se referindo à arbitrabilidade objetiva em geral, independentemente do critério que se adote para determiná-la. O que importa aqui é que se afaste a noção de que a presença de normas cogentes (como diversos dispositivos da Lei das S.A.) ou de ordem pública impediria a arbitragem: "O árbitro, para resolver o conflito, deve avaliar o alcance de tais regras e, no caso de que sejam aplicáveis, deve obedecê-las" (idem, p. 181).

A indisponibilidade atinge, para reprimir, exatamente, a livre circulação – disposição – do próprio direito. Amarra-o em uma esfera extremamente limitada enquanto a norma de ordem pública, ao contrário, não atua intensamente na circulação do bem jurídico, apenas molda-o a certas limitações que têm por finalidade sua preservação e resguardo".[113]

Na doutrina estrangeira, entre outros, Pilar Viscasillas[114] e Manuel Pereira Barrocas[115] adotam esse mesmo entendimento.

Como consequência, há um amplo reconhecimento, na doutrina mais atual a respeito do tema, da possibilidade de os árbitros decidirem questões de nulidade.[116] Afinal, se o árbitro pode, assim como o juiz, aplicar normas cogentes para

---

113. Idem, p. 182-183.
114. "Como é conhecido, sustentou-se tradicionalmente que as questões sujeitas a normas nacionais imperativas não eram arbitráveis. Diferentemente do âmbito dos contratos comerciais, em que a intenção das partes prevalece como regra geral, na área do direito societário as normas imperativas prevalecem. Assim, muitos dos aspectos importantes das companhias estavam originalmente fora do escopo da arbitragem. Essa posição tradicional foi rejeitada em favor de uma visão moderna a respeito da arbitrabilidade. Na prática moderna, está atualmente claro que ainda que determinada matéria esteja sujeita a normas imperativas, pode ser submetida à arbitragem. Na medida em que se considera uma política pública e a sua relação com a arbitrabilidade, algumas leis de arbitragem consideram que questões que possuem natureza de política pública não podem estar sujeitas à arbitragem. Mas mesmo nesses sistemas, novas tendências também são aplicáveis: a ordem pública não é mais considerada uma limitação à arbitrabilidade, mas regras desse caráter devem ser respeitadas pelos árbitros para que a decisão arbitral seja executável" (tradução livre). Texto original: "As it is well known, traditionally it was held that the issues that were subject to national mandatory rules of law were not arbitrable. Unlike the field of commercial contracts where the will of the parties prevails as a general rule, in the area of corporate law, mandatory rules are prevalent. Thus, many of the important aspects of corporations were originally outside the scope of arbitration. This traditional position has been rejected in favour of a modern view of arbitrability. In modern practice, it is today clear that even if a matter is subject to mandatory rules, it might be subject to arbitration. As far as public policy is concerned and its relation to arbitrability, some arbitration laws consider that issues that are of public policy nature cannot be subject to arbitration. But even in those systems, new trends are also applicable: public order is not considered any more a limitation to arbitrability, but rules of that character have to be respected by the arbitrators in order to have an enforceable award" (VISCASILLAS, Pilar Perales. Op. cit., p. 285).
115. "(...) não podemos senão apoiar estas posições favoráveis à arbitrabilidade, uma vez que o árbitro, tal como o juiz, na arbitragem doméstica ou na arbitragem internacional sendo aplicável a lei portuguesa, não pode deixar de aplicar a lei tal como o juiz o faria" (BARROCAS, Manuel Pereira. Op. cit., p. 115).
116. Nesse sentido, entre outros: WARDE JR., Jorge; CUNHA, Fernando Antonio Maia da. Op. cit., p. 754-755. Para uma análise mais aprofundada: RICCI, Edoardo F. Admissibilidade de arbitragem nas lides sobre invalidade dos contratos: uma interpretação do

decidir uma determinada questão, não haveria sentido lógico em vedar-lhe a decisão sobre a nulidade absoluta de atos jurídicos.[117]

3.3.3 A arbitrabilidade dos direitos políticos dos acionistas

Assentado que a arbitrabilidade em geral não se confunde com a imperatividade de normas e a ordem pública (inclusive no âmbito societário), cabem algumas palavras sobre discussão específica que envolve a arbitrabilidade objetiva no âmbito da arbitragem societária.

Doutrina antiga, representada por Messineo, sustentava o conteúdo não patrimonial do direito de voto, com base na noção de que o voto do sócio concretiza parcela da soberania social.[118]

Essa noção foi afastada pela ideia de que os direitos políticos dos sócios possuem essência patrimonial. Nesse sentido, Warde Jr. e Maia da Cunha referem à discussão como uma "falsa polêmica" no âmbito da arbitrabilidade objetiva. Segundo esses autores, "Os chamados direitos políticos são, em verdade, um desdobro dimensional, que se prestam a maximizar as chances de satisfação de direitos creditórios atribuídos aos acionistas", diante do que "é inegável a sua natureza essencialmente patrimonial". Além disso, o mesmo raciocínio vale para as sociedades limitadas, "criadas à imagem e semelhança das anônimas".[119]

Pedro Batista Martins, que louva a adoção do critério da disponibilidade pela Lei de Arbitragem, defende que o direito de voto do acionista não pode ser equiparado ao exercício de direitos políticos no sentido de deveres ou obrigações atinentes à condição de cidadão. A comparação da ordem societária com a ordem social estabelecida pelo Estado de Direito não chega a ponto de impor ao acionista um verdadeiro "dever cívico".

No âmbito societário, o voto se equipara a um direito, e não uma obrigação, que permite ao acionista eleger membros dos órgãos sociais. A finalidade do voto aqui não se liga a questões sociais ou ideológicas, mas sim a interesses econômico-financeiros, de natureza pecuniária: "os direitos políticos do acionista encerram vantagens cujo efeito final toca em um bem de cunho patrimonial". Ao votar, o acionista busca a "otimização de seu capital".[120]

---

art. 1.º da Lei 9.307/96. *Lei de Arbitragem Brasileira: oito anos de reflexão. Questões polêmicas*. São Paulo: Ed. RT, 2004. p. 126-145.
117. Para Pedro Batista Martins, em raciocínio com o qual concordamos integralmente, inclusive a nulidade da própria sociedade (op. cit., p. 197-204).
118. MESSINEO, Francesco. *Manuale de diritto civile e commerciale*. Milano: Giuffrè, 1954. vol. 3, t. I. p. 429.
119. WARDE JR., Jorge; CUNHA, Fernando Antonio Maia da.. Op. cit., p. 754.
120. MARTINS, Pedro Batista. Op. cit., p. 192-195. O autor vai além, no sentido de justificar a disponibilidade dos direitos políticos do acionista no âmbito societário, em

E, sendo seus reflexos patrimoniais, os direitos políticos no âmbito societário são arbitráveis, dentro da concepção de arbitrabilidade que mencionamos acima.

3.3.4 Limites de aplicação: o princípio da "necessária incidência sobre o pacto social"

Apesar de serem amplamente arbitráveis os litígios relacionados às matérias intrassocietárias, por outro lado deve-se limitar a extensão objetiva dos efeitos da cláusula compromissória societária, tendo em vista a advertência de Marcelo Vilela no sentido de que "os conflitos nascidos entre a sociedade e seu(s) associado(s) não estão necessária e automaticamente abrangidos pela cláusula compromissória prevista no estatuto ou contrato social".[121] Como exemplo dessa preocupação está a definição sobre se a venda de quotas sociais celebrada entre sócios de uma sociedade na qual esteja presente cláusula compromissória societária submete-se à arbitragem por força de tal cláusula.

Para esse autor, a abrangência objetiva da cláusula compromissória societária deve ser determinada por meio do "princípio da necessária incidência sobre o pacto social". O pacto social referir-se-ia "à essência da sociedade, ao âmago do encontro de vontades dos associados que deu vida à pessoa jurídica e mantém o propósito social".[122]

Como exemplo, poderão dois sócios litigar a respeito de questões que não tenham nenhuma relação com a sociedade. Do mesmo modo, poderá haver litígio entre a própria sociedade e algum sócio a respeito de questão totalmente alheia ao âmbito societário. Imagine-se um contrato de fornecimento, firmado em condições completamente lícitas e equitativas, entre a sociedade e um dos seus sócios. Eventual descumprimento do acordo por uma das partes deverá ser resolvido pela forma estabelecida para a própria avença, não se aplicando eventual cláusula arbitral existente no pacto social, salvo em caso de eventual extensão subjetiva derivada da existência de grupo econômico – que de todo modo consistiria hipótese excepcional.[123]

---

linha com a sua concepção de arbitrabilidade (adotada no art. 1.º da Lei de Arbitragem). Para tanto, afirma: "E é também o voto um direito disponível. Já se foi o tempo em que o direito de voto se consubstanciava em um atributo inerente e incindível da ação. Época essa em que o voto sequer podia ser cedido" (p. 195).

121. VILELA, Marcelo Dias Gonçalves. *Arbitragem no direito...* cit., p. 185.
122. Idem, p. 187.
123. A esse respeito, vide: JABARDO, Cristina Saiz. Op. cit.; WALD, Arnoldo. A arbitragem, os grupos societários e os conjuntos de contratos conexos. *Revista de Arbitragem e Mediação.* ano 1. n. 2. p. 31-59. p. 32. São Paulo: Ed. RT, maio-ago. 2004; e TEPEDINO, Gustavo. Consensualismo na arbitragem e teoria do grupo de sociedades. *Doutrinas essenciais de arbitragem e mediação.* vol. 4. p. 255-265. p. 259. São Paulo: Ed, RT, 2004.

Nesse ponto, há que se levar em conta, igualmente, o aspecto temporal na consideração da abrangência da cláusula compromissória societária a determinado litígio. Segundo Vilela, "o princípio que vige é da existência de convenção arbitral válida na época do fato gerador do conflito societário, pouco importando que o juízo arbitral venha a instalar-se em um momento posterior".[124]

Ademais, diante da evidente necessidade de se definir, na prática, o concreto enquadramento do litígio nos limites do pacto societário e da respectiva convenção de arbitragem, há que se levar a cabo interpretação *pró-arbitragem*. Como alerta Carmona, "quem convenciona a solução arbitral para dirimir litígio não está, em princípio (a não ser que aja com reserva mental) imaginando fatiar a contenda para submeter parte das questões ao árbitro e parte ao Poder Judiciário". Assim:

"(...) Se as partes incluírem num contrato social cláusula compromissória que submete ao árbitro "as desavenças decorrentes do contrato", sustento que tal cláusula deve abranger os litígios entre os sócios, a exclusão de qualquer deles e a própria liquidação da sociedade, não sendo de se esperar cláusula longuíssima que relacione todo o tipo de desavença que a imaginação possa engendrar".[125-126]

Posto isso, restam duas questões no âmbito do presente tópico que nos parecem relevantes. A primeira diz respeito ao cabimento do julgamento de embates negociais por arbitragem, na forma dos arts. 129, § 2.º, da Lei das S.A. e 1.010 do CC. Diante da complexidade do tema, essa questão será tratada em capítulo específico deste estudo.

---

124. VILELA, Marcelo Dias Gonçalves. *Arbitragem no direito...* cit., p. 189.
125. CARMONA, Carlos Alberto. Op. cit., p. 84-85.
126. No âmbito internacional, Pilar Viscasillas argumenta no mesmo sentido: "Embora a arbitrabilidade varie de país para país, e até mesmo dentro de um determinado país de tempos em tempos, uma vez que esse é um conceito que tem se modificado ao longo do tempo, um princípio claro se aplica a respeito de sua interpretação, particularmente na arbitragem comercial internacional: o princípio do favor arbitral. A aplicação desse princípio à arbitrabilidade significa, primeiramente, que há uma presunção geral a favor da arbitrabilidade de conflitos comerciais (política favorecendo a arbitragem), incluindo conflitos internos à companhia, sejam eles legais ou econômicos; e em segundo lugar, que há uma tendência à expansão do escopo da arbitragem" (tradução livre). Texto original: "Although, arbitrability will vary from country to country, and even within a given country from time to time since it is a concept that has changed with time, a clear principle applies with regard to its interpretation, particularly in international commercial arbitration: the principle of favor arbitris. The application of this principle to arbitrability means, first, that there is a general presumption in favour of the arbitrability of commercial disputes (policy favouring arbitrability), including intra-corporate conflicts whether legal or economic; second, that there is a tendency to expand the scope of arbitration" (op. cit., p. 280).

A segunda questão relevante diz respeito à incidência da cláusula arbitral societária sobre transações a respeito de participações societárias. Nesse ponto, uma primeira reação provavelmente se daria no sentido de negar aplicação da convenção de arbitragem inserida no contrato social ou no estatuto ao pacto realizado entre um sócio ou acionista e um terceiro para aquisição de quotas ou ações. Afinal, o objeto da avença, nesse caso, fugiria ao pacto societário, e o terceiro adquirente da participação societária não se vincularia à cláusula arbitral societária em relação ao negócio em si considerado, mas apenas em relação aos litígios decorrentes da sua condição de sócio, depois de efetivado o negócio.

Marcelo Vilela observa que no direito francês essa questão transitou da incidência da arbitragem nas transações a respeito do controle acionário para toda e qualquer cessão de participações societárias. No entanto, o autor exprime posição negativa quanto à abrangência da cláusula arbitral societária em relação ao conflito surgido no âmbito de uma aquisição de participação societária por terceiro estranho ao quadro acionário. Para o autor, a cláusula compromissória não se aplica porque "é exatamente a celebração do negócio jurídico objeto da controvérsia que permitirá o ingresso na sociedade. Este terceiro, portanto, não é parte do quadro social, não se vinculando à cláusula compromissória".[127]

Em princípio, acreditamos que esse raciocínio possa se configurar como orientação geral, pensando em transações a respeito de participações societárias que tenham efeitos restritos às partes da avença e cujos efeitos não impliquem grandes alterações na dinâmica geral de funcionamento da sociedade.

No entanto, partindo da premissa que estabelecemos no capítulo 2, qual seja de propiciar que a arbitragem societária funcione como meio de proteção do minoritário, não seria absurdo cogitar da extensão da cláusula compromissória societária a sujeitos não contratantes caso a transação produza efeitos relevantes para os demais sócios e para a própria sociedade enquanto instituição ou organização funcional.

Essa ideia fica bastante evidente especialmente no âmbito das sociedades anônimas abertas, se pensarmos em transações que se configurem como negócios sobre o controle acionário. Nesses casos, não há um tratamento da operação como se fosse uma mera cessão de participação acionária, mas sim uma especial qualificação do negócio em função da proteção de interesses que vão além das partes do negócio.

Nesse sentido, ao menos dois exemplos mostram-se bastante elucidativos: (i) o art. 254-A da Lei das S.A.,[128] que regulamenta a alienação de controle de com-

---
127. VILELA, Marcelo Dias Gonçalves. *Arbitragem no direito...* cit., p. 207-211.
128. "Art. 254-A. A alienação, direta ou indireta, do controle de companhia aberta somente poderá ser contratada sob a condição, suspensiva ou resolutiva, de que o adqui-

panhia aberta, como forma de garantia de que os acionistas não controladores receberão sua parcela da riqueza adicionada, evitando que o adquirente extraia benefícios do controle em detrimento dos minoritários;[129] (ii) o art. 256 da mesma Lei,[130] que trata da compra por companhia aberta de controle de sociedade empresária, com a finalidade de proteger o interesse social, a integridade e a consistência

---

rente se obrigue a fazer oferta pública de aquisição das ações com direito a voto de propriedade dos demais acionistas da companhia, de modo a lhes assegurar o preço no mínimo igual a 80% (oitenta por cento) do valor pago por ação com direito a voto, integrante do bloco de controle. § 1.º Entende-se como alienação de controle a transferência, de forma direta ou indireta, de ações integrantes do bloco de controle, de ações vinculadas a acordos de acionistas e de valores mobiliários conversíveis em ações com direito a voto, cessão de direitos de subscrição de ações e de outros títulos ou direitos relativos a valores mobiliários conversíveis em ações que venham a resultar na alienação de controle acionário da sociedade. § 2.º A Comissão de Valores Mobiliários autorizará a alienação de controle de que trata o *caput*, desde que verificado que as condições da oferta pública atendem aos requisitos legais. § 3.º Compete à Comissão de Valores Mobiliários estabelecer normas a serem observadas na oferta pública de que trata o *caput*. § 4.º O adquirente do controle acionário de companhia aberta poderá oferecer aos acionistas minoritários a opção de permanecer na companhia, mediante o pagamento de um prêmio equivalente à diferença entre o valor de mercado das ações e o valor pago por ação integrante do bloco de controle."

129. MUNHOZ, Eduardo Secchi. Transferência de controle nas companhias sem controlador majoritário. In: CASTRO, Rodrigo R. M. de; MOUZA AZEVEDO, Luís André N. de (coord.). *Poder de controle e outros temas de direito societário e mercado de capitais.* São Paulo: Quartier Latin, 2010. p. 286-324. p. 301-302.

130. "Art. 256. A compra, por companhia aberta, do controle de qualquer sociedade mercantil, dependerá de deliberação da assembleia-geral da compradora, especialmente convocada para conhecer da operação, sempre que: I – O preço de compra constituir, para a compradora, investimento relevante (artigo 247, parágrafo único); ou II – o preço médio de cada ação ou quota ultrapassar uma vez e meia o maior dos 3 (três) valores a seguir indicados: a) cotação média das ações em bolsa ou no mercado de balcão organizado, durante os noventa dias anteriores à data da contratação; b) valor de patrimônio líquido (art. 248) da ação ou quota, avaliado o patrimônio a preços de mercado (art. 183, § 1.º); c) valor do lucro líquido da ação ou quota, que não poderá ser superior a 15 (quinze) vezes o lucro líquido anual por ação (art. 187 n. VII) nos 2 (dois) últimos exercícios sociais, atualizado monetariamente. § 1.º A proposta ou o contrato de compra, acompanhado de laudo de avaliação, observado o disposto no art. 8.º, §§ 1.º e 6.º, será submetido à prévia autorização da assembleia geral, ou à sua ratificação, sob pena de responsabilidade dos administradores, instruído com todos os elementos necessários à deliberação. § 2.º Se o preço da aquisição ultrapassar uma vez e meia o maior dos três valores de que trata o inc. II do *caput*, o acionista dissidente da deliberação da assembleia que a aprovar terá o direito de retirar-se da companhia mediante reembolso do valor de suas ações, nos termos do art. 137, observado o disposto em seu inc. II".

do patrimônio da companhia,[131] bem como os acionistas minoritários em face de negócios de compra e venda de controle por preços muitos superiores ao valor unitário das ações ou quotas que o compõem, se consideradas isoladamente.

3.3.5 Uma peculiaridade: impossibilidade de arbitragem por equidade?

Uma última indagação relacionada ao que se expôs anteriormente é cabível: é possível a instituição de cláusula arbitral societária que determine a aplicação de arbitragem por equidade?

Diante do raciocínio exposto, no sentido de que a existência de normas cogentes no direito societário não impede a arbitragem – porque o árbitro estará vinculado a tais normas do mesmo modo que o juiz estatal – parece intuitivo que não se admita a arbitragem por equidade no direito societário. Afinal, se a vinculação do árbitro à cogência das normas estatais respectivas é utilizada como sustentáculo ao próprio cabimento da arbitragem que demanda a sua aplicação, seria uma contradição permitir o afastamento dessas mesmas normas.

Nesse sentido, Marcelo Vilela defende que:

"Poder-se-ia afirmar, neste sentido, existir uma ordem pública societária, diante da qual deveria curvar-se o árbitro no exame da questão posta a sua apreciação?

Não obstante possam as partes, inclusive, decidir se a arbitragem será de direito ou equidade, quando se trata de examinar os limites da cláusula compromissória prevista nos contratos de sociedade, é inegável que a resposta à questão acima colocada deva ser afirmativa, uma vez que se identifica no ordenamento jurídico brasileiro, sobretudo na Lei 6.404/1976, uma evidente "ordem pública societária" configurada por princípios e regras basilares que direcionam este ramo específico do direito empresarial".[132-133]

Manuel Pereira Barrocas demonstra que a definição da arbitragem por equidade passa longe de uma unanimidade na doutrina e na jurisprudência, no que se denota uma evidente *plasticidade* do conceito. Alguns filiam-se a um "acentuado apego a regimes legais, concedendo à equidade apenas um campo limitado de in-

---

131. CARVALHOSA, Modesto. Op. cit., 2. ed., 2003. vol. 4, t. II, p. 192.
132. VILELA. Marcelo Dias Gonçalves. *Arbitragem no direito...* cit., p. 171-172.
133. Em relação ao direito italiano, Barbara Makant e Samantha Longo Queiroz anotam que "O art. 36 do Decreto [Legislativo 5/2003] ora comentado reflete um princípio há longa data adotado pelos tribunais italianos (...), qual seja: o de que as matérias societárias que influem em direito de terceiros devem ser tratadas como matérias de ordem pública, não sendo, a princípio, arbitráveis" (MAKANT, Barbara; QUEIROZ, Samantha Longo. Comentários à nova lei sobre arbitragem societária italiana. (Dec. 5, de 17.01.2003). *Revista de Arbitragem e Mediação*. ano 1. n. 3. p. 307. São Paulo: Ed. RT, set.-dez. 2004).

tervenção na interpretação da lei e desde que não sejam ofendidas certas disposições legais". Outros empreendem "puro e simples afastamento da lei, aplicando muito latamente outros raciocínios de julgamento que não são necessariamente jurídicos". Haveria que se adotar, diante disso, uma posição conciliatória "entre a ideia do justo e do bom segundo o saber do árbitro, por um lado, e certa jurisdicidade".[134]

Nesse sentido, Mariana Jost e Jean Eduardo Nicolau concluíram que não se pode supor que a arbitragem por equidade exclua a aplicação da lei estatal e signifique a observância de princípios gerais do direito ou da *lex mercatória* em lugar da lei. Assim, "pode, com efeito, ser simplesmente compreendida como uma forma de corrigir, ou mesmo de temperar, a solução normalmente erigida a partir da estrita observância de uma norma", de modo que "é lícito concluir que a maior parte dos autores é hostil à evicção total da lei e entende que o *amiable compositeur* deve respeitar os princípios gerais do direito e a ordem pública a fim de proferir uma sentença executória".[135]

Diante desse entendimento, não vemos razão para defender que a arbitragem por equidade não seria cabível no âmbito dos litígios societários em qualquer caso. Afinal, mesmo que autorizados a julgar por equidade, os árbitros não poderiam se desvencilhar completamente das normas que compõem o que Marcelo Vilela denominou de "ordem jurídica societária" brasileira. Conforme esclareceu Eduardo Damião Gonçalves, "os árbitros devem aplicar as normas imperativas – mesmo que autorizados a julgar o litígio por equidade – e tirar todas as consequências civis do eventual descumprimento dessas normas".[136]

Assim, parece-nos perfeitamente possível que se permita a equidade num litígio intrassocietário numa sociedade contratual. Afinal, os sócios podem mesmo ter interesse em que eventuais lacunas legais ou injustiças decorrentes da pura aplicação do direito positivo sejam supridos por meio da equidade. Nessas sociedades, em que vigora uma maior autonomia dos sócios, as regras cogentes atinentes aos tipos societários, por funcionarem no sentido de manutenção da higidez do modelo de garantia estabelecido, tendem mais à proteção daqueles que contratam com a sociedade, do que dos seus próprios integrantes.[137] E, ainda que existam

---

134. BARROCAS, Manuel Pereira. Op. cit., p. 464.
135. JOST, Mariana Silveira Martins; NICOLAU, Jean Eduardo Batista. Arbitragem por equidade. *Revista de Direito Empresarial*. ano 2. vol. 2. p. 283-301. São Paulo: Ed. RT, mar.-abr. 2014. Caderno Especial – O negócio jurídico da arbitragem, p. 283-301. p. 299-300.
136. GONÇALVES, Eduardo Damião. Op. cit., p. 164.
137. Como explica Alfredo de Assis Gonçalves Neto, "tem-se aí a reafirmação do princípio da tipicidade, pelo qual as sociedades empresárias devem adotar um dos tipos previstos em lei. Trata-se de um princípio que restringe a autonomia privada, no que respeita à liberdade contratual. As partes não têm a faculdade de celebrar sociedades

normas cogentes que não possam deixar de ser aplicadas, pensar que a aplicação da equidade conduziria à violação de tais normas representa um desvirtuamento do instituto, conforme demonstramos acima.

Por outro lado, parece-nos que esse raciocínio não é válido para as sociedades em que a unidade representativa do capital social é passível de circulação independentemente da alteração do ato constitutivo. Nesse caso, as normas cogentes tendem não apenas à proteção dos que contratam com a sociedade, como também à proteção daqueles que pretendem adquirir os papéis, cujos interesses são, como vimos, defendidos por meio de sistemas de proteção tencionados aos direitos coletivos – ou até mesmo aos direitos difusos referentes ao desenvolvimento do mercado de capitais e da economia em geral. Assim, tais normas não podem em hipótese alguma ser afastadas em prol de uma possível maior *justiça do caso concreto*, o que não recomendaria ou de todo modo neutralizaria a permissão da arbitragem por equidade em tais sociedades.

No entanto, do ponto de vista prático, é válido trazer a lume a advertência de Carmona, segundo a qual "numa visão francamente realista, não se pode deixar de notar que a arbitragem *ex aequo et bono* submete as partes a sérios riscos, pois o que parece justo a elas pode não parecer ao árbitro (e vice-versa)".[138] Esse risco deve ser avaliado na escolha entre a arbitragem de direito ou por equidade, quanto mais no âmbito societário, em que a previsibilidade e a segurança das relações jurídicas são valores fundamentais.

3.4 Síntese a respeito da arbitrabilidade no âmbito societário

Vige, no âmbito societário, a ampla arbitrabilidade dos litígios.

i) *No aspecto subjetivo*, a cláusula arbitral societária, desde que tenha sido incluída no contrato social ou no estatuto por maioria, e mediante processo deliberativo legalmente previsto, vincula todos os acionistas, incluindo os ausentes, os dissidentes e os futuros, e sem que seja necessária qualquer adesão expressa e individual. Isso decorre da aplicação do princípio da maioria, a que o sócio se submete em decorrência do feixe de posições jurídicas compreendidas no *status socii*.

ii) A conclusão acima é a mesma para todos os tipos societários previstos no ordenamento jurídico brasileiro. Nas sociedades contratuais, reguladas pelo Có-

---

empresárias fora dos modelos oferecidos pela lei. Esse princípio justifica-se por razões de segurança jurídica, em favor de quem contrata com a sociedade (para que tenham, de pronto, a identificação da garantia de seus créditos) e no interesse dos próprios sócios (notadamente minoritários, quanto aos direitos que lhes são assegurados em cada qual dos tipos)" (GONÇALVES NETO, Alfredo de Assis. *Lições de direito societário*. 2. ed. São Paulo: Ed. Juarez de Oliveira, 2004. vol. 1, p. 45).

138. CARMONA, Carlos Alberto. Op. cit., p. 67.

digo Civil, a *adesão* do sócio se dá pela própria subscrição do ato constitutivo, mas pode haver introdução de modificação do contrato social por maioria (arts. 1.071 e 1.076), aplicando-se a solução acima proposta. Nas sociedades por ações, a irrelevância da pessoa do sócio e a transmissibilidade das unidades do capital social na condição de valores mobiliários mitiga a relevância da vontade individual do acionista, em reforço à aplicação do princípio da maioria. Por fim, nas sociedades anônimas abertas no Brasil, a amplitude da arbitragem societária é reforçada pela sua obrigatoriedade em três dos níveis de governança corporativa da principal Bolsa de Valores (BM&FBovespa).

iii) *No aspecto objetivo*, em primeiro lugar, reconhecemos a dificuldade de se definir critérios para a arbitrabilidade dos litígios. O *caput* do art. 1.º da Lei de Arbitragem brasileira optou pela cumulação dos critérios da disponibilidade e da patrimonialidade, rejeitando a aproximação com a figura da transação. No entanto, outros dispositivos presentes no nosso ordenamento jurídico apontam no sentido de que a patrimonialidade seria o fator primordial da arbitrabilidade, excluindo do âmbito da arbitragem apenas as questões de estado e direito pessoal de família (CC, art. 852).[139]

iv) A partir daí, concluímos que todos os litígios societários são arbitráveis. A existência de normas de ordem pública ou cogentes não impede a arbitragem, mas simplesmente impõe que essas normas sejam utilizadas pelos árbitros ao decidir o litígio. Com isso, mesmo os litígios relacionados aos direitos *políticos* do sócio, como o direito de voto, são arbitráveis, porque tencionados à realização de interesses patrimoniais, inafastáveis de qualquer sociedade (CC, art. 981[140]).

v) As limitações que propusemos à arbitrabilidade objetiva dos litígios societários não dizem respeito aos direitos propriamente ditos, mas sim ao próprio enquadramento do litígio no âmbito da cláusula arbitral societária. Assim, critérios como a "necessária incidência ao pacto social", proposto por Marcelo Vilela, podem ser úteis, embora não sejam suficientemente precisos. Em última análise, será

---

139. Vale transcrever mais uma vez as elucidações de Eduardo Damião Gonçalves sobre a arbitrabilidade objetiva: "Independentemente da corrente adotada, a mesma pergunta feita no caso da patrimonialidade cabe nesse caso: o que são direitos disponíveis? Contudo, a resposta é muito mais complexa do que no caso da definição de 'patrimonial'. Como regra material, a referência à expressão pecuniária – definidora da patrimonialidade do direito – tem caráter universal e, portanto, facilita a identificação da arbitrabilidade. Já o conceito de 'disponibilidade' precisa ser definido de acordo com as regras de cada ordenamento jurídico sobre disponibilidade de direitos, o que torna mais difícil a referência a esse critério de determinação da arbitrabilidade em casos internacionais" (GONÇALVES, Eduardo Damião. Op. cit., p. 177).
140. "Art. 981. Celebram contrato de sociedade as pessoas que reciprocamente se obrigam a contribuir, com bens ou serviços, para o exercício de atividade econômica e a partilha, entre si, dos resultados".

necessária atenção às circunstâncias do caso concreto para se verificar a incidência da cláusula arbitral societária em determinado litígio e a arbitrabilidade do litígio em si.[141]

vi) A arbitragem por equidade, acreditamos, não é em todo caso vedada, porque não necessariamente excluirá as normas cogentes do direito das sociedades, servindo apenas como um parâmetro de justiça complementar, quando o resultado apontado pela simples aplicação do ordenamento se mostrar eticamente desajustado. Há de ser restringida, no entanto, no caso das sociedades cujos papéis circulam no mercado de capitais, porque nessa hipótese a aplicação restrita do ordenamento jurídico societário funciona como garantia ao funcionamento do próprio mercado, e não apenas dos sujeitos individualmente considerados. A cogência das normas aplicáveis e a natureza dos interesses tutelados, nesse caso, aproximam a sua disciplina dos ramos jurídicos publicísticos, afastando-a das soluções mais privatistas.[142-143]

---

141. "Portanto, sendo a arbitrabilidade a regra e a inarbitrabilidade, a exceção, a referência a uma categoria não corresponde à forma adequada para definir a arbitrabilidade dos litígios, pois, no interior de determinada categoria juridical, pode haver litígios arbitráveis e litígios inarbitráveis. Trata-se de um exame que somente pode ser feito pelo árbitro no caso concreto, já com o conhecimento da controvérsia entre as partes e dos interesses em jogo. Para definir a arbitrabilidade é essencial, em cada caso, proceder à análise da natureza do litígio" (GONÇALVES, Eduardo Damião. Op. cit., p. 165).
142. A ideia pode ser encontrada em texto de Jorge Lobo já citado (Teoria do direito societário. In: KUYVEN, Luiz Fernando Martins (coord.). *Temas essenciais de direito empresarial: estudos em homenagem a Modesto Carvalhosa.* São Paulo: Saraiva, 2012. p. 674-680).
143. Note-se que no âmbito da arbitragem envolvendo o Poder Público sempre foi unanimidade a vedação à arbitragem por equidade, agora prevista inclusive no § 3.º do art. 2.º da Lei de Arbitragem (dentre outros: KLEIN, Aline Lícia. Op. cit., p. 101; OLIVEIRA, Gustavo Henrique Justino de. Op. cit., p. 629; PINTO, José Emílio Nunes. Op. cit., p. 21; SOUZA JR., Lauro Gama. Sinal verde para arbitragem nas parcerias público-privadas (a construção de um novo paradigma para os contratos entre o estado e o investidor privado). *Revista Brasileira de Arbitragem.* ano 2. n. 8. p. 36. São Paulo: Ed. RT, out.-dez. 2005).

4
QUÓRUM QUALIFICADO E DIREITO DE RECESSO

"(...) nem todo recesso é desejável, mas, por seu turno, nem todo impedimento ao recesso é meritório."[1]

4.1 Aspectos gerais

A primeira questão de relevância no que diz respeito à aplicação da arbitragem societária consiste na discussão sobre o cabimento ou não do estabelecimento de quórum qualificado para a deliberação societária relativa à inserção de cláusula arbitral na ordenação interna da sociedade, bem como à concessão do direito de recesso ao sócio ou acionista dissidente de tal deliberação. Trata-se de questão da mais alta importância porque, como afirma Osmar Brina Corrêa-Lima, o exercício do recesso sujeita a empresa à descapitalização, colocando em risco a sua preservação, que é uma das principais preocupações no direito comercial contemporâneo.[2]

No âmbito das sociedades anônimas, na vigência do Dec.-lei 2.627/1940, Pontes de Miranda[3] e Trajano de Miranda Valverde[4] defendiam que era pressuposto subjetivo para o exercício do direito de recesso o comparecimento do acionista na assembleia e o seu voto contrário à deliberação. Atualmente, a doutrina majoritária considera que não é necessário que o acionista tenha votado contrariamente à deliberação para fazer uso do direito de recesso, de modo que ele sequer

---

1. GUERREIRO, José Alexandre Tavares. Direito de retirada: um limite ao princípio majoritário na sociedade anônima. *Revista de Direito Mercantil, Industrial, Econômico e Financeiro*. ano XLVIII. vol. 151-152. p. 13-21. p. 17. São Paulo: Ed. RT, jan.-dez. 2009.
2. CORRÊA-LIMA, Osmar Brina. *Sociedade anônima*. 2. ed. Belo Horizonte: Del Rey, 2003. p. 300-301.
3. PONTES DE MIRANDA, Francisco Cavalcanti. *Tratado de direito privado. Parte Especial*. São Paulo: Ed. RT, 2012. t. L, p. 439.
4. MIRANDA VALVERDE, Trajano de. *Sociedades por ações*. 2. ed. Rio de Janeiro: Forense, 1953. vol. 2. p. 236.

precisaria ter comparecido ao conclave. Como explica Haroldo Malheiros Duclerc Verçosa, "seu direito nasce pura e simplesmente a partir do conhecimento oficial da alteração efetuada (com a publicação da ata), em relação à qual não se conformou".[5] A mesma opinião é externada por José Alexandre Tavares Guerreiro,[6] Osmar Brina Corrêa-Lima[7] e Modesto Carvalhosa, sendo que este último acrescenta que não pode ter havido consentimento do acionista, sob qualquer aspecto, em relação à deliberação.[8]

No que importa ao presente trabalho, fato é que tanto os acionistas dissidentes quanto os ausentes podem valer-se do direito de recesso, quando este é conferido pela lei, e desde que não tenham expressado seu consentimento em relação à deliberação.

A discussão é relevante em face da recente alteração que incluiu o art. 136-A na Lei das S.A.:

"Art. 136-A. A aprovação da inserção de convenção de arbitragem no estatuto social, observado o quórum do art. 136, obriga a todos os acionistas, assegurando ao acionista dissidente o direito de retirar-se da companhia mediante o reembolso do valor de suas ações, nos termos do art. 45.

§ 1.º A convenção somente terá eficácia após o decurso do prazo de 30 (trinta) dias, contado da publicação da ata da assembleia geral que a aprovou.

§ 2.º O direito de retirada previsto no *caput* não será aplicável:

I – caso a inclusão da convenção de arbitragem no estatuto social represente condição para que os valores mobiliários de emissão da companhia sejam admitidos à negociação em segmento de listagem de bolsa de valores ou de mercado de balcão organizado que exija dispersão acionária mínima de 25% (vinte e cinco por cento) das ações de cada espécie ou classe;

II – caso a inclusão da convenção de arbitragem seja efetuada no estatuto social de companhia aberta cujas ações sejam dotadas de liquidez e dispersão no mercado, nos termos das alíneas *a* e *b* do inciso II do art. 137 desta Lei".

Neste capítulo, serão tratadas conjuntamente duas questões atinentes à inserção de cláusula arbitral societária no ato constitutivo de sociedade: o quó-

---

5. VERÇOSA, Haroldo Malheiros Duclerc. *Curso de direito comercial*. São Paulo: Malheiros, 2008. vol. 3, p. 397.
6. Em texto magistral, o Professor Guerreiro delineia com clareza o funcionamento do instituto do recesso nas sociedades anônimas (GUERREIRO, José Alexandre Tavares. Op. cit.).
7. CORRÊA-LIMA. Osmar Brina. Op. cit., p. 303.
8. CARVALHOSA, Modesto. *Comentários à Lei de sociedades anônima*. 6. ed. São Paulo: Saraiva, 2014. vol. 2, p. 1241.

rum qualificado e o direito de recesso. Em geral, quando a nossa lei considera que uma dada deliberação societária é grave a ponto de ensejar o direito de recesso, estabelece também que a deliberação deve ser tomada por quórum especial.[9] Por isso, quase todas as hipóteses de recesso da nossa lei acionária estão relacionadas a deliberações que exigem quórum qualificado (arts. 136 c/c 137, 164 e 136-A).

Apenas nos casos dos arts. 236 e 256 da Lei das S.A., é concedido direito de recesso sem que se estabeleça quórum qualificado para a decisão, mas a especialidade das hipóteses justifica esse diverso tratamento. No primeiro caso, trata-se da aquisição do controle de companhia por pessoa jurídica de direito público por meio de desapropriação, de modo que os acionistas não deliberam sobre o mérito do ato. No segundo caso, trata-se de compra, por companhia aberta, do controle de qualquer sociedade mercantil, que a lei considerou como uma deliberação negocial da companhia, não *estrutural* como aquelas tratadas no art. 136.

4.2 O estado atual da matéria no direito brasileiro

Antes de prosseguir, cabe um breve apanhado das normas atualmente aplicáveis em relação a quóruns e direito de retirada nas sociedades brasileiras.

4.2.1 Sociedades reguladas no Código Civil (exceto a Limitada)

Para a sociedade simples, o art. 999 do CC estabelece que as modificações do contrato social que tenham por objeto matéria indicada no art. 997 dependem de consentimento da unanimidade, podendo as demais matérias ser decididas por maioria absoluta,[10] se o contrato não dispuser contrariamente. O art. 997 trata das seguintes matérias: qualificação dos sócios (inc. I), denominação,

---

9. O oposto não se verifica, havendo deliberações que devem ser tomadas por quorum qualificado, mas que não ensejam direito de recesso aos dissidentes. Na Lei das S.A., essas hipóteses são a cessação do estado de liquidação da companhia (art. 136, VII), a criação de partes beneficiárias (art. 136, VIII) e a sua dissolução (art. 136, X). Segundo Haroldo Malheiros Duclerc Verçosa, isso se explica pelas seguintes razões: "(i) a cessação do estado de liquidação somente beneficiará os acionistas, tendo-se em conta que ela se dará dentro de um contexto de recuperação da empresa; (ii) embora venha a ocorrer uma diminuição do lucro a ser distribuído a cada acionista, o legislador entendeu que o instituto é de interesse geral da sociedade, o que não parece ser inteiramente verdadeiro, pois outras situações semelhantes nos seus efeitos foram contempladas com a retirada; e (iii) a dissolução da sociedade a levará à extinção, precedida da fase de liquidação, sendo incompatível, portanto, com o direito de retirada" (*Curso de direito...* cit., 2008, vol. 3, p. 396-397).

10. O § 1.º do art. 1.010 estabelece que "para formação da maioria absoluta são necessários votos correspondentes a mais de metade do capital".

objeto, sede e prazo da sociedade (inc. II), capital social (inc. III), quota de cada sócio e modo de realizá-la (inc. IV), prestações a que se obriga o sócio de serviços (inc. V), administradores, seus poderes e atribuições (inc. VI), participação dos sócios nos lucros e perdas (inc. VII) e responsabilidade subsidiária ou não dos sócios (inc. VIII).

Ou seja, a alteração do contrato social para inserção de cláusula arbitral societária, na sociedade simples, pode ser decidida pela maioria absoluta do capital social, porque se trata de matéria que não se encontra prevista no art. 997. Não há necessidade de decisão unânime dos sócios. O *caput*[11] e o § 2.°[12] do art. 1.010 confirmam a aplicação do princípio majoritário na sociedade simples.

Se por um lado a deliberação de inserção de cláusula arbitral societária na sociedade simples poderia se dar por maioria absoluta, por outro lado, com relação ao direito de retirada, o art. 1.029 estabelece que *"qualquer sócio pode retirar-se da sociedade, se de prazo indeterminado, mediante notificação aos demais sócios, com antecedência mínima de sessenta dias;* se de prazo determinado, provando judicialmente justa causa" (grifo nosso). Como a maioria das sociedades existentes na prática é por prazo indeterminado, podemos dizer que o Código Civil reconhece um direito de retirada *ad nutum* para as sociedades simples, cuja disciplina aplica-se subsidiariamente a outros tipos societários do Código.

Com efeito, essa disciplina é aplicável à sociedade em comum (art. 986), em conta de participação (art. 996, *caput*), em nome coletivo (art. 1.040) e em comandita simples (art. 1.046, *caput*, c/c art. 1.040).[13] Em todas essas sociedades, portanto, na hipótese de alteração do contrato social para inserir uma cláusula arbitral societária, o sócio que discordar, independentemente de ter comparecido ou não à deliberação, poderá desligar-se da sociedade sem a necessidade de qualquer

---

11. "Art. 1.010. Quando, por lei ou pelo contrato social, competir aos sócios decidir sobre os negócios da sociedade, as deliberações serão tomadas por maioria de votos, contados segundo o valor das quotas de cada um."
12. "§ 2.° Prevalece a decisão sufragada por maior número de sócios no caso de empate, e, se este persistir, decidirá o juiz."
13. Para a sociedade cooperativa, o art. 1.096 do CC estabelece que se aplicam as regras da sociedade simples no que for a lei omissa. No entanto, a Lei das Cooperativas (Lei 5.764/1971) estabelece no seu art. 46 que o quórum para alteração do estatuto é de dois terços dos presentes, sendo o quórum de instalação variável nos termos do art. 40: "Nas assembleias-gerais o quorum de instalação será o seguinte: I – 2/3 (dois terços) do número de associados, em primeira convocação; II – metade mais 1 (um) dos associados em segunda convocação; III – mínimo de 10 (dez) associados na terceira convocação ressalvado o caso de cooperativas centrais e federações e confederações de cooperativas, que se instalarão com qualquer número". Além disso, lembre-se que nas cooperativas o quórum é contado por cabeça (CC, art. 1.094, IV; Lei das Cooperativas, art. 4.°, VI).

justificativa, pela simples razão de que esse direito, se a sociedade for por prazo indeterminado, é inerente a sua condição de sócio.

4.2.2 Sociedade por quotas de responsabilidade limitada: a divergência na doutrina

Na sociedade por quotas de responsabilidade limitada, que o Código Civil de 2002 denominou de "sociedade limitada", o art. 1.071, V, dispõe que dependem da deliberação dos sócios modificações do contrato social. O art. 1.076, I, dispõe que são necessários votos correspondentes a no mínimo três quartos do capital social para a deliberação de modificação do contrato social.

Assim, note-se que, a princípio, há uma maior rigidez na sociedade limitada para a alteração do contrato social, no que diz respeito às matérias não previstas no art. 997 do CC, se em comparação com a sociedade simples. Enquanto na simples as deliberações que alterem o contrato social (exceto para as matérias do art. 997) podem ser tomadas por maioria absoluta do capital social (metade, mais uma quota), aqui a lei exige quórum ainda mais qualificado (três quartos). Já mencionamos, inclusive, que parte da doutrina critica essa opção do legislador de 2002, na medida em que se considera que o estabelecimento de tal quórum de deliberação representa um engessamento da disciplina das limitadas.

Em relação ao direito de retirada nas limitadas, há grande divergência na doutrina. Para certa corrente, aplicar-se-ia o art. 1.029, que estabelece a possibilidade de demissibilidade *ad nutum* do sócio na disciplina da sociedade simples. Isso porque o art. 1.053 estabelece que também a sociedade limitada é regida, no que a sua disciplina for omissa, pela disciplina da sociedade simples. Segundo esse entendimento, não permitir a saída do sócio quando bem lhe aprouvesse esbarraria no art. 5.º, XX, da CF, que estabelece que "ninguém poderá ser compelido a associar-se ou a permanecer associado".[14-15]

---

14. É a posição, dentre outros, de Marlon Tomazette (TOMAZETTE, Marlon. *Curso de direito empresarial*. 5. ed. São Paulo: Atlas, 2013. vol. 1, p. 379-381).
15. Também era essa a posição de Fábio Ulhoa Coelho (COELHO, Fábio Ulhoa. *Curso de direito comercial*. 9. ed. São Paulo: Saraiva, 2006. vol. 2, p. 434), já reconhecendo que caso o contrato social previsse a regência supletiva pelas Lei das S.A., na forma do parágrafo único do art. 1.053, não se aplicaria o art. 1.029. Atualmente, a posição do autor está baseada na divisão que tece entre as sociedades de vínculo estável e instável: "A sociedade empresária é de vínculo instável quando a declaração unilateral de vontade de um sócio basta, a qualquer tempo, para o seu desligamento mediante reembolso de capital, exceto se a sociedade é por prazo determinado. Já é de vínculo estável aquela em que o desligamento mediante reembolso de capital admite-se apenas em hipóteses excepcionais, especificamente indicadas na lei (nas quais o sócio pode exercer o seu direito de recesso ou de retirada), mesmo que a sociedade seja por prazo indeter-

Noutro sentido, entende-se que não haveria porque pretender aplicar o art. 1.029 às sociedades limitadas, independentemente de sua feição mais ou menos pessoal. Isso porque já existe, na própria disciplina das limitadas, dispositivo específico tratando do direito de retirada do sócio, no que é incabível invocar a aplicação supletiva do regramento da sociedade simples. Trata-se do art. 1.077, que estabelece que quando houver modificação no contrato social, fusão ou incorporação, o sócio dissidente poderá exercer direito de retirada nos trinta dias subsequentes à decisão, aplicando-se o disposto no art. 1.031.[16] Em relação ao argumento da aplicação do art. 5.º, XX, da CF, considera-se que esse dispositivo trata das associações em sentido estrito, inserindo-se no contexto da liberdade de associação como direito fundamental. Por outro lado, em matéria de atividade econômica, aplicável às sociedades (cujo intuito é sempre lucrativo, conforme o art. 981 do CC), deve-se levar em consideração outra parte da Constituição, qual seja o Título que trata da Ordem Econômica (art. 170 e ss.). Nesse regramento constitucional, não há qualquer regra semelhante àquela do art. 5.º, XX.[17]

É essa última posição a que nos parece correta, até mesmo porque o próprio art. 1.077 previu expressamente a aplicação do art. 1.031, que integra a disciplina da sociedade simples. Se fosse o desejo do legislador aplicar também o art. 1.029, que permite a demissibilidade injustificada do sócio da sociedade por tempo indeterminado, essa aplicação supletiva também teria sido ressalvada por meio da respectiva remissão expressa, como feito em relação ao art. 1.031. Fato é que o Código Civil deseja que, nesse ponto, a disciplina da limitada seja específica, restrita às hipóteses previstas no art. 1.077.[18]

---

minado" (idem, p. 28). Assim, Coelho passou a reconhecer a aplicação do art. 1.077 do CC nas sociedades limitadas de vínculo instável com prazo determinado. No entanto, persiste afirmando que "das sociedades limitadas por prazo indeterminado com vínculo instável, o sócio pode retirar-se a qualquer tempo" (idem, p. 448-449).

16. "Art. 1.031. Nos casos em que a sociedade se resolver em relação a um sócio, o valor da sua quota, considerada pelo montante efetivamente realizado, liquidar-se-á, salvo disposição contratual em contrário, com base na situação patrimonial da sociedade, à data da resolução, verificada em balanço especialmente levantado. § 1.º O capital social sofrerá a correspondente redução, salvo se os demais sócios suprirem o valor da quota. § 2.º A quota liquidada será paga em dinheiro, no prazo de noventa dias, a partir da liquidação, salvo acordo, ou estipulação contratual em contrário."

17. É essa a posição de Alfredo de Assis Gonçalves Neto (GONÇALVES NETO, Alfredo de Assis. *Direito de empresa: comentários aos artigos 966 a 1.195 do Código Civil*. 4. ed. São Paulo: Ed. RT, 2012. p. 416-420).

18. Para uma explicação detalhada sobre os entendimentos existentes na doutrina e na jurisprudência a respeito do direito de retirada na sociedade limitada, vide: CASTRO, Rodrigo R. Monteiro de; ARAÚJO, Rodrigo Mendes de. Tutelas de urgência e o direito de retirada dos sócios nas sociedades limitadas. In: YARSHELL, Flávio Luiz; PEREIRA,

Para os fins do presente trabalho, no entanto, essa divergência doutrinária acaba se mostrando desinfluente. No caso de introdução de cláusula arbitral societária pela maioria dos sócios, em princípio, a minoria dissidente teria seu direito de retirada garantido, na medida em que o próprio art. 1.077 estabelece que as modificações do contrato social em geral dão ensejo a essa possibilidade.

Alfredo de Assis Gonçalves Neto, depois de descrever a opinião de Carvalhosa no sentido de que não seria qualquer modificação do contrato social apta a ensejar direito de retirada, mas apenas aquelas que afetem interesses relevantes do sócio, defende o seguinte:

"Sob a minha ótica, a questão tem de ser analisada com as variantes de cada caso concreto. A retirada de sócio que contribui com parcela substancial para a formação do patrimônio social não produz os mesmos efeitos daquela em que essa participação é de menor relevância. Também não me parece traumática a retirada de sócio que participa de sociedade formada para o desenvolvimento de atividade intelectual, já que, por estar vinculada à qualidade pessoal do sócio, tal atividade não cessa ou desaparece com a extinção da sociedade. Atenta a essas eventualidades, a Lei das Companhias previu a possibilidade de revisão da deliberação motivadora da retirada, se esta for de tal ordem que puder comprometer o desenvolvimento das atividades sociais (...).

Foi o entendimento que sufragou a Comissão de Direito de Empresa na IV Jornada de Direito Civil, promovida pelo Conselho da Justiça Federal, condensado no seguinte enunciado: "Nas hipóteses do art. 1.077 do CC, cabe aos sócios delimitar seus contornos para compatibilizá-los com os princípios da preservação e da função social da empresa, aplicando-se, supletiva (art. 1.053, parágrafo único) ou analogicamente (art. 4.º da LINDB), o art. 137, § 3.º, da Lei das Sociedades por Ações, para permitir a reconsideração da deliberação que autorizou a retirada do sócio dissidente".[19]

No entanto, como essa solução não está prevista na lei, nos parece que ela teria que ser adotada no contrato social ou demandaria a concordância de todos os envolvidos para que pudesse ser aplicada num dado caso concreto. Em isso não ocorrendo, haverá sempre o direito de retirada do sócio, quando o contrato social for modificado contra a sua vontade, não havendo como a sociedade voltar atrás ou restringir a aplicação desse direito.

Guilherme Setoguti J. (coord.). *Processo societário*. São Paulo: Quartier Latin, 2012. p. 667-691. Ali, os autores dividem as correntes a respeito do direito de retirada nas limitadas em três grupos (restritivo, intermediário e liberal), ressaltando que a corrente liberal é a que tem prevalecido (p. 668-673).

19. GONÇALVES NETO, Alfredo de Assis. *Direito de empresa...* cit., p. 420.

4.2.3 Sociedade anônima aberta

Na sociedade anônima, como já mencionamos, o princípio da maioria encontra sua mais elevada expressão. As hipóteses de quórum qualificado são apenas aquelas expressamente previstas na lei. A regra geral é a do *caput* do art. 129, que exige meramente a maioria absoluta dos presentes.[20] Na sociedade aberta, quóruns qualificados sequer podem ser previstos no estatuto social (art. 129, § 1.º).

Note-se que esse quórum deliberativo, aplicável como regra geral das deliberações da sociedade anônima, não se confunde com a maioria absoluta prevista no Código Civil para as sociedades contratuais. Enquanto aqui (nas anônimas) se trata da maioria dos presentes ao conclave, lá (nas sociedades contratuais) é necessário o concurso da maioria do capital social para a tomada das deliberações.[21]

Assim, os quóruns qualificados da sociedade anônima são apenas aqueles expressamente previstos na Lei das S.A., em especial no art. 136 e no novo art. 136-A. O quórum previsto nesse dispositivo é qualificado na medida em que as deliberações em relação às matérias ali previstas exigem a aprovação de metade das ações com direito a voto – e não simplesmente da maioria do capital social presente no conclave.[22]

Em relação ao direito de recesso, a doutrina majoritária igualmente entende que as hipóteses previstas na lei acionária são taxativas.[23] Essas hipóteses, no en-

---

20. José Washington Coelho explica porque "o vocábulo 'presentes' deve ser havido no texto, em seguida à expressão 'maioria absoluta de votos', por elipse lógico-necessária" (COELHO, José Washington. *Aspectos polêmicos da nova Lei das Sociedades Anônimas.* São Paulo: Resenha Universitária, 1977. p. 64-66).
21. Nesse sentido, visualizamos uma ausência de unidade sistemática entre o Código Civil e a Lei das S.A. Enquanto o § 1.º do art. 1.010 do CC conceitua a maioria absoluta como a maioria do capital social, a leitura conjunta dos arts. 129 e 136 da Lei das S.A., demonstra que a "maioria absoluta" a que se refere o *caput* do art. 129 corresponde simplesmente à maioria do capital social presente na assembleia, enquanto o art. 136 trata de "quórum qualificado", que para a Lei das S.A. implica "a aprovação de acionistas que representem metade, no mínimo, das ações com direito a voto".
22. Note-se que, aqui, os quóruns de instalação das assembleias acabam sendo desinfluentes, na medida em que, de qualquer modo, exige-se a concorrência do voto da maioria do capital social para que a deliberação seja aprovada.
23. É essa a posição de Modesto Carvalhosa (CARVALHOSA, Modesto. Op. cit., 6. ed., vol. 2, p. 1245-1246), José Alexandre Tavares Guerreiro (GUERREIRO. Op. cit., p. 19), Osmar Brina Corrêa-Lima (CORRÊA-LIMA. Op. cit., p. 300), Fábio Konder Comparato (COMPARATO, Fábio Konder. O novo direito de retirada do acionista nos casos de fusão e incorporação. *Revista de Direito Mercantil, Industrial, Econômico e Financeiro.* ano XXXVIII. vol. 116. p. 11-16. p. 12. São Paulo: Ed. RT, out.-nov. 1999), Haroldo Malheiros Duclerc Verçosa (VERÇOSA, Haroldo Malheiros Duclerc. Aspectos da arbi-

tanto, não são apenas aquelas previstas nos arts. 136 e 137 da Lei das S.A. Conforme anota Modesto Carvalhosa, também há hipóteses de recesso nos arts. 221, 236, 256 e 264,[24] no que podemos acrescentar também a hipótese do art. 136-A, objeto deste capítulo.

4.2.4 Sociedade anônima fechada

Nas sociedades anônimas fechadas, o § 1.º do art. 129 permite que o estatuto estabeleça quóruns qualificados para certas deliberações, especificando as matérias nas quais tais quóruns se aplicam. Do mesmo modo, o *caput* do art. 136 prevê que o estatuto de companhia fechada pode estabelecer quórum superior ao ali previsto (maioria das ações com direito a voto) para as deliberações previstas nos incisos do dispositivo.

Assim, mesmo antes da inserção do art. 136-A na Lei das S.A., já seria possível cogitar que o estatuto social estabelecesse quórum qualificado para a deliberação que modificasse a forma de resolução de litígios numa sociedade fechada. Já havia uma maior liberdade dos acionistas nesse sentido, se comparada à disciplina da sociedade aberta.

Já em relação ao direito de recesso, a solução não difere das sociedades anônimas abertas. Já antes do advento do art. 136-A, a doutrina discutia a possibilidade de recesso convencional, havendo quem admitisse a possibilidade de o estatuto social acrescer hipóteses de recesso ao rol previsto na lei. No entanto, o entendimento majoritariamente vigorante no Brasil era no sentido de que no nosso direito isso seria inadmissível.[25]

Agora, com o novo art. 136-A, cabe direito de recesso para a deliberação que instituir cláusula compromissória estatutária, seja nas sociedades abertas, seja nas

---

tragem no direito societário. *Revista de Direito Empresarial*. ano 2. n. 6. p. 256. São Paulo: Ed. RT, nov.-dez. 2014), entre outros. A corrente que defende a possibilidade de criação de novas hipóteses de recesso no estatuto social é minoritária, representada pela voz de Nelson Eizirik (EIZIRIK, Nelson Laks. *A Lei das S.A. comentada*. São Paulo: Quartier Latin, 2011. vol. 2, p. 227). Refutando esse posicionamento, o Professor José Alexandre Tavares Guerreiro, com a clareza e lucidez que lhe são peculiares, explica que: "Contesta-se que o recesso, em estritos termos, poderia ocorrer quando baseado em previsão estatutária, não coincidente com a descrição das hipóteses em que esse mesmo recesso operaria *ex lege*. Mas, nesse caso, não se cuidaria propriamente de recesso, mas de modalidade especial de negociação, pela companhia, de suas próprias ações. Aplicar-se-ia a tal caso a disciplina do art. 30 da Lei das S.A. A retirada, em sentido próprio, seria apenas aquela facultada pela lei, e limitada apenas às causas constantes do texto legal" (op. cit., p. 18).

24. CARVALHOSA, Modesto. Op. cit., 6. ed., vol. 2, p. 1247.
25. Idem, p. 1245.

fechadas, uma vez que o dispositivo não faz nenhuma distinção. A única diferença é que, no caso das sociedades anônimas abertas, é possível que em determinados casos o recesso não seja cabível, conforme previsto no § 2.º do dispositivo, do que trataremos mais adiante.

4.2.5 Sociedade em comandita por ações

Às sociedades em comandita por ações aplicam-se, nos termos do art. 280 da Lei das S.A., as normas aplicáveis às sociedades anônimas, no que não forem incompatíveis com a disciplina específica estabelecida no Capítulo da Lei que trata daquele tipo societário.

Como em relação a quóruns de deliberação e ao direito de recesso não há qualquer disposição específica relativamente à comandita por ações, aplica-se integralmente a disciplina das sociedades anônimas.

4.2.6 Delimitação do interesse da discussão

A digressão realizada acima sobre quóruns de deliberação e hipóteses de direito de recesso nos tipos societários presentes no direito brasileiro serve para demonstrar que a matéria discutida no presente tópico tem interesse apenas no âmbito das sociedades anônimas (abertas e fechadas) e das sociedades em comandita por ações. A discussão é desinfluente para os tipos societários do Código Civil.

No caso da sociedade simples, como vimos, o sócio tem o direito de demitir-se pela sua simples vontade, a menos que a sociedade seja por tempo determinado – caso em que terá que provar judicialmente justa causa. Como essa disciplina se aplica a todos os demais tipos societários previstos no Código Civil – exceto, em nossa opinião, à sociedade limitada –, nessas sociedades a discussão sobre a eventual legitimidade do direito de recesso na hipótese tratada neste capítulo do trabalho é praticamente inócua.

No caso da sociedade limitada, o próprio Código Civil autoriza a retirada do sócio em qualquer caso em que houver modificação do contrato social. Apesar de haver vozes de escol pregando que somente as deliberações que afetem interesses relevantes dos sócios poderiam ensejar direito de retirada, não é essa a previsão inescapável da lei.

Em relação aos quóruns de deliberação, o quadro legal atual é o seguinte: (i) maioria absoluta do capital social para as sociedades simples, em comum, em conta de participação, em nome coletivo e em comandita simples; (ii) quórum qualificado de três quartos do capital social para qualquer alteração do contrato social da sociedade limitada; (iii) maioria absoluta do capital social para as sociedades anônimas (abertas e fechadas) e para as sociedades em comandita por ações.

4.3 A solução que estabelece quórum qualificado e direito de recesso

A solução adotada pelo legislador com a recente inclusão do art. 136-A na Lei das S.A. foi baseada no direito italiano. No direito espanhol, também há quórum qualificado, mas não há direito de recesso na hipótese tratada neste capítulo.

4.3.1 A experiência estrangeira

Na Itália, como já mencionado, o legislador optou por estabelecer quórum qualificado e direito de recesso para a deliberação que incluir cláusula compromissória no ato constitutivo de sociedade, sem fazer distinção entre os tipos societários.[26] Como vimos, a arbitragem societária foi limitada apenas nas sociedades abertas.

---

26. Nos termos do art. 1.º do Decreto Legislativo 5/2003: "1. As disposições do presente decreto legislativo são observadas em todas as controvérsias, inclusive àquelas relacionadas às normas dos artigos. 31, 32, 33, 34, 35 e 36 do Código de Processo Civil, relativas à: a) relações societárias, incluindo aquelas concernentes às sociedades de fato, ao acertamento, à constituição, à modificação ou à extinção de um vínculo societário, as ações de responsabilidade promovidas por qualquer um contra os órgãos administrativos e de controle, liquidantes e administradores da sociedade, da seguradora mútua e da sociedade cooperativa; b) transferência de participações societárias, bem como qualquer outro negócio que tenha por objeto participações societárias ou direitos a elas inerentes; c) pactos parassociais, mesmo que diversos daqueles disciplinados pelo art. 2.341-bis, último parágrafo, do Código Civil; d) relações em matéria de intermediações mobiliárias geridas por quaisquer pessoas, serviços e contratos de investimento, incluídos aqueles serviços acessórios, fundos de investimentos, gestão coletiva de investimentos e gestão centralizada de instrumentos financeiros, venda de produtos financeiros, incluída a cartularização de créditos, ofertas públicas de aquisição e de permutas e contratos de bolsa; e) matérias de que trata o Decreto Legislativo 385, de 1.º de setembro de 1993, quando a controvérsia relacionada é promovida por um banco em confronto com outro banco, ou ainda por ou contra uma associação representativa de consumidores ou câmara de comércio; f) crédito para obras públicas" (tradução livre). Texto original: "1. Si osservano le disposizioni del presente decreto legislativo in tutte le controversie, incluse quelle connesse a norma degli articoli 31, 32, 33, 34, 35 e 36 del codice di procedura civile, relative a: a) rapporti societari, ivi compresi quelli concernenti le società di fatto, l'accertamento, la costituzione, la modificazione o l'estinzione di un rapporto societario, le azioni di responsabilità della chiunque promosse contro gli organi amministrativi e di controllo, i liquidatori e i direttori generali delle società, delle mutue assicuratrici e delle società cooperative; b) trasferimento delle partecipazioni sociali, nonchè ogni altro negozio avente ad oggetto le partecipazioni sociali o i diritti inerenti; c) patti parassociali, anche diversi da quelli disciplinati dall'articolo 2341-bis del codice civile, e accordi di collaborazione di cui all'articolo 2341-bis, ultimo comma, del codice civile; d) rapporti in materia di intermediazione mobiliare della chiunque gestita, servizi e contratti di investimento, ivi compresi i servizi accessori, fondi di investimento, gestione collettiva del risparmio e gestione accentrata di strumenti finan-

O grande avanço da legislação italiana foi ter deixado explícito que a cláusula arbitral estatutária é vinculante para a sociedade e para todos os sócios, inclusive para aqueles cujo *status* de sócio esteja eventualmente em litígio. Nesse sentido, o art. 34, 3, do Decreto Legislativo 5/2003 estabelece que "a cláusula é vinculante para a sociedade e para todos os sócios, inclusive aqueles cuja qualidade de sócio é objeto da controvérsia" (tradução livre).[27] Por outro lado, o n. 6 do mesmo dispositivo prevê que:

"As modificações do ato constitutivo, que introduzam ou suprimam cláusulas compromissórias, devem ser aprovadas por sócios que representem ao menos dois terços do capital social. Os sócios ausentes ou dissidentes podem, no prazo de noventa dias, exercitar o direito de recesso". (tradução livre)[28]

Sobre esse dispositivo, Francesco Paolo Luiso observa que "considerou-se, com toda evidência, que a modificação do instrumento de resolução de controvérsias não seria de pouca relevância" (tradução livre), observando que a previsão se aplica tanto para a inserção quanto para a supressão da cláusula arbitral do ato constitutivo, o que denotaria uma equivalência perfeita entre as soluções judicial e arbitral.[29] Alessandro Pieralli explica que a solução adotada pelo legislador decorre do fato de que a Constituição italiana estabelece que a opção pela arbitragem é um direito constitucionalmente garantido.[30-31]

Na Espanha, por meio da Lei 11/2011, foi introduzido na Lei de Arbitragem (Lei 60/2003) o art. 11-*bis*, que em seu n. 2 adotou quórum qualificado semelhan-

---

ziari, vendita di prodotti finanziari, ivi compresa la cartolarizzazione dei crediti, offerte pubbliche di acquisto e di scambio, contratti di borsa; e) materie di cui al decreto legislativo 1.º settembre 1993, n. 385, quando la relativa controversia è promossa da una banca nei confronti di altra banca ovvero da o contro associazioni rappresentative di consumatori o camere di commercio; f) credito per le opere pubbliche".

27. Texo original: "La clausola è vincolante per la società e per tutti i soci, inclusi coloro la cui qualità di sócio è oggetto della controvèrsia".

28. Texto original: "Le modifiche dell'atto costitutivo, introduttive o soppressive di clausole compromissorie, devono essere approvate dai soci che rappresentino almeno i due terzi del capitale sociale. I soci assenti o dessenzienti possono, entro i successivi novanta giorni, esercitare il diritto di recesso".

29. LUISO, Francesco Paolo. *Il nuovo processo societario*. Torino: Giappichelli, 2006. p. 561-562. Texto original: "Si è ritenuto, con ogni evidenza, che la variazione dello strumento di resoluzione delle controversie non sia cosa da poco".

30. PIERALLI, Alessandro. Commentario al nuovo arbitrato societario in Italia: un confront com la Spagna. *Revista de Direito Empresarial*. n. 3. p. 157-170. p. 163. Curitiba: Juruá, jan.-jun. 2005.

31. Conforme já explicamos no capítulo 3, a nossa Constituição não prevê exatamente isso quando estabelece a inafastabilidade da jurisdição.

te ao da lei italiana (dois terços do capital social). No entanto, a lei espanhola não adotou o direito de recesso para a situação cogitada.

4.3.2 O art. 136-A da nossa lei acionária

No Brasil, essa mesma proposta foi reproduzida no novo art. 136-A da Lei das S.A., já transcrito acima, contando com o apoio daqueles que consideram que ela seria uma solução intermediária entre o não acolhimento da arbitragem estatutária e a vinculação de acionistas contra a sua vontade individual.[32]

A restrição da novidade operada pela modificação da Lei de Arbitragem e da Lei das S.A. em relação às sociedades anônimas é coerente com o entendimento de que foi nessas sociedades que a aplicação da arbitragem societária gerou mais dúvidas, especialmente por conta da celeuma a respeito do alcance da cláusula compromissória estatutária de que tratamos no capítulo 3. Nas sociedades do Código Civil, a questão é menos controversa em razão da natureza invariavelmente contratual do ato constitutivo que, como vimos, permite que o sócio dissidente se retire em função de qualquer modificação do contrato social.

A redação proposta para o *caput* desse novo dispositivo, com evidente inspiração na lei italiana, tem a virtude de esclarecer de uma vez por todas que a aprovação da inserção da convenção arbitral no estatuto obriga todos os acionistas da companhia, eliminando a dúvida resultante da redação imprecisa do § 3.º do art. 109. No entanto, estabelece que deve ser observado o quórum qualificado do art. 136 – metade das ações com direito a voto, se o estatuto da companhia fechada não estabelecer quórum maior – e que será assegurado ao dissidente o direito de retirar-se da companhia com o reembolso de suas ações, na forma do art. 45 da Lei das S.A.

---

32. Autores que concordam com essa proposta, entre outros: FINKELSTEIN, Claudio. Arbitragem no direito societário. In: FINKELSTEIN, Maria Eugênia; PROENÇA, José Marcelo Martins (coord.). *Direito societário: sociedades anônimas*. 2. ed. São Paulo: Saraiva, 2011. p. 326; VILELA, Marcelo Dias Gonçalves. *Arbitragem no direito societário*. Belo Horizonte: Mandamentos, 2004. p. 206. Também o Professor Haroldo Malheiros Duclerc Verçosa, em seu recente texto sobre o tema: "(...) o sócio dissidente pode encontrar-se, portanto, em uma situação na qual o recesso não se aplica e, por outro lado, não tem como sair da sociedade a não ser por meio da dissolução parcial, cuja iniciativa representará para ele um custo adicional. Ora, a solução estaria na ampliação de casos de recesso no contrato social ou no estatuto da sociedade, segundo deliberação a ser tomada em cada caso isoladamente. Melhor caminho estaria na mudança da lei justamente no sentido de abranger como hipótese de recesso a inclusão de cláusula compromissória no contrato social ou no estatuto. O pressuposto a ser atendido é que se procure equilibrar o direito dos sócios dissidentes com o da sociedade que eventualmente não sobreviveria diante de uma maciça manifestação daqueles pela intenção de retirar-se" (Aspectos da arbitragem... cit., p. 257).

Guilherme Leporace defende que, apesar de o art. 136-A não esclarecer a aplicação de outras regras previstas nos arts. 136 e 137, deve-se entender que elas seriam aplicáveis, por se tratar de normas gerais sobre quórum qualificado e direito de recesso. Antes da modificação da Lei das S.A., o autor recomendava que se incorporasse expressamente tais regras no art. 136-A, mediante remissão, a fim de evitar controvérsias.[33]

O § 1.º do art. 136-A prevê que a deliberação de inserção da convenção arbitral no estatuto apenas terá eficácia depois de 30 (trinta) dias da publicação da ata da assembleia geral que aprovou a deliberação. Com isso pretende definir um lapso de *vacatio* com o objetivo de conferir maior segurança jurídica aos sujeitos envolvidos. Se um litígio for instalado durante esse período, inclusive se relativo à insurgência do acionista quanto à deliberação ou à cláusula arbitral, este deverá ser resolvido pelo Judiciário, e não por arbitragem, já que a convenção de arbitragem ainda não será eficaz.

O § 2.º prevê exceções nas quais não será cabível o direito de recesso previsto no *caput*. A primeira (inc. I) é quando a inclusão da convenção de arbitragem seja condição para que os valores mobiliários emitidos pela sociedade sejam negociados em segmento de listagem de bolsa de valores ou mercado de balcão organizado, que exija dispersão acionária mínima de 25% (vinte e cinco por cento) das ações de cada espécie ou classe. A segunda exceção (inc. II) se dá quando as ações da companhia sejam dotadas de liquidez e dispersão, nos termos das alíneas *a* e *b* do inc. II do art. 137.[34]

Essa solução, baseada claramente na lei italiana, pode se mostrar, a primeira vista, satisfatória. Trata-se de *cortar o mal pela raiz*: se o sócio não concorda com a cláusula arbitral societária, ele desde logo pode exercer o direito de recesso. Por outro lado, essa possibilidade está excluída se a convenção de arbitragem funcionar como requisito para a participação da sociedade num dado segmento corporativo, ou se as ações forem dotadas de liquidez e dispersão, o que permite ao sócio se desfazer da sua participação acionária mediante negociação no mercado. Ade-

---

33. LEPORACE, Guilherme. Cláusulas compromissórias estatutárias: análise da proposta de nova regulamentação sob a ótica da lógica econômica e da política legislativa. *Revista de Arbitragem e Mediação*. ano 11. n. 40. p. 65. São Paulo: Ed. RT, jan.-mar.-2014.

34. "II – nos casos dos incs. IV e V do art. 136, não terá direito de retirada o titular de ação de espécie ou classe que tenha liquidez e dispersão no mercado, considerando-se haver: a) liquidez, quando a espécie ou classe de ação, ou certificado que a represente, integre índice geral representativo de carteira de valores mobiliários admitido à negociação no mercado de valores mobiliários, no Brasil ou no exterior, definido pela Comissão de Valores Mobiliários; e b) dispersão, quando o acionista controlador, a sociedade controladora ou outras sociedades sob seu controle detiverem menos da metade da espécie ou classe de ação; [Redação dada pela Lei 10.303/2001.]".

mais, pode-se argumentar que a concessão de direito de recesso não traz grande prejuízo às companhias, porque a maioria dos acionistas tenderia a se conformar com a inclusão da cláusula compromissória no estatuto, sendo que apenas uma pequena minoria exerceria a retirada.

Apesar de reconhecer que a questão envolve foros de política legislativa, em que há fundamentos tanto para uma solução quanto para outra – sopesando-se, de um lado, o direito do acionista dissidente e, de outro, a preservação da empresa –, pretendemos demonstrar que esse caminho não é o mais adequado, tanto do ponto de vista histórico e teórico, quanto do ponto de vista prático.

4.4 Incoerência histórica e teórica dessa solução: a inexistência de conexão entre a cláusula de resolução de litígios e o direito de recesso

A fim de demonstrar a inexistência de conexão entre a cláusula de resolução de litígios e as hipóteses de recesso, faremos uma breve incursão teórica no sentido de buscar o real fundamento (e a real função) do recesso.

4.4.1 O preciso enquadramento do tema

Na sociedade anônima, há direitos que são considerados essenciais à condição de acionista, que não podem ser em hipótese alguma afastados pelo estatuto social, pela deliberação dos sócios ou da administração, tampouco por atos materiais de sujeitos que tendam a retirar a sua eficácia.

Na nossa lei acionária, é o art. 109, inserto em Seção denominada "Direitos Essenciais", que trata da questão. Ali se estabelece que nem o estatuto tampouco a assembleia geral podem privar os sócios dos seguintes direitos: (i) participação nos lucros sociais (inc. I); (ii) participação no acervo da companhia em caso de liquidação (inc. II); (iii) fiscalização da gestão dos negócios sociais, na forma da Lei (inc. III); (iv) preferência na subscrição de ações, partes beneficiárias conversíveis em ações, debêntures conversíveis em ações e bônus de subscrição, observando-se os arts. 171 e 172 (inc. IV); (v) direito de retirada nos casos previstos da Lei (inc. V).

O Professor Haroldo Malheiros Duclerc Verçosa esclarece que não são todos esses direitos arrolados no art. 109 que podem ser considerados efetivamente "essenciais". Classifica como "direitos essenciais absolutos" aqueles previstos nos incs. I, II e III do art. 109, enquanto os direitos previstos nos incs. IV e V seriam não essenciais, assim como aqueles direitos previstos nos arts. 110 a 115.

Com relação aos direitos essenciais, a sua ligação estreita com o próprio propósito de existência da sociedade anônima é bastante evidente. A participação nos lucros sociais representa a própria razão de ser de qualquer sociedade, a teor do art. 981 do CC. O direito de participar do acervo em caso de liquidação da sociedade decorre da vedação do enriquecimento ilícito, que impõe que se devolva ao acionista o valor com o qual concorreu para a formação do capital social, sempre que possível.[35] Já o direito de fiscalização é essencial porque tem como função a garantia dos demais direitos do acionista.[36]

Quanto ao próprio direito de recesso, Verçosa o considera um "direito essencial relativo", por conta da exceção disposta no art. 1.114 do CC,[37] que traz hipótese em que o direito de recesso pode ser afastado convencionalmente.[38]

No entanto, é forçoso ressaltar que as hipóteses de direito de recesso não têm relação com os direitos essenciais do acionista. Afinal, como explicamos, no caso dos direitos essenciais, sua natureza sequer permite que eles sejam objeto de modificação ou supressão pela assembleia geral. Deliberação social nesse sentido seria inevitavelmente nula.[39] Muito ao contrário, nos casos de direito de

---

35. VERÇOSA, Haroldo Malheiros Duclerc. *Curso de direito...* cit., vol. 3, p. 244-249.
36. Como ensina Carlos Augusto da Silveira Lobo, "situa-se assim o direito de fiscalizar ao lado dos direitos de participar dos lucros e do acervo em caso de liquidação, previstos respectivamente nos incs. I e II do mesmo art. 109. É natural que assim seja (e já o era na vigência do Dec.-lei 2.627/1940, antiga Lei de Sociedades Anônimas), pois, como vimos, o direito de fiscalizar é desdobramento necessário do direito e do ônus de participar nos resultados e no acervo social" (LOBO, Carlos Augusto da Silveira. Conselho Fiscal de Sociedade Anônima: atuação individual e autônoma de seus membros. *Doutrinas Essenciais de Direito Empresarial*. São Paulo: Ed. RT, 2010, vol. 3, p. 357-369, p. 358).
37. "Art. 1.114. A transformação depende do consentimento de todos os sócios, salvo se prevista no ato constitutivo, caso em que o dissidente poderá retirar-se da sociedade, aplicando-se, no silêncio do estatuto ou do contrato social, o disposto no art. 1.031." O art. 221 da Lei das S.A. vai no mesmo sentido: "A transformação exige o consentimento unânime dos sócios ou acionistas, salvo se prevista no estatuto ou no contrato social, caso em que o sócio dissidente terá o direito de retirar-se da sociedade".
38. VERÇOSA, Haroldo Malheiros Duclerc *Curso de direito...* cit., vol. 3, p. 394.
39. É o que nos ensina o Professor José Alexandre Tavares Guerreiro, ao afirmar que "há um *primeiro e essencial limite* ao exercício de quaisquer poderes provenientes da maioria", consistente na observância da lei e do interesse social, de modo que "em todas essas instâncias a infringência das restrições impostas pela lei pelos poderes da maioria será contrária a normas inderrogáveis – e, portanto, inválida" (op. cit., p. 15). Para Nelson Eizirik, trata-se do único caso de nulidade absoluta no âmbito das deliberações das sociedades anônimas: "A nosso ver, existe apenas 1 (uma) hipótese de nulidade absoluta, que pode ser arguida a qualquer tempo, nela não incidindo as normas jurídicas que tratam da prescrição dos atos irregulares praticados pela companhia: a de regras estatutárias contrárias à Lei das S.A. (...) Dada a especificidade do Direito Societário, somente se pode cogitar de nulidade absoluta no caso de disposição estatutária contrária à lei. Com efeito, o estatuto integra o ordenamento jurídico societário

recesso pressupõe-se a existência de deliberação válida, em relação a qual o acionista pode dissentir.[40]

4.4.2 Fundamento histórico e função do direito de recesso: contraponto ao princípio majoritário

Sabido que as hipóteses de recesso não se confundem com a supressão de direitos essenciais dos acionistas (que afinal ensejariam a nulidade absoluta da deliberação), cabe então precisar qual é o fundamento do direito de recesso nas sociedades anônimas.

A doutrina considera que o direito de recesso constitui um contraponto ao princípio majoritário. Assim, haveria certas deliberações que, apesar de poderem ser licitamente tomadas pela maioria, abririam a possibilidade de o acionista retirar-se da sociedade sem a necessidade de negociar por sua conta e risco a respectiva participação acionária.

Francesco Galgano relaciona o surgimento histórico do direito de recesso com o momento da substituição do princípio da unanimidade pelo princípio majoritário, que trouxe a necessidade de estabelecer meios de proteção dos acionistas em relação a modificações mais relevantes no pacto social originário:

"O ato constitutivo é, nas sociedades por ação, modificável por maioria, ainda que com a maioria mais rigorosa das assembleias extraordinárias. Mesmo aí, como em matéria de invalidade do ato constitutivo, há uma derrogação dos princípios comuns aplicáveis aos contratos: as modificações do conteúdo original do ato constitutivo exigiriam, a rigor, o consenso unânime de todos aqueles que concorreram para a formação do contrato de sociedade ao qual sucessivamente

---

de determinada companhia e suas regras retiram o seu fundamento de validade nas normas superiores contidas na Lei das S.A." (EIZIRIK, Nelson. *A Lei das S.A. comentada*. São Paulo: Quartier Latin, 2011. vol. 3, p. 582 e 592). Também Ascarelli explica que a regra da maioria – que lhe permite decidir os rumos da sociedade e o seu regramento próprio – encontra necessariamente limites nos princípios de ordem pública, nas normas que tutelam interesses de terceiros e, no que nos interessa aqui, "nos direitos dos acionistas que, por seu caráter essencial, escapam completamente à competência da assembleia e do estatuto" (ASCARELLI, *Problemas das sociedades anônimas e direito comparado*, p. 352).

40. GUERREIRO, José Alexandre Tavares. Op. cit.: "Trata-se de um *segundo limite* ao império da maioria, ainda que não introduzido em razão de desrespeito à ordem jurídica, nem ao interesse social. O direito de retirada assume, portanto, o caráter de exceção à atuação incondicionada do princípio majoritário, ainda que exercido este licitamente e de forma regular (ou seja, de forma não abusiva)" (p. 15). (...) "Não se pode conceber direito de retirada baseado em deliberação inválida, viciada de qualquer dos defeitos dos negócios a espécie ou eivada de resoluções abusivas dos acionistas majoritários" (p. 20).

aderiram; como fazem necessário o consenso de todos os sócios, na forma do art. 2.252, nas sociedades de pessoas. Trata-se de derrogação de origem mais antiga; e de uma derrogação que apareceu, historicamente, em graus: até a metade do século passado era opinião geral que o ato constitutivo da sociedade por ações não poderia ser modificado se não com o consenso de todos os sócios; iniciou-se, com o art. 14 da lei francesa n. 23, de 29.05.1863, a admitir modificações por maioria em alguns casos particulares; acabou-se posteriormente por reconhecer à maioria – na Itália já com o Código Comercial de 1882 (art. 158) – um poder geral de modificar cada disposição do ato constitutivo.

Nessa evolução legislativa se reflete, manifestamente, aquele fenômeno mais geral (...) que consiste na progressiva afirmação da classe dos empreendedores sobre as demais classes detentoras de riquezas: o interesse do acionista investidor de que não sejam modificadas as condições contratuais originais, com base nas quais efetuou o próprio investimento, é sacrificado; faz-se prevalecer uma exigência empresarial, própria dos capitais de comando: aquela de poder atuar, sem precisar pactuar com a minoria, um constante adequamento do contrato social às condições externas do mercado ou à situação interna da empresa". (tradução livre)[41]

---

41. GALGANO, Francesco. *Trattato di diritto commerciale e di diritto pubblico dell'economia*. Padova: Cedam, 1984. vol. 7, p. 323-324. Texto original: "L'atto costitutivo è, nella società per azioni, modificabile a maggioranza, e sia pure con le piú rigorose maggioranze di assemblea straordinaria. Anche in ciò, come in materia di invalidità dell'atto costitutivo, c'è una deroga ai principi comuni sui contratti: le modificazioni dell'originario contenuto del contratto di società renderebbero necessario a rigore, il consenso unanime di tutti coloro che concorsero a formare il contratto che vi hanno, successivamente, aderito; come rendono necessario il consenso di tutti i soci, a norma dell'art. 2252, nelle società di persone. Si tratta, questa volta, di una deroga di piú antica origine; e di una deroga cha appare, storicamente, introdotta per gradi: fino alla metà del secolo scorso era opinione concorde che l'atto costitutivo della società per azioni non potesse essere modificato se non con il consenso di tutti i soci; si cominciò, con l'art. 14 della legge francese 23-29 maggio 1863, ad ammettere modificazioni a maggioranza per alcuni casi particolari; si finí poi con il riconoscere alla maggioranza – in Italia già con il codice di commercio del 1882 (art. 158) – un generale potere di modificare ogni disposizione dell'atto costitutivo. In questa evoluzione legislativa si riflette, manifestamente, quel piú generale fenomeno (...) che è la progressiva affermazione della classe imprenditoriale sulle altre classi detentrici di ricchezza: l'interesse dell'azionista risparmiatore a che non siano modificate le originarie condizioni contrattuali, sulla base delle quali aveva effettuato il proprio investimento, viene sacrificato; si fa prevalere una esigenza imprenditoriale, propria dei capitali di comando: quella di potere attuare, senza dover venire a patti con le minoranze, un costante adeguamento del contrato sociale al mutare delle esterne condizioni del mercato o delle interne situazioni dell'impresa".

Galgano explica que no direito italiano o recesso só é garantido frente a modificações do ato constitutivo que se revistam de "particular gravidade": (i) em caso de modificação do objeto social, mas apenas naquelas mudanças que impliquem uma finalidade completamente diversa da originária, alterando as condições de risco às quais o acionista aderiu quando ingressou na sociedade – e não modificações secundárias, como a extensão a setores acessórios de produção; (ii) no caso de transformação do tipo societário, que impliquem (a) uma profunda mudança do risco assumido pelo acionista, (b) uma diversa configuração da participação societária ou (c) das relações internas de organização societária; e (iii) na hipótese de mudança da sede da sociedade ao exterior, subordinando-a ao ordenamento jurídico de outro Estado.[42]

No mesmo sentido, José Alexandre Tavares Guerreiro recorre às lições de Vivante para explicar a função moderadora do direito de recesso em face da instituição do princípio majoritário na sociedade anônima. Enxerga-se aí uma função de moderação ou contraponto à prevalência da decisão sufragada pela maioria dos sócios, já que "o acionista não poderia ser levado a aceitar, por exemplo, qualquer mudança no objeto da sociedade".[43]

Por outro lado, um exame mais cuidadoso das hipóteses de direito de retirada demonstra que o rol atualmente contido na lei não se subsume inteiramente à modificação do objeto social, abarcando outras situações que, no entanto, não deixam de se revestir de certa gravidade em relação aos direitos (ainda que não essenciais) dos acionistas ou grupos de acionistas envolvidos.

4.4.3 As hipóteses da nossa lei acionária

Dada a relevância das modificações estatutárias que conduzem ao direito de recesso, o rol de hipóteses previsto na Lei das S.A., como já mencionamos, é taxativo.

As hipóteses de recesso da nossa Lei, exceto a do art. 136-A, são as seguintes:

i) criação de ações preferenciais ou aumento de classe já existente dessas ações, sem guardar proporção com as demais classes de ações preferenciais, salvo se já autorizado pelo estatuto, caso em que o direito de recesso será concedido somente ao titular de ações da espécie ou classe prejudicada (arts. 137, I, c/c 136, I);

ii) alteração nas preferências, vantagens e condições de resgate ou amortização de uma ou mais classes de ações preferenciais, ou criação de nova classe mais

---

42. Idem, p. 324-325.
43. GUERREIRO, José Alexandre Tavares. Op. cit., p. 16.

favorecida, caso em que o direito de recesso será concedido somente ao titular de ações da espécie ou classe prejudicada (arts. 137, I, c/c 136, II);

iii) redução do dividendo obrigatório (arts. 137, *caput*, c/c 136, III);

iv) fusão ou incorporação em outra companhia, exceto se as ações tiverem dispersão e liquidez no mercado, de acordo com os critérios dados pelo art. 137, II, alíneas *a* e *b* (arts. 137, II, c/c 136, IV);

v) participação em grupo de sociedades, exceto se as ações tiverem dispersão e liquidez no mercado, de acordo com os critérios dados pelo art. 137, inc. II, alíneas *a* e *b* (arts. 137, II, c/c 136, V);

vi) mudança de objeto (arts. 137, *caput*, c/c 136, VI);

vii) cisão da companhia, se a operação implicar alguma das consequências previstas no inc. III do art. 137 (arts. 137, III, c/c 136, IX);

viii) transformação (art. 221, *caput*);

ix) aquisição de controle da companhia por pessoa jurídica de direito público (art. 236);

x) compra, por companhia aberta, do controle de qualquer sociedade mercantil, caso o preço de aquisição ultrapasse uma vez e meia o maior dos três valores de que trata o inc. II *caput* do art. 256 (art. 256, § 2.º);

xi) incorporação pela controladora de companhia controlada, fusão de companhia controladora com controlada, incorporação de ações de companhia controlada ou controladora e incorporação, fusão e incorporação de ações de sociedades sob controle comum, caso as relações de substituição das ações dos acionistas não controladores forem menos vantajosas que as resultantes da comparação prevista no art. 264 (art. 264, §§ 1.º a 4.º).

No caso dos números *(i)* e *(ii)* acima, as modificações ensejam quórum qualificado e direito de recesso porque atingem de forma substancial os direitos patrimoniais dos acionistas ordinaristas, na medida em que têm potencial para alterar a prioridade de distribuição de dividendos e reembolso do capital de que dispõem os preferencialistas. O mesmo se dá se houver alteração de vantagens de uma ou mais classes de ações ou a criação de nova classe, o que também pode afetar os direitos patrimoniais de acionistas da mesma classe ou de titulares de ações ordinárias.[44] São alterações que, apesar de sua aparente irrelevância, podem tocar as bases essenciais[45] do pacto social, no sentido daquelas condições que o sujeito leva

---

44. CARVALHOSA, Modesto. Op. cit., 6. ed., vol. 2, p. 1193-1194.
45. É consenso na doutrina que o dano causado pela deliberação deve atingir essas "bases essenciais do negócio jurídico societário", nas palavras do Professor Guerreiro (GUERREIRO, José Alexandre Tavares. Op. cit., p. 20).

em consideração ao ingressar na sociedade. Por essa razão, a mesma lógica determina que se conceda direito de recesso aos dissidentes e que a deliberação seja tomada por quórum especial.

Em relação ao número (iii), o legislador considerou que, por ser o dividendo obrigatório inerente ao próprio "contrato societário", ele não pode ser suprimido ou reduzido sem que haja deliberação por quórum especial e, ainda que isso ocorra, pode o acionista dissidente exercer o recesso. Não se deve confundir o direito ao dividendo obrigatório com o direito essencial de participação nos lucros sociais, porque este último tem uma função negativa, de garantia, procurando vedar *em tese* a exclusão de determinados acionistas da distribuição de lucros, ou a distribuição de lucros em bases desproporcionais ou não equitativas entre acionistas de uma mesma classe. Já o direito ao dividendo obrigatório tem como escopo determinar positivamente que sempre que a sociedade tenha algum lucro líquido no exercício, este seja ao menos em parte repassado aos acionistas a título de dividendos.[46]

As hipóteses descritas nos números (iv), (vii), (viii) e (xi) acima tratam de movimentos ou operações societárias, casos em que há uma evidente mudança brusca da situação societária anterior, justificando o interesse do acionista de que lhe seja franqueada a possibilidade de reavaliar a conveniência da sua participação. Aqui, é evidente que há mudança das bases essenciais da organização da sociedade, adentrando "o campo da sua própria existência e personalidade jurídica".[47] O próprio objeto social, nesses casos, pode sofrer alteração.

Adiante, o caso do número (v), em que a sociedade passa a integrar um grupo societário de direito, na forma dos arts. 265 a 277, "importa a modificação das bases essenciais da organização da companhia, na medida em que a combinação de recursos ou de esforços transforma o objetivo social próprio em componente de um objetivo maior, que é o do próprio grupo".[48]

Por sua vez, a hipótese do número (vi), como já sugerimos, diz respeito à deliberação que atinge as bases do pacto social por excelência, porque o objeto social, constituindo-se no limite à atuação da sociedade, diz respeito à própria limitação da responsabilidade do sócio.

Ainda, na hipótese do número (ix), o fundamento do recesso reside no fato de que o acionista é surpreendido[49] com a repentina aquisição do controle pelo Poder Público, por meio de desapropriação. Esse evento tem evidente relevância

---

46. CARVALHOSA, Modesto. Op. cit., 6. ed., vol. 2, p. 1195.
47. Idem, p. 1196.
48. Idem, p. 1197.
49. CARVALHOSA, Modesto. Op. cit., 3. ed., 2002, vol. 4, t. I, p. 382.

para o acionista, que a princípio ingressou em sociedade controlada por sujeitos de direito privado.

Por fim, no caso da hipótese do número (x) supra, Modesto Carvalhosa explica que o propósito de sua introdução está muito mais relacionado à manutenção da integridade do patrimônio social do que à concessão do direito de recesso.[50] De todo modo, é evidente que a hipótese tem potencial para causar prejuízo ao acionista minoritário, exatamente por sujeitar a companhia e o seu patrimônio a riscos decorrentes do negócio de aquisição.

Todas essas hipóteses legais de recesso possuem em comum tratar de situações em que as bases negociais relevantes são alteradas, ainda que nem todas elas se relacionem a alterações do objeto social. Trata-se de deliberações societárias denominadas *estruturais*,[51] porque dizem respeito a assuntos que o legislador considera suficientemente relevantes, a ponto de conceder proteção especial do acionista contra o poder deliberante da maioria.[52]

---

50. Idem, vol. 4, t. II, p. 192-193.
51. *Estruturais*, porque dizem respeito justamente a questões relevantes para a estrutura substancial fundamental da companhia (WALD, Arnoldo. Direito de recesso. *Doutrinas essenciais de direito empresarial*. São Paulo: Ed. RT, 2010. vol. 3, p. 1083-1093, p. 1084-1085). No mesmo sentido, Carvalhosa explica que "a relevância dada pela Lei a determinadas matérias, exigindo que para deliberação eficaz sobre as mesmas deva haver concordância de metade, pelo menos das ações com direito a voto, fundamenta-se na teoria das *bases essenciais* (organizacionais) da companhia" (CARVALHOSA, Modesto. Op. cit., 6. ed., vol. 2, p. 1189).
52. Segundo Galgano, "Os dissidentes têm direito de recesso em caso de modificação do objeto social, e não em cada caso de modificação do mesmo objeto: é necessário, para que o acionista possa exercitar o recesso da sociedade, que a maioria tenha deliberado substituir o objeto social original por outro totalmente diverso, de forma a modificar radicalmente as condições de risco na presença das quais o acionista aderiu à sociedade (da produção de automóveis se passa, por exemplo, à indústria têxtil). Modificações secundárias do objeto social, como a sua extensão a setores acessórios de produção ou a redução das áreas comuns de intervenção, não dão lugar ao direito de recesso" (tradução livre). Texto original: "Il diritto di recesso spetta ai dissenzienti in caso di cambiamento dell'oggetto sociale, e non in ogni caso di modificazione dell'oggetto stesso: occorre, perché l'azionista possa esercitare il recesso dalla società, che la maggioranza abbia deliberato di sostituire all'oggetto sociale originario un nuovo oggetto del tutto diverso, tale da modificare radicalmente le condizioni di rischio in presenza delle quali l'azionista aveva aderito alla società (dalla produzione automobilistica si passa, ad esempio, all'industria tessile). Modificazioni secondarie dall'oggetto sociale, come la sua estensione a settori accessori della produzione o come la riduzione degli ordinari settori di intervento, non danno luogo al diritto di recesso" (op. cit., p. 324). Note-se que, no direito italiano, sequer mudanças no objeto social secundário ensejariam direito de recesso.

4.4.4 Natureza de direito potestativo e consequências de seu exercício

Na definição de Comparato, o recesso é um "contradireito potestativo do acionista em relação a um poder legal da assembleia".[53] Como direito potestativo, corresponde, no polo passivo, a uma sujeição da sociedade e dos demais sócios, no sentido de que o seu exercício depende simplesmente da vontade do retirante e independe da vontade dos demais.

Como explica Galgano, o recesso é uma "declaração unilateral do sócio, que não demanda nenhuma aceitação da parte da sociedade" (tradução livre).[54] Seu exercício importa o reembolso das ações do dissidente e a subsequente modificação do ato constitutivo da sociedade, com a redução correspondente do capital social. Segundo o privatista italiano:

"Isso explica a razão do rigoroso limite imposto legislativamente ao direito de recesso: quer-se evitar que a diminuição do patrimônio social, consequência do reembolso das ações dos sócios dissidentes, represente um obstáculo às modificações do ato constitutivo e impeça, assim, a adequação do contrato social às exigências da empresa, cuja modificação do ato constitutivo por maioria, como se disse há pouco, é predeterminada. (tradução livre)".[55]

Desse raciocínio se retira que, dado o efeito econômico-financeiro decorrente do exercício do direito potestativo de recesso, consistente no pagamento do reembolso ao acionista dissidente, a tendência do direito societário seria procurar reduzir os casos de recesso àqueles em que realmente se considera que a mudança no pacto social é capaz de alterar substancialmente a posição jurídica do sócio em relação à sociedade. Esse pensamento é consentâneo não apenas com o princípio da preservação da empresa, como também com o propósito de incremento do fluxo das relações comerciais, em função do qual o direito societário não se priva de atribuir riscos àqueles que livremente optam pelo investimento nas sociedades tipificadas no ordenamento.[56]

---

53. COMPARATO, Fábio Konder. Op. cit., p. 11.
54. Texto original: "dichiariazione unilaterale del socio, che non richiede alcuna accettazione dalla parte dalla società".
55. GALGANO, Francesco. Op. cit., p. 325. Texto original: "Ciò spiega la ragione del rigoroso limite legislativamente posto al diritto di recesso: si vuole evitare che il depauperamento del patrimonio sociale, conseguente al rimborso delle azioni dei soci recedenti, costituisca una remora alle modificazioni dell'atto costitutivo e impedisca, in tal modo, quell'adeguamento del contratto sociale alle esigenze dell'impresa cui la modificabilità a maggioranza dell'atto costitutivo è, come si è detto poc'anzi, preordinata".
56. Conforme Paula Forgioni: "A utilização da comenda e, posteriormente, das sociedades por ações, contribui para a alocação de riscos e para o aumento do fluxo das relações econômicas" (FORGIONI, Paula. *Teoria geral dos contratos empresariais*. 2. ed. São Paulo: Ed. RT, 2010. p. 64).

Afinal, como resume perfeitamente Corrêa-Lima, "o exercício do direito de retirada, com o consequente reembolso do capital dos acionistas dissidentes, sem dúvida, descapitaliza a companhia, colocando em risco a estabilidade e a preservação da empresa".[57]

Assim, a modificação do pacto social ou a supressão de direitos do acionista deve ser considerada suficientemente grave para que se possa, em caráter excepcional, permitir a saída do sócio mediante o reembolso do valor econômico da sua participação pela própria sociedade.

Não é por outra razão, também, que o § 3.º do art. 137 da nossa lei acionária permite que nos 10 (dez) dias subsequentes ao término do prazo para o exercício do recesso, os órgãos da administração da companhia podem convocar assembleia geral para ratificar ou reconsiderar a deliberação, "se entenderem que o pagamento do preço do reembolso das ações aos acionistas dissidentes que exerceram o direito de retirada porá em risco a estabilidade financeira da empresa".[58]

4.4.5 A inexistência de conexão entre a cláusula de resolução de litígios e as questões estruturais e relevantes nas quais o recesso se justifica

A simples verificação das hipóteses de recesso já existentes na Lei das S.A. antes do advento do art. 136-A, acima listadas, já é suficiente para se concluir que a inserção de cláusula arbitral no estatuto não deveria ensejar o direito de recesso do acionista. Essa hipótese não é comparável, qualitativamente, a qualquer das hipóteses já acolhidas pela lei anteriormente.

Com as digressões realizadas acima, acreditamos já ter demonstrado que a inserção ou supressão da arbitragem do pacto social não deveria ser tratada como uma deliberação tal que mereça quórum qualificado e direito de recesso.

---

57. CORRÊA-LIMA, Osmar Brina. Op. cit., p. 301.
58. Nesse sentido, Alfredo de Assis Gonçalves Neto: "Penhor seguro do que estou a dizer está na regra do art. 137, § 3.º, da mesma lei, que prevê a hipótese de os administradores convocarem a Assembleia Geral para ratificar ou reconsiderar a deliberação que gerou a dissidência com recesso, 'se entenderem que o pagamento do preço do reembolso das ações aos acionistas dissidentes poderá por em risco a estabilidade financeira da empresa'. Ou seja, adotou-se no Brasil, a velha praxe italiana da deliberação assemblear condicionada, em manifesto reconhecimento das inconveniências de permitir o exercício amplo do direito de retirada, por poder comprometer a preservação da própria empresa, que é o principal postulado a ser preservado, por ser um dos mecanismos indispensáveis ao cumprimento de diversos outros mandamentos constitucionais, dentre eles o da função social da propriedade dos meios de produção e o da busca do pleno emprego (CF, art. 170, III e VIII)" (GONÇALVES NETO, Alfredo de Assis. *Lições de direito societário*. São Paulo: Ed. Juarez de Oliveira, 2005. vol. 2, p. 131-132).

Por um lado, não se pode negar que as hipóteses de recesso variam de época para época e de ordenamento para ordenamento, dizendo respeito a opções de política legislativa. O próprio histórico do direito de recesso na nossa lei acionária assim o demonstra. Por outro lado, acreditamos que a verificação histórica, sistemática e teórica do direito de recesso e das hipóteses de quórum qualificado na nossa lei acionária apontam para a incorreção do novo art. 136-A da Lei das S.A.

Em outras palavras, é forçoso admitir que não existe uma sistemática perene e genérica que norteie a definição das hipóteses legais de direito de recesso nos ordenamentos jurídicos ao longo das épocas, cabendo ao legislador avaliar a conveniência da questão num dado momento histórico.

Tanto é assim que, como já afirmamos mais de uma vez, o recesso só pode resultar da mera aplicação da fórmula legal, não havendo possibilidade para que o intérprete assuma função que não lhe cabe, de procurar restringir ou ampliar as hipóteses previstas na lei. Descabem considerações sobre a justiça ou injustiça da situação concreta ou eventual conduta abusiva do majoritário.[59] Somente o legislador, portanto, tem a função de decidir o mérito das hipóteses de recesso.

No entanto, isso não significa que se possa admitir a *invenção* de hipóteses de recesso, mesmo pelo legislador, despidas de qualquer critério, justificadas apenas pela vontade política do momento. É preciso que haja o mínimo de coerência histórica e sistemática entre as hipóteses de recesso legalmente previstas.[60] Mais do que isso, é necessário que seja respeitado o *fundamento*, a *função* do instituto do recesso, de que já tratamos.[61]

E, com essas premissas, repita-se: não nos parece que seja condizente com a função do direito de recesso amparar acionista contrariado pela mera modificação da cláusula de resolução de litígios inserta no ato constitutivo. Afinal, na linha do que já tratamos nos capítulos anteriores, a inserção de cláusula arbitral no estatuto social não representa prejuízo à sociedade ou a algum grupo de acionistas. Não é comparável a qualquer das hipóteses que verificamos acima, nas quais há alterações das *bases essenciais* do negócio jurídico societário que impõe, por presunção, a proteção da minoria em face do poder deliberativo da maioria.[62] Essa ordem de ideias é bem resumida por Pedro Batista Martins:

---

59. GUERREIRO, José Alexandre Tavares. Op. cit., 20.
60. Modesto Carvalhosa teceu considerações críticas a respeito desse tema, demonstrando os movimentos históricos refletidos no instituto do recesso, que ora o alargam, ora o estreitam (op. cit., 6. ed., vol. 2, p. 409 e ss.).
61. Nas palavras do Professor Guerreiro, em trecho com o qual abrimos o capítulo: "nem todo recesso é desejável, mas, por seu turno, nem todo impedimento ao recesso é meritório" (GUERREIRO, José Alexandre Tavares. Op. cit., p. 17).
62. Nesse sentido, em análise sobre a incompletude do contrato de sociedade do ponto de vista da análise econômica do direito, Rachel Sztajn e Haroldo Malheiros Duclerc Ver-

"A arbitragem, pode-se dizer, não persegue nenhum interesse particular ou egoísta dos sócios, nomeadamente dos majoritários. Busca o máximo benefício para a sociedade. Não encerra um interesse superior do controlador ou, sequer, um sacrifício do direito minoritário. Não se poderá afirmar e, muito menos demonstrar, que a deliberação majoritária que estabelece a cláusula compromissória estatutária é motivada por interesses extrassociais do controlador. Ao contrário, dita deliberação visa, exatamente, o maior interesse da sociedade. Impensável admitir-se que a arbitragem, aprovada em assembleia geral, possa causar dano à sociedade ou a seus acionistas. Muito pelo contrário: visa, justamente, salvaguardar a empresa e, consequentemente, seus acionistas de danos e prejuízos que uma demorada discussão (e, não raro, não especializada decisão) resta por lhes impingir.

De outro lado, não tenciona o controlador, com a submissão à assembleia e, posterior aprovação da arbitragem societária, obter qualquer vantagem direta ou indireta, em desproveito da sociedade ou dos demais acionistas. A arbitragem, como dito, prestigia o devido processo legal e se rege por um conjunto de regras de conduta e de deveres dos árbitros que assegura ao instituto plena segurança jurídica.

(...)

Não há, por fim, violação aos direitos individuais essenciais dos acionistas. Sequer os atinge. Passa ao largo dos direitos patrimoniais e políticos dos sócios. Não afeta os direitos de preferência, de retirada, de fiscalização da gestão social e de participação nos lucros da companhia. Ao contrário, sob o prisma maior dos direitos e garantias fundamentais das pessoas, a arbitragem os reforça no sentido de que assegura aos acionistas e à sociedade maior efetividade na realização da justiça".[63]

4.4.6 Inconsistências práticas dessa solução

Há que se atentar ainda para os problemas práticos da solução, devidamente apontados por Guilherme Leporace.

çosa afirmam que "no caso acima os *quoruns* de instalação e deliberação devem ser ajustados à magnitude do evento, isto é, às transformações que possam recair sobre as relações internas por força de decisões administrativas ou majoritárias que alterem a razão ou o motivo que levou à adesão ao negócio societário. Seriam, neste caso, as assembleias gerais extraordinárias mecanismos de repactuação do negócio sociedade, sempre que o ambiente externo impuser a necessidade de revisão da forma de atuação da sociedade no plano externo" (SZTAJN, Rachel; VERÇOSA, Haroldo Malheiros Duclerc. A incompletude do contrato de sociedade. *Revista de Direito Mercantil, Industrial, Econômico e Financeiro*. ano XLII. n. 131. p. 7-20. p. 19. São Paulo: Ed. RT, jul.-set. 2003).

63. MARTINS, Pedro Batista. *Arbitragem no direito societári*. São Paulo: Quartier Latin, 2012. p. 107-109.

Em relação ao estabelecimento de quóruns qualificados, verifica-se que nas companhias em que há controle majoritário (controlador com metade mais uma das ações com direito a voto), que são a maioria das companhias brasileiras, a existência de quóruns qualificados acaba funcionando como um desestímulo à dispersão acionária. O controlador majoritário, para escapar da necessidade de composição com os minoritários, acaba preferindo reter sempre um quórum acionário que lhe permita decidir todas as questões de relevância de maneira isolada. Isso seria a evidência de que o estabelecimento de quóruns qualificados não representa efetiva proteção aos minoritários:

"Esse desestímulo é problemático porque a existência de um mercado eficiente confere proteção aos acionistas minoritários de sociedades anônimas abertas, inclusive nas que haja "controle majoritário".

É que, quanto maior a eficiência do mercado, mais precisamente as decisões tomadas pelo acionistas controlador – e a generalidade das medidas tomadas pela administração – são refletidas na precificação das ações da companhia. Se essas decisões contrariam o interesse social (ou são vistas como equivocadas pelo mercado), as ações, em regra, se desvalorizam, causando prejuízos diretos e indiretos para o acionista controlador, que, assim, tem incentivos para perseguir o bem da companhia".[64]

Também em relação à instituição do direito de recesso, aponta-se que a sua eficácia *em tese* acaba não sendo real. É que, *em tese*, a lógica do direito de recesso seria desincentivar o controlador a tomar decisões contrárias ao interesse social, na medida em que tais decisões, por conflitarem com o interesse da empresa e dos sócios, ensejaria o risco de retirada dos minoritários, com evidentes perdas para a companhia.

No entanto, a realidade é bem diversa, especialmente nas sociedades fechadas ou nas sociedades abertas em que as ações possuem baixa liquidez no mercado. Nessas sociedades (que são a maioria), o direito de recesso representa uma oportunidade excepcional de saída do acionista minoritário, independentemente de haver alguma motivação cunhada no interesse social em relação à deliberação tomada. O minoritário não exerce o recesso porque está atento a suposto interesse social que foi desconsiderado pelo controlador, mas sim porque deseja sair do investimento de forma fácil e rápida.[65]

Acrescentamos outra razão de ordem prática que se coloca contra o estabelecimento do direito de recesso no caso cogitado: o direito de recesso contraria o

---

64. LEPORACE, Guilherme. Op. cit., p. 66.
65. Idem, p. 70-71.

próprio sentido da inserção da cláusula arbitral societária. Isso porque a consequência do seu exercício é o pagamento dos haveres ao sócio retirante, que traz evidentes implicações na esfera econômica da sociedade, além do possível litígio a respeito de valores a serem pagos.

Nessa hipótese, não faz sentido algum que a cláusula arbitral recém-instituída seja aplicada ao sócio dissidente, que a ela se opõe. Isso significa que a inserção da cláusula arbitral societária com direito de recesso cria, potencialmente, um litígio entre a sociedade e o sócio dissidente, o qual teria que ser resolvido pelo Judiciário. Em síntese, a criação da cláusula arbitral societária, em tal caso, gera efeito oposto ao pretendido, fazendo surgir de imediato um litígio judicial no seio da sociedade, que esvazia o propósito de adotar a arbitragem como meio mais adequado aos ditames da boa governança corporativa.

Ou seja, há um evidente contrassenso entre o propósito da cláusula arbitral societária como meio eficiente de resolução de litígios societários e governança corporativa, em contraposição ao direito de recesso concedido a sócio que não concorda com a inserção da mesma cláusula no estatuto.[66]

Essas razões, de cunho prático, demonstram a temeridade que constitui a ampliação das hipóteses de quórum qualificado e direito de recesso para além de hipóteses em que as bases mais elementares da sociedade sejam modificadas.

4.5 Mecanismos alternativos de proteção dos sócios

As críticas acima expostas à opção do legislador pela instituição de quórum qualificado e direito de recesso na hipótese cogitada no presente capítulo devem ser conciliadas com a necessária atenção à proteção do minoritário, que não poderia de todo modo ficar encarcerado na sociedade por não dispor de meios para instituir um processo arbitral. Afinal, quando iniciamos este estudo verificamos que a arbitragem societária é um vantajoso e eficiente instrumento para resolução de litígios intrassociais, compatível com as melhores regras de governança corporativa, desde que haja atenção ao direito dos acionistas minoritários.

Cabe, nesse sentido, rememorar a preocupação externada por Walfrido Jorge Warde Jr. e Fernando Antonio Maia da Cunha, no sentido de que a arbitragem não pode ser utilizada em desvio de finalidade, com o objetivo de criar óbices ao acesso à Justiça. Nesse sentido, "a eficácia da convenção arbitral, inserta em

---

66. Note-se que essa solução foi adotada pelo PL 406/2013 que, se aprovado, deve conduzir à problemática aqui exposta. Isso porque o proposto § 1.º do art. 136-A conteria disposição no sentido de que a deliberação inclusiva da cláusula arbitral no estatuto teria eficácia somente depois de 30 (trinta) dias da publicação da ata da respectiva assembleia geral.

contratos e em estatutos sociais, merece ser relativizada nas circunstâncias em que se alinha a outras técnicas, no bojo de verdadeiros esquemas de 'encarceramento societário'".[67]

O exemplo curial seria a vedação do exercício do direito de ação pelos altos custos iniciais de uma arbitragem. Justificar-se-ia de certa maneira, em tais casos, medidas tendentes a levar o litígio ao Judiciário, contanto que haja fundamento legítimo para tal. Aplicar-se-iam as garantias constitucionais em prol da efetividade do direito à tutela jurisdicional. Essa solução, decorrente da aplicação do direito processual substantivo, garantido pela Constituição, também iria de encontro à opção pela arbitragem como meio de resolução de litígios societários, porque causaria o inconveniente de impor que litígios específicos fossem resolvidos por via diversa daquela eleita pela maioria.

No entanto, acreditamos não ser descabido que o direito material forneça mecanismos preventivos para evitar problemas dessa ordem, o que poderia ser uma opção alternativa à solução adotada pelo legislador no art. 136-A da Lei das S.A.

Partilhando dessas preocupações,[68] Marcelo Vilela coloca uma série de hipóteses de abuso de maioria, em que a cláusula arbitral societária (a) veda a participação de minoritários na indicação dos árbitros; (b) prevê a indicação dos árbitros apenas pelo majoritário;[69] (c) impõe onerosidade excessiva para aquele que necessita fazer uso da arbitragem, vedando o acesso à Justiça.[70]

---

67. WARDE JR., Jorge; CUNHA, Fernando Antonio Maia da. A arbitragem e os limites à atuação do Judiciário nos litígios societários. In: YARSHELL, Flávio Luiz; PEREIRA, Guilherme Setoguti J. (coord.). *Processo societário*. São Paulo: Quartier Latin, 2012. p. 750.

68. Luciano Timm igualmente assevera que a inserção de cláusula arbitral societária deve observar algumas condições: "(i) a ampla divulgação da existência de cláusula arbitral no estatuto social ou da convocação de assembleia geral que deliberará sobre a inclusão da arbitragem como forma de resolução de conflitos societários; (ii) a determinação de regras que garantam a escolha de um tribunal arbitral imparcial; (iii) a fixação de custos acessíveis a todos os acionistas, inclusive os acionistas minoritários" (TIMM, Luciano. O acordo de acionistas e o uso da arbitragem como forma de resolução de conflitos societários. *Revista Brasileira de Arbitragem*. n. 15. p. 27-42. Porto Alegre: Síntese, jul.--set. 2007).

69. A problemática envolvendo a indicação dos árbitros será tratada no capítulo 7.

70. VILELA, Marcelo Dias Gonçalves. Op. cit., p. 204. O autor chega a propor que a cláusula seja declarada nula em tais casos. Essa pode ser a melhor solução para os casos descritos nas letras 'a' e 'b', mas não para a hipótese da letra 'c', em que seria possível a "intervenção eficacizante" do Judiciário – na expressão de Warde Jr. e Cunha, uma vez

No caso da onerosidade excessiva para a utilização da via arbitral pelo sócio ou acionista, Marcelo Vilela cogita de previsão contratual ou estatutária de instituição de um fundo específico com o objetivo de arcar com as custas do processo arbitral.[71] Esse fundo poderia ser regulado no estatuto ou no contrato social, e mantido pela sociedade para a eventualidade do surgimento de litígios entre os sócios. O acionista minoritário, se vencido no final da arbitragem, poderia ser obrigado a reconstituir os valores despendidos pela sociedade com o pagamento das custas do processo.

Há, ainda, a possibilidade de financiamento da arbitragem por terceiros, que é questão ainda muito controversa e pouco debatida no Brasil. A diferença em relação à solução proposta por Marcelo Vilela seria que, aqui, o financiamento não seria feito por um fundo social, mas sim por um terceiro estranho à sociedade e aos sócios (*third party funding* – TFP). Essa solução é defendida por Marcelo Roberto Ferro em relação à arbitragem em geral, ao argumentar que:

"Se é verdade que a arbitragem é uma justiça privada, e que não existe serviço público de justiça arbitral, isso não significa que ela seja apenas para partes abastadas, sendo desejável admitir-se o financiamento por terceiros, como uma ferramenta útil à socialização do acesso à justiça a demandantes desprovidos de caixa para litigar. Esse produto, contudo, pela sua novidade, impõe reflexões, notadamente no contexto da avaliação da independência dos árbitros em relação ao terceiro financiador".[72]

No cenário atual da evolução da arbitragem no Brasil, ainda há diversas dúvidas a respeito da eficiência do sistema de financiamento de arbitragens por terceiros. Em especial, seria possível cogitar de problemas relacionados (i) à quebra da confidencialidade, (ii) ao eventual desequilíbrio entre as partes (especialmente em detrimento da parte não financiada) e (iii) aos problemas envolvendo *disclosure*, conflitos de interesse e imparcialidade dos árbitros.[73]

---

que a onerosidade excessiva somente pode ser aferida no caso concreto, não justificando a completa desconsideração da cláusula arbitral de modo amplo.
71. VILELA, Marcelo Dias Gonçalves. Op. cit., p. 204.
72. FERRO, Marcelo Roberto. O financiamento de arbitragens por terceiro e a independência do árbitro. In: CASTRO, Rodrigo R. Monteiro de; WARDE JÚNIOR, Walfrido Jorge; GUERREIRO, Carolina Dias Tavares (coord.). *Direito empresarial e outros estudos em homenagem ao Professor José Alexandre Tavares Guerreiro*. São Paulo: Quartier Latin, 2013. p. 619-639, p. 639.
73. Da pesquisa que realizamos na jurisprudência brasileira, foi possível encontrar apenas uma decisão, do Tribunal de Justiça do Rio de Janeiro, que tratou do tema: ApCiv 0031996-20.2010.8.19.0209, 2.ª Câm. Civ., rel. Des. Alexandre Freitas Câmara, 11.6.2014, Apelantes: Amebrasil Construções Ltda. e Outro, Apelados: Os Mesmos

Outras sugestões são apresentadas pelo Professor Haroldo Malheiros Duclerc Verçosa, no mesmo sentido de facilitar o acesso à justiça dos sócios com menor poder aquisitivo: criação de câmaras de arbitragem de menor custo, voltadas a pequenas e médias empresas; utilização obrigatória da cláusula compromissória escalonada ou flexível, incluindo as fases de *mediação pura* e *mediação proativa*; condução da arbitragem por árbitro único, até um determinado valor discutido na demanda.[74]

4.6 Crítica ao art. 136-A da Lei das S.A.

Devemos discordar da opção do legislador de estabelecer quórum qualificado e direito de recesso para a inserção de cláusula compromissória no estatuto social.[75]

O problema que expusemos neste capítulo não difere, substancialmente, daquele que tratamos no terceiro capítulo do trabalho, quando nos empenhamos em demonstrar que a cláusula compromissória societária deve ser eficaz a todos os associados, indistintamente, independentemente de terem concordado com a sua introdução. Assim como a solução, lá, foi a consagração do princípio majoritário acima da vontade individual que concorre para a formação da vontade social, a solução aqui é a reafirmação desse princípio.

A conferência de direito de retirada ao acionista dissidente da deliberação introdutória de cláusula compromissória no estatuto social representa uma valorização demasiada da vontade individual, incoerente com a ordem jurídica societária e com o desenvolvimento histórico do direito de recesso no Brasil.

É possível considerar que a solução estabelecida no art. 136-A da Lei das S.A. amenizou essas incoerências ao adotar os critérios de dispersão e liquidez e estabelecer que o direito de retirada não será concedido se a introdução da cláusula arbitral tiver como propósito o enquadramento da sociedade em determinados níveis de governança corporativa. No entanto, esse entendimento somente se aplica às grandes sociedades anônimas, com papéis cotados em bolsa e participantes dos segmentos mais avançados de governança.

Com relação ao estabelecimento de quórum qualificado, a proposta também não se mostra consistente. A adoção do quórum qualificado não resolve o suposto problema da autonomia da vontade do acionista em se vincular à arbitragem, já

Disponível em: [www1.tjrj.jus.br/gedcacheweb/default.aspx?UZIP=1&GEDID=0004A 2BBBEF6500EC33729E418B69118230EC50314621B4F]. Acesso em: 17.09.2014.
74. VERÇOSA, Haroldo Malheiros Duclerc. Aspectos da arbitragem... cit., p. 257-258.
75. Nesse sentido, ressalvando que o acionista sempre poderá vender a sua participação societária se discordar do uso da arbitragem: CAHALI, Francisco José. *Curso de arbitragem*. São Paulo: Ed. RT, 2011. p. 343.

que, mesmo nesse caso, uma parcela dos associados teria que continuar se vinculando contra a sua vontade.

Ademais, se a lei societária permite que diversas matérias de ordem substantiva sejam aprovadas por maioria, por que razão matérias de natureza processual (como a cláusula de resolução de litígios) não poderiam sê-lo?

A posição de Carlos Augusto da Silveira Lobo resume a questão:

"A inclusão de deliberação que inclui a Cláusula Compromissória Estatutária dentre os casos de recesso é questão de política legislativa. Em nossa opinião, andou bem a lei brasileira ao não conferir o direito de recesso ao acionista dissidente da introdução da Cláusula no estatuto. O direito de recesso, – um temperamento do princípio majoritário, – visa proteger o minoritário dissidente em hipóteses especiais, quando os majoritários, por decisão legítima, resolvem introduzir modificações radicais na substância do contrato de sociedade, durante a vida da companhia".[76]

Em linha com o que temos exposto desde o capítulo 2, parece-nos que a proteção dos minoritários não deve se dar pela instituição de quórum qualificado e direito de recesso, mas sim por mecanismos que compatibilizem a arbitragem com o exercício do direito de ação por tais sujeitos. É necessário conferir unicidade de tratamento aos acionistas (no sentido material), mas isso não pode propiciar a ruína da sociedade ou o desvirtuamento do ordenamento jurídico societário.

A instituição de quórum qualificado e direito de recesso no art. 136-A decorre mais uma vez de uma visão ideológica e retrógrada a respeito da arbitragem, que desconsidera o fato de que ela deve respeito ao devido processo legal tanto quanto o processo judicial e, por conseguinte, relega-a a posição de inferiorida-

---

76. LOBO, Carlos Augusto da Silveira. A cláusula compromissória estatutária. *Revista de Arbitragem e Mediação*. ano 6. n. 22. p. 11-32. São Paulo: Ed. RT, jul.-set. 2009. p. 21.
No mesmo sentido, Guilherme Leporace afirma que "não nos parece que a alteração do meio de solução de controvérsias – estatal ou privado – no seio da companhia represente mudança tão relevante nas bases do investimento quanto as demais previstas no art. 136 da Lei das S.A. (é inegável que a inclusão de cláusula compromissória lícita no estatuto de uma companhia afeta infinitamente menos o risco e a expectativa de retorno do investimento em ações de tal companhia do que a alteração de seu objeto social, por exemplo)". O autor também adverte que "na prática, o direito de retirada previsto no art. 136-A, quando aplicável, poderá inviabilizar a inclusão por maioria de cláusula compromissória em estatuto social, pois, não obstante os benefícios que a adoção da arbitragem como meio de resolução de conflitos possa trazer, esses benefícios dificilmente superarão as pesadas consequências do exercício de direito de retirada pelos acionistas minoritários" (op. cit., p. 67 e 73).

de em relação ao Judiciário. Prova disso é que o dispositivo, diferente do que previu o Decreto Legislativo 5/2003 na Itália, não estabeleceu equivalência entre as deliberações que modificam a cláusula de resolução de litígios – do Judiciário para a arbitragem e da arbitragem para o Judiciário –, como se apenas a mudança do foro judicial para o arbitral fosse relevante e pudesse causar a dissidência de acionistas.[77]

---

77. Guilherme Leporace explica que a redação do art. 136-A impõe interpretação restritiva nesse sentido, ao contrário do art. 34, n. 6, do Decreto Legislativo 5/2003, que fala em "modificação do ato constitutivo, que introduza ou suprima cláusula compromissória" (tradução livre). Texto original: "modifiche dell'atto costitutivo, introdutive *o soppressive* di clausole compromissorie" (grifo nosso).

5
AINDA OS LIMITES SUBJETIVOS: VINCULAÇÃO DOS ÓRGÃOS SOCIAIS E DOS SEUS TITULARES À CLÁUSULA ARBITRAL SOCIETÁRIA

> "A fundamentação calcada no consenso se repete, também, nessa área do alcance subjetivo da cláusula compromissória estatutária, com a mesma veemência e rigorismo. Entretanto, ao que me parece, a questão deve ser vislumbrada sob outra ótica, qual seja, a da natureza jurídica dos órgãos de administração, nomeadamente aqueles de cunho estatutário."[1]

Uma segunda questão controversa a respeito da aplicação prática da arbitragem societária, também relacionada à arbitrabilidade subjetiva – ou, mais precisamente, à eficácia subjetiva da cláusula arbitral societária – consiste em saber se os órgãos sociais e seus membros, no exercício da função, são sujeitos à arbitragem (tal como os sócios ou acionistas).

No presente capítulo, pretendemos demonstrar os possíveis entendimentos a respeito do assunto.

5.1 Possíveis soluções

Há ao menos quatro posicionamentos distintos que podem ser identificados *em tese*. Alguns deles já foram exprimidos nos poucos textos que trataram do tema no Brasil.

5.1.1 Posição restritiva

A primeira posição é expressa pela voz de Modesto Carvalhosa, consoante o seu posicionamento restritivo a respeito da arbitragem societária:

> "Os administradores da sociedade não são *partes* na cláusula compromissória *estatutária*, adstrita que está à sociedade e àqueles acionistas que a instituíram ou

---

1. MARTINS, Pedro Batista. *Arbitragem no direito societário*. São Paulo: Quartier Latin, 2012. p. 131.

a ela aderiram. Em consequência, quando forem *litisconsortes* a sociedade e seus administradores, de um lado, e acionistas pactuantes, de outro, não cabe a aplicação da cláusula compromissória estatutária, pois não estão vinculados os administradores".

Para Carvalhosa, a exclusão se dá tanto do ponto de subjetivo quanto objetivo, no sentido de que as lides envolvendo tais órgãos também estão afastadas do juízo arbitral: "as controvérsias e as lides em que, além dos acionistas e da sociedade, haja o envolvimento de administradores, fiscais ou terceiros estão excluídas daquele juízo arbitral instituído pela *cláusula compromissória estatutária*".[2]

5.1.2 Posição intermediária: necessidade de adesão expressa

Uma segunda posição, já admitindo a possibilidade de vinculação dos órgãos sociais e de seus titulares à cláusula arbitral societária, foi adotada pela BM&FBovespa nos Regulamentos de Listagem que exigem a adoção da arbitragem estatutária (Novo Mercado, Bovespa Mais e Nível 2).

Esses Regulamentos de Listagem trazem entre seus "Termos Definidos" os "Termos de Anuência" dos administradores, controladores e membros de conselho fiscal, mediante os quais essas pessoas devem aderir à cláusula arbitral estatutária das sociedades atuantes nos mencionados segmentos de governança corporativa.

Daniel de Andrade Lèvy, já flertando com a solução ampliativa, considera que a adoção da solução acima descrita pela BM&FBovespa foi salutar:

"Permita-se apenas uma digressão para lembrar que a vinculação dos administradores e fiscais à cláusula arbitral já incluída no estatuto antes de seu empossamento, mesmo sem a sua assinatura no Termo de Anuência, parece-nos uma exigência lógica, considerando que em quase todos os casos em que a companhia for parte em um litígio, será o administrador ou fiscal seu litisconsorte. Também uma exigência moral, pois o administrador é, sem sombra de dúvida, aquele que não apenas conhece o estatuto de sua companhia, mas tem o dever de conhecê-lo!

Embora parte da doutrina não veja entrave na existência de dois procedimentos paralelos – a companhia submetida ao juízo arbitral, e o administrador sujeito ao juízo estatal, por exemplo – trata-se de solução bastante improdutiva. Com a exigência do Termo de Anuência, prevista pela BM&F-Bovespa, parece-nos que a questão fica superada, ao menos para as controvérsias surgidas no âmbito da instituição autorreguladora".[3]

---

2. CARVALHOSA, Modesto. *Comentários à Lei de Sociedades Anônimas.* 6. ed. São Paulo: Saraiva, 2014. vol. 2. p. 401-402.
3. LÈVY, Daniel de Andrade. Estudo comparado da arbitragem no mercado de capitais. *Revista de Direito Mercantil.* ano XLIX. n. 155/156. p. 275-300. p. 291. São Paulo: Ed. RT, ago.-dez. 2010.

A ideia de que é necessária adesão expressa para que haja vinculação de administradores e fiscais à cláusula arbitral societária é compartilhada por Carlos Augusto da Silveira Lobo[4] e José Virgílio Lopes Enei.[5]

5.1.3 Posição ampliativa

Essa solução é obtida por intermédio da aplicação da teoria organicista.

É a ideia adotada por Pedro Batista Martins,[6-7] que principia lembrando que a sociedade personificada tem existência apenas jurídica, e não física, de modo que se exterioriza por meio dos órgãos que a compõem. Voltando-se à sociedade anônima, explica que "quando a sociedade age por intermédio de seus administradores é ela quem pratica o ato jurídico; diretores, frente a terceiros, são a própria sociedade". Assim, "se os administradores constituem parte integrante da sociedade – ou ela própria – evidente não se poder falar em figura de representação, visto como não há duas pessoas, mas apenas uma".[8]

A adoção da teoria organicista contrapõe-se às teses que procuravam tratar a relação entre os administradores e a sociedade como exercício de mandato ou locação de serviços. Afinal, essas figuras pressupõem a existência de um contrato bilateral, livremente ajustado entre as partes. Já no caso do exercício da administração societária, os órgãos societários surgem no momento da constituição da sociedade, unilateralmente e por força da própria lei. Mais uma vez, é possível comparar o âmbito societário com o funcionamento do Estado no âmbito do direito público. Assim como os órgãos estatais, os órgãos da pessoa jurídica têm suas atribuições e responsabilidades derivadas diretamente da lei, e não da vontade dos participantes.

Esse raciocínio vale não apenas para os conselhos societários de deliberação colegiada (assembleia geral, conselho de administração e conselho fiscal). Também os diretores das companhias, embora não integrem órgãos colegiados, "têm encargos, deveres e responsabilidades de caráter orgânico",[9] com a diferença de que

---

4. LOBO, Carlos Augusto da Silveira. A cláusula compromissória estatutária. *Revista de Arbitragem e Mediação*. ano 6. n. 22. p. 13. São Paulo: Ed. RT, jul.-set. 2009.
5. ENEI, José Virgílio Lopes. A arbitragem nas sociedades anônimas. *Revista de Direito Mercantil, Industrial, Econômico e Financeiro*. n. 129. p. 167. São Paulo: Ed. RT, 2003.
6. MARTINS, Pedro Batista. Op. cit., p. 131-141.
7. É também a posição de António Sampaio Caramelo (CARAMELO, António Sampaio. A arbitragem de litígios societários. *Revista Internacional de Arbitragem e Conciliação*. ano IV. p. 15. Coimbra: Almedina, 2011) e Manuel Pereira Barrocas (BARROCAS, Manuel Pereira. *Manual de Arbitragem*. Coimbra: Almedina, 2010. p. 123).
8. MARTINS, Pedro Batista. Op. cit., p. 133.
9. Idem, p. 135.

também têm o poder de *presentação*[10] individual ou conjunta da sociedade perante terceiros, expressando externamente a vontade social e constituindo efetivamente suas relações jurídicas com terceiros.

A partir dessa digressão sobre a teoria organicista, Pedro Batista Martins aduz que, "como parte integrante desses órgãos, os administradores estão obrigados a observar e respeitar a lei e, também, o estatuto social da companhia da qual são parte integrante".[11] Assim, se o estatuto contempla cláusula arbitral, essa subordina tantos os acionistas quanto os próprios órgãos e seus integrantes.

Portanto, segundo esse entendimento, os órgãos sociais e seus titulares são alcançados pela cláusula arbitral societária, independentemente de terem consentido expressamente com ela ou de serem concomitantemente acionistas, porque essa submissão integra o feixe de posições jurídicas assumidas com o exercício do seu múnus. Aplica-se aqui, como aos acionistas, a ideia de que houve um tácito consentimento no momento da assunção da função.

Para Pedro Batista Martins, há apenas uma ressalva, respeitante às "peculiaridades do conteúdo de dita disposição estatutária". Essa ressalva somente pode ser entendida como referente à eventual exclusão expressa dos órgãos societários do escopo da cláusula arbitral. Nesse caso, ainda existiria a opção dos administradores de vincularem-se à cláusula arbitral por adesão voluntária expressa, mas essa vinculação não poderia ser considerada automática, sob pena de contrariar o texto do estatuto social. Qualquer outra interpretação da ressalva iria contra a aplicação da teoria organicista, pretendida pelo autor.

5.1.4 *Posição ampliativa mitigada*

Há ainda uma posição que mitiga a ideia tratada imediatamente acima. Embora admitindo a vinculação automática dos administradores e fiscais à cláusula arbitral societária, considera que essa vinculação automática (sem adesão voluntária expressa) somente é possível se a própria cláusula assim o previr.

---

10. É a noção adotada por Pontes de Miranda, com o rigor que lhe era peculiar, ao diferenciar a representação da *presentação*: "Nas *funções externas*, não se pode dizer que a Diretoria seja representante legal, ou tenha a posição de representante legal. Não é representante: como órgão, nas relações internas, administra, dirige, gere; nas relações externas, presenta. Não se pode equiparar a essa posição jurídica a do pai, do tutor ou do curador, que representa a pessoa absolutamente incapaz; *a fortiori*, a de quem apenas assiste ao relativamente incapaz. Entre a sociedade por ações e o diretor ou os diretores, não há, tão pouco, relação jurídica de *contrato de trabalho* ou de *locação de serviços*. Na missão de organizar a sociedade por ações, a assembleia geral, que é órgão da sociedade por ações, cria a Diretoria, que também é órgão" (PONTES DE MIRANDA, Francisco Cavalcanti. *Tratado de direito privado. Parte especial.* São Paulo: Ed. RT, 2012. t. L, p. 487).

11. MARTINS, Pedro Batista. Op. cit., p. 136.

Essa é a escolha do legislador italiano, adotada no n. 4 do art. 34 do Decreto Legislativo 5/2003: "Os atos constitutivos podem prever que a cláusula tenha por objeto controvérsias promovidas pelos administradores, liquidantes e fiscais, ou contra tais órgãos ou pessoas e, em tal caso, a cláusula, como consequência da assunção do cargo, os vincula" (tradução livre).[12]

Trata-se, segundo a doutrina, de hipótese de arbitragem obrigatória, em que não há o concurso da vontade daquele que se vincula à cláusula arbitral – que no limite poderia ser considerada até mesmo inconstitucional. No entanto, essa vinculação só ocorre no direito italiano porque a lei prevê especificamente a possibilidade de a cláusula arbitral societária assim determinar. Não há vinculação automática decorrente do ordenamento societário, como considera a posição ampliativa tratada anteriormente:

"A prova que a disposição em exame prevê um caso de arbitragem obrigatória pode ser deduzida a partir do seguinte argumento em sentido contrário: se essa norma não fosse assim, a simples aceitação do cargo não seria suficiente para tornar vinculante a cláusula compromissória estatutária. A fim de que essa tenha efeitos acorre (também) uma previsão legal: assim, trata-se de arbitragem prevista em fonte heterônoma, que por si só é constitucional somente se é possível a denominada 'declinatória' (que nesse caso específico não é prevista)". (tradução livre)[13]

No Brasil, essa posição é adotada por Arnoldo Wald[14] e Marcelo Vilela. Este último autor, embora dizendo que a exclusão dos administradores e fiscais em relação à cláusula arbitral se dá na medida em que "quando o dirigente não for associado, não há como aplicar a este a cláusula compromissória inserida no instrumento social, já que sequer é parte contratante (...)", acaba por final admitindo que a cláusula arbitral ou outra disposição do ato constitutivo preveja a específica vinculação.[15]

---

12. Texto original: "Gli atti costitutivi possono preverede che la clausola abbia ad oggetto controversie promosse da amministratori, liquidatori e sindaci ovvero nei loro confronti e, in tale caso, essa, a seguito dell'incarico, è vincolante per costoro".
13. LUISO, Francesco Paolo. *Il nuovo processo societario*. Torino: Giappichelli, 2006. p. 572. Texto original: "La prova, che la disposizione in esame prevede un caso di arbitrato obbligatorio, può essere ricavata a contrario dal seguente ragionamento: se questa norma non vi fosse, la semplice accetazione dell'incarico non sarebbe sufficiente a rendere vincolante la clausola compromissoria statutaria. Affinché questa abbia effetti occorre (anche) una previsione di legge: dunque, si trata di arbitrato previsto da fonte eteronoma, che di per sé è costituzionale solo se è possibile la c.d. declinatoria (che nel caso di specie non è prevista)".
14. WALD, Arnoldo. *A arbitrabilidade dos conflitos societários*: considerações preliminares (1). Revista de Arbitragem e Mediação. ano 4. n. 12. p. 27.São Paulo: Ed. RT, jan.-mar. 2007.
15. VILELA, Marcelo Dias Gonçalves. *Arbitragem no direito societário*. Belo Horizonte: Mandamentos, 2004. p. 215 e 217.

5.2 A corrente ampliativa é a única compatível com o "ordenamento jurídico societário" e com a segurança jurídica

A princípio, não temos como nos dissociar da posição ampliativa externada por Pedro Batista Martins, que se coaduna com o nosso entendimento (que também é o daquele autor) de que a arbitragem societária não pode se desvencilhar do *ordenamento jurídico societário*.

A solução restritiva deve ser afastada porque não faz sentido admitir que a própria sociedade possa se vincular ao pacto arbitral sem que seus órgãos – e por consequência as pessoas deles integrantes, que exercem as respectivas funções – também possam fazê-lo. Não há porque restringir a arbitragem à parte se o todo, que inclusive é pela parte *presentado*, pode se valer desse método de resolução de litígios. Tal restrição demonstra uma visão no mínimo preconceituosa sobre a arbitragem. Ademais, gera-se o risco de uma mesma questão ser submetida tanto à arbitragem quanto ao Judiciário, com possíveis decisões conflitantes, o que já repudiamos devidamente ao tratar da questão da eficácia da cláusula voltando-se aos sócios e acionistas.

Também a segunda posição não parece resolver a questão. Afinal, na prática, a exigência de adesão expressa dos administradores e fiscais é obrigatória apenas para as sociedades abertas integrantes dos níveis mais avançados de governança corporativa da BM&FBovespa. Nas demais sociedades, que são a grande maioria na nossa realidade, a questão fica desamparada, com prejuízo à sempre almejada segurança jurídica.

Já a solução ampliativa mitigada, embora razoável e não dependente de lei para que pudesse ser implementada no Brasil, também deixaria descobertas as situações nas quais não se teve o cuidado de redigir a cláusula compromissória de maneira a abranger os administradores e fiscais. Na prática, apesar de se poder sempre recomendar que a cláusula seja redigida com o devido cuidado e abrangência, também haveria o risco perene de, em não sendo isso implementado, ter-se de lidar com discussões a respeito da abrangência da cláusula já no âmbito de um litígio instalado numa sociedade.

5.3 Ressalvas quanto a possíveis questões de cunho empregatício de diretores ou gerentes

Há que se verificar a situação daqueles administradores em relação aos quais pode ser considerado vínculo empregatício com a sociedade. São eles vinculados à cláusula arbitral societária em qualquer caso?

Marcelo Vilela diferencia os administradores que são também sócios daqueles que não possuem vínculo social. Para esse autor, apenas os primeiros poderiam vincular-se à cláusula arbitral societária. No entanto, em virtude do princípio da necessária incidência do litígio sobre o pacto social, de que já tratamos anteriormente, o litígio somente será submetido à arbitragem se enquadrar-se também objetivamente no âmbito da cláusula arbitral.

Assim, mesmo entre os acionistas ou sócios que possuem vínculo empregatício com a sociedade, haveria questões que não se submeteriam à arbitragem. Precisamente, aquelas nas quais a pessoa não litiga na qualidade de sócio, mas sim na qualidade de empregado. Isso porque "os direitos trabalhistas assegurados aos empregados não se inserem dentro do conceito de 'pacto social', a reclamar a incidência da cláusula compromissória".[16]

Haveria que se diferenciar, portanto, as seguintes situações: (i) administrador ou gerente não associado (com ou sem vínculo empregatício), que para Marcelo Vilela não poderia ser considerado vinculado à cláusula arbitral, a menos que o ato constitutivo preveja essa vinculação; (ii) administrador ou gerente associado, mas também com vínculo empregatício, porém sem cargo de direção, que (a) se vincula para as questões atinentes ao pacto social e (b) não se vincula para as questões atinentes ao vínculo de emprego; (iii) associado, com ou sem vínculo de emprego, mas que também exerce cargo de direção, de modo que (a) se vincula à cláusula arbitral, inclusive para eventuais ações de responsabilidade por atos de gestão, (b) exceto para discussões a respeito de seus direitos rescisórios (quando com vínculo de emprego).[17]

Como já exprimimos acima, não podemos concordar com todas essas nuances.

Pela adoção da teoria organicista, consideramos que os dirigentes estarão sempre vinculados à cláusula arbitral, automaticamente, sejam eles associados ou não. Por outro lado, eventuais verbas rescisórias ou questões que não toquem o pacto social decorrentes do exercício da função, especialmente quando com vínculo empregatício (como no caso de diretores não associados) não deverão ser resolvidas por arbitragem necessariamente – a menos que o contrato de emprego também contenha cláusula compromissória.[18]

---

16. Idem, p. 215.
17. Idem, p. 215-217.
18. Nesse aspecto, cabe referir à modificação proposta pelo PLS 406/2013, que visou à reforma da Lei de Arbitragem, relativamente à inserção do § 4.º no art. 4.º da mencionada Lei, que previa que se o empregado viesse a ocupar a função de administrador ou diretor estatutário poderia haver a pactuação de cláusula arbitral no seu contrato individual de trabalho. Mesmo nesse caso, a proposta impunha que a cláusula arbitral somente teria eficácia se o referido sujeito tomasse a iniciativa de ingressar com a arbitragem ou se concordasse expressamente com a sua instituição. Apesar de criar um direito potestativo do sujeito para se submeter à arbitragem, apontava-se que esse

O fato de a pessoa que exerce a função ser ou não associada, a nosso ver, acaba tendo menos relevância. O que é relevante é saber se o litígio toca no pacto social ou, ao contrário, diz respeito a circunstâncias exclusivamente atinentes à pessoa, considerada em sua condição de trabalho, e não como *presentante* da sociedade ou executor de sua gestão. Parece-nos que o princípio da necessária incidência sobre o pacto social, como noção trazida da doutrina francesa por Marcelo Vilela para limitar objetivamente as questões sujeitas à cláusula arbitral societária, tem aqui mais relevância do que a condição subjetiva da pessoa (de associado ou não associado).

5.4 Sociedades do Código Civil

Nas sociedades do Código Civil, pouco muda em relação ao que foi dito acima.

Para aqueles que exercem cargos de gestão e também são sócios, o vínculo contratual faz com que a incidência da cláusula arbitral societária ocorra sem nenhum resquício de dúvidas.

Mas também nessas sociedades é possível a existência de administradores não sócios,[19] de modo que se aplica o entendimento acima exposto em relação às questões em litígio. Se disserem respeito ao pacto social, atraem a incidência da cláusula arbitral; se não – se dizem respeito ao vínculo de emprego do administrador, por exemplo – devem ser resolvidas pelo meio previsto no instrumento específico que regula essa relação, se existente ou, em qualquer caso, pelo Judiciário.

5.5 Vinculação ampla dos órgãos sociais e de seus titulares

Como conclusão, devemos consignar que a cláusula arbitral societária vincula todos os órgãos sociais e seus membros (administradores ou fiscais). Somente questões especificamente relacionadas ao vínculo de emprego mantido por determinado administrador (quando houver) não atrairão a incidência da

---

dispositivo seria salutar, especialmente pelas seguintes razões: (i) o conceito de hipossuficiência é impertinente aos contratos mantidos entre altos funcionários e sociedades empresárias; (ii) a proposta privilegiaria a autonomia dos sujeitos envolvidos; (iii) a possibilidade de se resolver a questão trabalhista por arbitragem também possibilitaria o sigilo, que pode ser interessante sob o ponto de vista do empregado que não deseja que o mercado de trabalho tome conhecimento de detalhes acerca do comportamento em relação ao litígio e da relação mantida com a sociedade empregadora. No entanto, esse novo dispositivo proposto (§ 4.º do art. 4.º) foi vetado no momento da sanção da Lei 13.129/2015.

19. GONÇALVES NETO, Alfredo de Assis. *Direito de empresa: comentários aos artigos 966 a 1.195 do Código Civil*. 4. ed. São Paulo: Ed. RT, 2012. p. 232.

cláusula arbitral, por não terem relação com o pacto social. Todas as demais, incluindo a responsabilização dos administradores por atos de gestão, deverão ser resolvidas por arbitragem, independentemente de a cláusula prever expressamente a vinculação dos administradores ou fiscais ou de eles terem aderido a ela voluntariamente.

Por fim, não consideramos necessário que essa questão seja regulamentada por lei, já que a aplicação das regras já existentes, integrantes do *ordenamento jurídico societário*, já é suficiente para apontar no sentido das conclusões acima expostas.

6
CONFIDENCIALIDADE

"A arbitragem, originalmente concebida como alternativa ao Judiciário, apesar de suas outras vantagens, revelou-se, neste ponto, um retrocesso, em face dos diversos escândalos já ocorridos no mercado de capitais brasileiro e da confidencialidade dos procedimentos arbitrais com consequente severa assimetria de informações e criação de incentivos perversos aos participantes do mercado."[1]

6.1 Aspectos gerais

O objetivo deste capítulo é tratar de uma vantagem da arbitragem apontada no capítulo 2, qual seja a confidencialidade. Trata-se de verificar o possível conflito entre o sigilo do processo arbitral e o princípio da ampla informação, aplicável às sociedades anônimas cujos valores mobiliários são admitidos à negociação em bolsa ou balcão.

Esse tema foi tratado em profundidade por Érica Gorga, em recente texto publicado na *Revista de Direito Empresarial*. Ali é exposta com exatidão a controvérsia que aqui se pretende tratar:

"(...) Forçoso é reconhecer que a arbitragem, com a manutenção do sigilo estabelecido pelas regras da Câmara de Arbitragem do Mercado da BM&FBovespa (CAM) e das demais câmaras arbitrais, obsta acesso a características relevantes dos conflitos societários, deixando o mercado sem uma das principais fontes de informação existentes nos sistemas que adotam processos judiciais como método predominante de solução de disputas corporativas. A arbitragem, originalmente concebida como alternativa ao Judiciário, apesar de suas outras vantagens, revelou--se, neste ponto, um retrocesso, em face dos diversos escândalos já ocorridos no mercado de capitais brasileiro e da confidencialidade dos procedimentos arbitrais

---

1. GORGA, Érica. Arbitragem, governança corporativa e retrocesso no mercado de capitais brasileiro. *Revista de Direito Empresarial*. ano 2. n. 1. p. 125-141. p. 127-128. São Paulo: Ed. RT, jan.-fev. 2014.

com consequente severa assimetria de informações e criação de incentivos perversos aos participantes do mercado".[2]

Essa discussão é evidentemente limitada ao âmbito das sociedades anônimas abertas. Nas demais sociedades, cujas características já pudemos pontuar brevemente neste trabalho, não há um interesse geral do mercado que imponha a ampla divulgação de informações. Em qualquer sociedade, eventual litígio existente no âmbito interno não será necessariamente de interesse dos credores, que poderão se valer de outros meios de proteção legalmente admitidos. Mas aqui (nas sociedades fechadas), também o potencial adquirente de participações societárias, que terá interesse em conhecer e analisar a situação econômica e financeira da sociedade, negociará diretamente com o sócio ou acionista alienante, com muito mais condições de verificar essas circunstâncias do que o investidor atuante no mercado de capitais, que geralmente atuará por meio de intermediários e numa dinâmica mais massificada de compra e venda de ações.

Diferentemente, nas sociedades que operam no mercado de capitais, exige-se que as informações relevantes que balizam as operações com valores mobiliários estejam à disposição do mercado em geral, tanto quanto possível, o que contribui para a proteção do investimento e o consequente desenvolvimento deste mercado.

6.2 A confidencialidade na arbitragem

Já apontamos que a confidencialidade que pode ser imposta aos participantes do processo arbitral, especialmente aos árbitros e às próprias partes, é considerada uma vantagem relevante da arbitragem e, especificamente, da arbitragem societária. Como resumiu Arnoldo Wald, "a simples propositura de uma ação judicial pode afetar a cotação das ações da empresa na Bolsa e que, durante todo o período no qual corre o processo, podem ocorrer repercussões negativas no balanço da companhia".[3]

Assim, se considerada a empresa isoladamente no seu aspecto de atividade – de acordo com os perfis descritos por Asquini –, seria salutar a aplicação irrestrita da confidencialidade nos litígios societários. É que a manutenção de litígios societários em segredo provavelmente contribui para a manutenção do desenvolvimento das atividades que constituem o objeto da empresa, ao impedir a circulação de informações negativas e a fuga do investimento ou dos recursos de financiamento externo.

---

2. Idem, ibidem.
3. WALD, Arnoldo. A arbitrabilidade dos conflitos societários: considerações preliminares (1). *Revista de Arbitragem e Mediação*. ano 4. n. 12. p. 25. São Paulo: Ed. RT, jan.-mar. 2007.

Além disso, José Cretella Neto aponta que o sigilo da arbitragem também está em consonância com a prevalência, no capitalismo atual, dos aspectos imateriais na determinação do valor de uma empresa. Visando à proteção desses elementos imateriais que compõem o valor econômico de uma empresa (propriedade industrial, intelectual, *know how* etc.), é possível convencionar cláusulas de confidencialidade nos contratos celebrados pela sociedade, de modo a proteger informações referentes à tecnologia, estratégias de mercado, dados financeiros, métodos operativos e outras questões relevantes.[4] A abrangência de tais cláusulas de confidencialidade evidentemente alcança a cláusula de resolução de litígios contida na mesma avença, inclusive eventual processo arbitral que venha a ser instaurado entre as partes – o que não seria possível num processo judicial, salvo em hipóteses bastante restritas.

Diversos outros autores apontam a relevância da confidencialidade nas arbitragens em geral, considerando-a como uma das principais vantagens da arbitragem,[5] geralmente tomando como parâmetro a cláusula compromissória contida nos contratos bilaterais celebrados pelas empresas no exercício das suas atividades.

6.3 O *full disclosure* nas S.A. abertas

Em sentido aparentemente conflitante, vige no âmbito das sociedades abertas um princípio que visa garantir ao máximo a simetria informacional entre os agentes. O Professor Rubens Requião assim definiu esse princípio:

"Trata-se do dever de revelar certas situações e negócios em que a companhia e os administradores estão empenhados, e que podem influir no mercado, no que se refere aos valores mobiliários por ela emitidos. A *disclosure* constitui, pois, um

---

4. CRETELLA NETO, José. Quão sigilosa é a arbitragem? *Revista de Arbitragem e Mediação*. ano 7. n. 25. p. 43-70, p. 44-50. São Paulo: Ed. RT, abr.-jun. 2010.
5. Knahr e Reinish apontam a confidencialidade como uma das principais vantagens da arbitragem quando comparada a outras formas de resolução de disputas. Isso porque, sendo confidencial a arbitragem, ela protege determinados segredos de negócio e a imagem pública da empresa, bem como reduz a tensão existente entre as partes (KNAHR, Christina; REINISCH, August. Transparency *versus* Confidentiality in International Investment Arbitration – The Biwater Gauff Compromise. *The Law and Practice of – International Courts and Tribunals*. n. 6, p. 97-118. p. 109-110. 2007). Trakman também destaca a confidencialidade como uma vantagem estratégica da arbitragem (TRAKMAN, Leon E. Confidentiality in International Commercial Arbitration. *Arbitration International*. vol. 18. p. 1-18. p. 3. The Hague: Kluwer Law International, 2002). No mesmo sentido, Fouchard, Gaillard e Goldman ressaltam que um dos princípios fundamentais e uma das maiores vantagens da arbitragem está na sua confidencialidade (FOUCHARD, Philippe; GAILLARD, Emmanuel; GOLDMAN, Berthold. *Fouchard, Gaillard and Goldman on International commercial arbitration*. The Hague: Kluwer Law International, 1999. p. 612).

conjunto de regras que visam a proteger a lisura e a respeitabilidade do mercado de capitais. Não se refere propriamente à informação sobre os negócios inerentes à realização do objeto social, pois esses integram e são protegidos pelos princípios do sigilo profissional da empresa, mas diz respeito a tudo aquilo que possa influir na cotação dos valores mobiliários (ações, debêntures etc.) emitidos pela companhia, e que são objeto de operações do mercado".[6]

Érica Gorga diferencia a divulgação de informações da sociedade em dois momentos: (i) no curso normal de suas atividades e (ii) no momento em que existe algum conflito ou disputa societária. Salienta que o acesso a tais informações torna-se mais relevante quando decisões da sociedade ou de seus órgãos são objeto de contestação, ou seja, quando há um litígio interno.

Ademais, ressalta que mesmo naqueles casos em que não há punição de agentes acusados de atuar contrariamente ao interesse social, o conhecimento público a respeito das circunstâncias dos litígios é benéfico porque induz à formação da opinião pública, à atuação dos reguladores e do mercado, e contribui para o aprimoramento da regulação e da governança corporativa.[7]

6.4 O falso problema teórico e legal

Do ponto de vista teórico, a contraposição entre o sigilo da arbitragem e o *full disclosure* das sociedades abertas é um falso problema.

6.4.1 A confidencialidade não é requisito intrínseco e inafastável da arbitragem

Em primeiro lugar porque, como demonstrou José Cretella Neto, a evolução da arbitragem em diversos países evidencia que a confidencialidade não pode mais ser encarada como um atributo absoluto e "sacrossanto" da arbitragem. Nessa visão, cabe analisar o caso concreto para determinar se há razões relevantes que justifiquem a divulgação das informações do processo arbitral em detrimento do sigilo.[8]

O entendimento no sentido de que a confidencialidade não é uma característica absoluta e intrínseca à arbitragem é também encontrado no pensamento de Carlos Alberto Carmona[9] e é confirmado pelo fato de que a nossa Lei de Arbitragem

---

6. REQUIÃO, Rubens. *Curso de direito comercial*. 23. ed. São Paulo: Saraiva, 2003. vol. 2, p. 213-214.
7. GORGA, Érica. Op. cit., p. 126-127 e 130.
8. CRETELLA NETO, José. Op. cit., p. 64.
9. CARMONA, Carlos Alberto. *Arbitragem e processo: um comentário à Lei n. 9.307/96*. 3. ed. São Paulo: Atlas, 2009. p. 51-52. No mesmo sentido, Érica Gorga refuta argumentos

não impõe o dever de confidencialidade, que somente é previsto nos regulamentos das instituições arbitrais.[10]

O que a nossa Lei impõe é apenas a "discrição" dos árbitros, nos termos do § 6.º do art. 13: "No desempenho de sua função, o árbitro deverá proceder com imparcialidade, competência, diligência e discrição". Com base nisso, a doutrina considera que há um dever de confidencialidade aplicável aos árbitros, derivado dessa "discrição" imposta pela Lei de Arbitragem brasileira.[11] No entanto, diante da restrição da previsão da Lei em face dos árbitros, entende-se que a discrição não se estende às partes e aos demais participantes da arbitragem, salvo se isso for expressamente convencionado, seja por meio da redação da cláusula arbitral, seja pela remissão às regras do regulamento de uma instituição que imponha a confidencialidade a todos os participantes.

A redação ao art. 189 do CPC confirma que a confidencialidade não é inerente à arbitragem. Ali, preveem-se como exceção à publicidade dos processos judiciais os casos "que versem sobre arbitragem, inclusive sobre cumprimento de carta arbitral, *desde que a confidencialidade estipulada na arbitragem seja comprovada perante o juízo*" (inc. IV – grifo nosso).

6.4.2 Confidencialidade não se confunde com privacidade

Em segundo lugar, não se pode confundir a confidencialidade do processo arbitral com a privacidade das partes. A privacidade diz respeito, por exemplo, à limitação de que apenas as partes envolvidas, os árbitros, as testemunhas e os *experts* tenham acesso a atos da arbitragem, como a produção de uma prova ou uma audiência. Assim, "a privacidade é um conceito que impede que terceiros, estranhos à arbitragem, dela participem", enquanto a confidencialidade impõe um dever às partes e aos árbitros de não revelar o conteúdo do processo arbitral a terceiros.[12-13]

---

aduzidos pela CVM, demonstrando que o sigilo não é elemento essencial da arbitragem (op. cit., p. 134-135).

10. Exemplificativamente, veja-se o que estabelece o Regulamento da Câmara de Arbitragem do Mercado: "9.1. Sigilo. O procedimento arbitral é sigiloso, devendo as partes, árbitros e membros da Câmara de Arbitragem abster-se de divulgar informações sobre seu conteúdo, exceto em cumprimento a normas dos órgãos reguladores, ou previsão legal. 9.1.1. Os terceiros que participarem do procedimento arbitral na condição de testemunha, perito ou assistente técnico deverão obedecer a idêntico dever de sigilo, sendo essa participação limitada ao cumprimento de sua função específica no procedimento arbitral".
11. É o que defende Carlos Alberto Carmona, para quem a discrição é relacionada à confidencialidade, na medida em que as partes podem exigir segredo dos árbitros (op. cit., p. 246).
12. CRETELLA NETO, José. Op. cit., p. 65.
13. É também o que diz José Emílio Nunes Pinto, ao afirmar que a privacidade é "um limitador ao conhecimento geral das informações, documentos e dados que integram a

Portanto, pode-se dizer que a privacidade é uma característica intrínseca da arbitragem – razão de ser da própria escolha da via arbitral –, ao passo que a confidencialidade só ser torna fundamental quando pactuada entre as partes, e sua aplicação não infrinja outros valores e regras do ordenamento. No que interessa ao tema tratado, enquanto a confidencialidade deve ser mitigada em prol do *full disclosure*, o mesmo não ocorre com a privacidade, que pode ser mantida, vedando o acesso de terceiros a atos do processo arbitral.

6.4.3 A imposição legal e regulatória de divulgação de informações relevantes ao mercado

Em terceiro lugar, Érica Gorga afirma que se deve questionar quais seriam os motivos pelos quais uma companhia buscaria a resolução de litígios em sigilo. Aduz que um dos argumentos mais utilizados, como já mencionamos acima, é a proteção de segredos comerciais e informações atinentes ao processo produtivo.

Por outro lado, segundo a mesma autora, a realidade mostra que segredos comerciais e de indústria muito dificilmente serão objeto de disputas internas numa sociedade. Segundo levantamento do *2010 International Arbitration Survey*, o maior receio das companhias é a revelação de dados que impliquem impactos contábeis duvidosos.

No entanto, no âmbito do nosso mercado de capitais, não há como fugir do *disclosure* desse tipo de informações, imposto pela lei e pelo regulador – mais especificamente, pelo § 4.º do art. 157 da Lei das S.A. e pela Instrução CVM 480/2009, respectivamente. A própria existência da arbitragem e outros dados mais detalhados (como o montante das indenizações) também constituem fatos relevantes e que devem ser divulgados mediante o procedimento específico previsto na Instrução CVM 358/2002.[14]

6.4.4 A interpretação da Lei das S.A. conjugada com a Lei 6.385/1976

Em quarto lugar, é possível retomar a ideia de Érica Gorga de que se deve promover uma interpretação sistemática da Lei das S.A. no que tange ao tema.

Quando o § 3.º do art. 109 afirma que é cabível a cláusula compromissória estatutária "nos termos em que especificar", deve-se entender que a aplicação da arbitragem para a resolução de conflitos internos à sociedade não pode infringir outros princípios integrantes do "arcabouço jurídico" do mercado de capitais.

---

arbitragem", enquanto a confidencialidade é uma "obrigação imposta às partes e aos árbitros" (PINTO, José Emílio Nunes. A confidencialidade na arbitragem. *Revista de Arbitragem e Mediação*. ano 2. n. 6. p. 25-36, p. 30. São Paulo: Ed. RT, jul.-set. 2005).

14. GORGA, Érica. Op. cit., p. 135-136.

Dentro desse arcabouço, encontra-se o art. 4.º da Lei 6.385/1976 (que criou a CVM), estabelecendo que à comissão reguladora do mercado de valores mobiliários cabe "proteger os titulares de valores mobiliários e os investidores do mercado (...)" (inc. IV) e "assegurar o acesso do público a informações sobre os valores mobiliários negociados e as companhias que os tenham mantido" (inc. VI). No mesmo sentido, o art. 8.º, § 2.º, da mesma Lei estabelece que "serão de acesso público todos os documentos e autos de processos administrativos, ressalvados aqueles cujo sigilo seja imprescindível para a defesa da intimidade ou do interesse social, ou cujo sigilo seja assegurado por expressa disposição legal". Com base nesse dispositivo, Gorga propõe que a ampla publicidade seja analogicamente aplicada também a questões civis no âmbito do mercado de capitais.[15]

6.5 Os problemas de ordem prática

Os maiores problemas atinentes ao tema da confidencialidade na arbitragem societária dizem respeito não a questões teóricas ou legais, superadas nos tópicos anteriores, mas sim à aplicação prática de sua mitigação no âmbito do mercado de capitais.

6.5.1 O regulamento da CAM da BM&FBovespa e o seu aprisionamento ao modelo atual

Para Érica Gorga, o maior problema respeitante à aplicação do princípio da publicidade na arbitragem societária deve-se ao fato de que o Regulamento da Câmara de Arbitragem do Mercado prevê a confidencialidade das arbitragens realizadas perante aquela instituição:

"9.1. Sigilo. O procedimento arbitral é sigiloso, devendo as partes, árbitros e membros da Câmara de Arbitragem abster-se de divulgar informações sobre seu conteúdo, exceto em cumprimento a normas dos órgãos reguladores, ou previsão legal.

9.1.1. Os terceiros que participarem do procedimento arbitral na condição de testemunha, perito ou assistente técnico deverão obedecer a idêntico dever de sigilo, sendo essa participação limitada ao cumprimento de sua função específica no procedimento arbitral.

9.1.2. A divulgação das informações na forma do item 7.10 não representará violação ao sigilo do procedimento arbitral".

O mencionado item 7.10 do Regulamento estabelece que a CAM promoverá a publicação periódica de um Ementário de Sentenças Arbitrais, a fim de que sejam levadas em consideração pelos árbitros, com função jurisprudencial. Exige-se que

---

15. Idem, p. 136-137.

tais publicações não contenham elementos que possibilitem a identificação de qual processo arbitral se trata. Segundo Eduardo Secchi Munhoz, essa estipulação não atende completamente à necessidade de formação de um corpo de precedentes para balizar os julgamentos e trazer mais segurança jurídica aos agentes do mercado de capitais, porque a simples publicação da ementa limita excessivamente a compreensão das razões jurídicas utilizadas nos casos concretos.[16] Contra isso, poder-se-ia argumentar que a publicação da decisão na íntegra permitiria a fácil identificação do caso concreto.

Esse último argumento não nos parece relevante, na medida em que, como já apontado, é necessária a ampla publicidade das decisões arbitrais relativas às sociedades abertas. No dizer de Érica Gorga, devemos nos pautar por uma governança corporativa efetiva, e não apenas "para inglês ver", sob pena de manter uma situação bizarra no Brasil, na qual o acionista da companhia fechada ou da companhia listada em segmentos inferiores de governança têm acesso a mais informações do que os acionistas das companhias que em tese encontram-se no grau mais alto de sofisticação do mercado bursátil brasileiro.[17]

No entanto, há um problema prático derivado do fato de que o próprio Regulamento de Arbitragem da CAM estabelece que qualquer modificação relevante do Regulamento está sujeita a audiência restrita entre as companhias que tenham aderido aos três níveis mais altos de governança corporativa (Bovespa Mais, Novo Mercado e Nível 2), e em que não tenha havido manifestação contrária de um terço das sociedades presentes, com posterior aprovação pelo Conselho de Administração da BM&FBovespa (item 9.8, "i"). Esses requisitos dificultam a efetivação da melhor proposta para solucionar o problema tratado no presente capítulo, que consiste na modificação do Regulamento da CAM para excluir dele o dever de confidencialidade.[18]

6.5.2 A divulgação de fatos relevantes

Por fim, um outro problema prático, que também se reflete no sentido das conclusões que já vamos encaminhando, diz respeito à publicação dos fatos relevantes, que supostamente, segundo posicionamento oficial da CVM e da BM&FBovespa, garantiria a divulgação satisfatória de informações ao mercado.

---

16. MUNHOZ, Eduardo Secchi. A importância do sistema de solução de conflitos para o direito societário: limites do instituto da arbitragem. In: YARSHELL, Flávio Luiz; PEREIRA, Guilherme Setoguti J. (coord.). *Processo societário*. São Paulo: Quartier Latin, 2012. p. 92.
17. GORGA, Érica. Op. cit., p. 139.
18. Idem, p. 140.

Segundo Érica Gorga, esse argumento desconsidera que cada fase do litígio societário pode influir no resultado final da disputa, por alterar as probabilidades de ganho ou perda de uma ou outra parte, afetando, tecnicamente, a situação financeira da sociedade e com potencial para influir na decisão de compra e venda de ações. Afinal, a definição de "fato relevante" contida no § 4.º do art. 157 da Lei das S.A. remete a qualquer deliberação da assembleia-geral ou dos órgãos de administração da companhia, ou fato relevante ocorrido nos seus negócios, que possa influir, de modo ponderável, na decisão dos investidores do mercado de vender ou comprar valores mobiliários emitidos pela companhia.

Dá-se assim, na crítica da autora, um desvirtuamento, na medida em que se ocupa muito mais da forma de divulgação dos atos, do que do seu conteúdo. A análise prática dos fatos relevantes publicados no mercado brasileiro demonstra que eles se limitam a divulgar a existência de uma arbitragem envolvendo a companhia, sem prover informações mais efetivas que possibilitem a análise dos aspectos de risco pelos investidores.[19] Opera-se uma falácia, como se a divulgação de informações desencontradas ou incompletas atendesse ao propósito das normas que estabeleceram a obrigatoriedade de divulgação de fatos relevantes no nosso sistema.

Ademais, a nosso ver, uma leitura atenta do art. 2.º da Instrução CVM 358/2002 também demonstra que há certa discricionariedade das companhias na aferição do que seria efetivamente relevante para se sujeitar a essa divulgação obrigatória.[20] Há uma válvula de escape, pela qual o administrador ou controlador poderá se esquivar de atender ao real propósito do ente regulador, o que é confirmado pelo caráter meramente exemplificativo do rol constante no parágrafo único do mencionado dispositivo. No entanto, resta a dúvida sobre se uma mudança legislativa ou regulamentar seria suficiente para modificar a cultura atual, na medida em que a própria CVM e a BM&FBovespa insistem em se apoiar no "fato relevante" para sustentar a imposição da confidencialidade nas arbitragens da CAM.[21]

6.6 A confidencialidade como exceção

A confidencialidade deve ser afastada na arbitragem societária praticada no âmbito de sociedades abertas, de modo a se permitir que sejam divulgadas infor-

---

19. Idem, p. 137-138.
20. É o que explica Erasmo Valladão Azevedo e Novaes França, com base em voto proferido pelo Diretor Eli Loria no Processo CVM/RJ-2004/5.042 (FRANÇA, Erasmo Valladão Azevedo e Novaes. "Fato relevante" e a necessidade de sua divulgação. *Temas de direito societário, falimentar e teoria da empresa*. São Paulo: Malheiros, 2009. p. 225).
21. Como se deu no Processo Administrativo CVM RJ 2008/0713, com voto do Diretor Relator Otavio Yazbek, conforme narrado por Érica Gorga (op. cit., p. 137-138).

mações relevantes ao mercado. Aliás, tais informações devem ser divulgadas pela própria sociedade, que em grande parte das vezes estará envolvida no litígio na condição de parte. Caberá à administração prover o mercado com todas as informações relevantes a respeito do processo arbitral que possam influir no movimento de compra e venda de ações e outros títulos mobiliários emitidos pela companhia. O controlador também poderá ser responsabilizado caso tal *disclosure* deixe de ser praticado.

Isso evidentemente não significa que se deva chamar terceiros para participar do litígio, mas sim que as informações relevantes a seu respeito não deverão ficar restritas às partes, aos árbitros e demais participantes do processo arbitral, nem tampouco aos próprios acionistas da companhia.

Essa conclusão também não implica a divulgação sem critérios de quaisquer dados revelados no processo arbitral, especialmente daqueles atinentes ao segredo comercial ou industrial da empresa ou a questões de foro íntimo de pessoas físicas participantes. Como aponta Daniel de Andrade Lévy:

"Na ponderação entre o *full disclosure* e o sigilo arbitral, deve prevalecer o primeiro até o limite constituído pela prova de que determinada informação, especificamente, não pode ser divulgada, com base nos prejuízos que ela causaria para as partes, somada à sua inutilidade para o suposto destinatário".[22]

Assim, num determinado caso concreto pode ser que não seja razoável a divulgação do conteúdo de determinada prova produzida, embora a sentença arbitral deva ser invariavelmente divulgada.

Por fim, vale mencionar que não julgamos necessário que a mitigação da confidencialidade nas arbitragens em sociedades abertas seja prevista em lei. Afinal, a interpretação sistemática das leis e disposições regulatórias infralegais vigentes, acima analisadas, já conduz a esse resultado. Ademais, os próprios regulamentos das instituições de arbitragem podem regular adequadamente a questão, do que é exemplo o novo Regulamento da Câmara de Arbitragem e Mediação da Federação das Indústrias do Estado do Paraná.[23]

---

22. LÉVY, Daniel de Andrade. Aspectos polêmicos da arbitragem no mercado de capitais. *Revista Brasileira de Arbitragem*. ano 7. n. 27. p. 7-37, p. 36. São Paulo: Ed. RT, jul.-ago. 2010.

23. "11.2. É vedado aos membros da Camfiep, aos Árbitros e às Partes ou seus procuradores divulgar quaisquer informações a que tenham tido acesso em decorrência de ofício ou de participação na Arbitragem. Esta previsão de confidencialidade poderá ser excepcionada em casos em que a lei assim exija, notadamente no caso de Arbitragens envolvendo a Administração Pública, nos termos da Seção V deste regulamento, ou caso ambas as Partes optem expressamente pela exclusão da confidencialidade. 11.3. O disposto no item precedente não impede que as sentenças ou decisões proferidas em Arbitragens administradas pela Camfiep sejam publicadas em ementário de jurispru-

No entanto, cabe evidentemente apontar a necessidade de reforma do Regulamento da CAM da BM&FBovespa no sentido de suprimir o sigilo absoluto das arbitragens por ela administradas, já que se trata em tese da principal instituição de arbitragem societária do país.

Isso não implica, evidentemente, que sejam divulgadas ao público informações a respeito de documentos e outras provas produzidas nos processos arbitrais, especialmente aqueles que tenham relação com dados relevantes para a atividade empresarial (como o segredo industrial ou estratégias de negócio). Basta, na generalidade dos casos, que seja divulgada a existência do processo arbitral, as partes envolvidas e o seu objeto.

Essas reflexões estão intrinsicamente relacionadas com o objeto de investigação do capítulo seguinte do trabalho, que tratará de questões procedimentais decorrentes da multiplicidade de partes legitimadas nos litígios societários.

Em síntese, enquanto na arbitragem em geral a confidencialidade é regra e a publicidade é exceção, na arbitragem societária deve se dar exatamente o oposto.

---

dência ou outros veículos de caráter informativo, sempre com a supressão dos nomes das Partes e de outros dados que permitam identificá-las."

7
ALGUMAS QUESTÕES PROCESSUAIS E PROCEDIMENTAIS DECORRENTES DA PLURALIDADE DE PARTES ENVOLVIDAS

> "As objeções tradicionalmente apresentadas à citação para figurar como autor – todas procedentes – nesse ponto são menos graves do que os inconvenientes gerados pela eventual sucessão de decisões contraditórias sobre o mesmo objeto."[1]

Neste capítulo, trataremos pontualmente de algumas questões procedimentais relevantes no âmbito da arbitragem societária, todas derivadas da característica multiparte do processo societário.

A primeira questão é relacionada especificamente à arbitragem societária, não se aplicando ao *processo societário* em geral: a forma de apontamento dos árbitros. O propósito será, basicamente, verificar se a forma consagrada na legislação italiana é a mais adequada para o tratamento da questão, caso o processo arbitral efetivamente conte com várias partes em um ou em ambos os polos.

As demais questões que serão objeto de indagação neste capítulo não se aplicam somente no âmbito da arbitragem societária. Decorrem do *processo societário* em geral, isto é, de uma disciplina aplicável aos litígios societários, seja em arbitragem ou no Judiciário. Sua relevância para o presente trabalho decorre do fato de que a arbitragem societária também sofrerá reflexos dessas circunstâncias, bem como porque as soluções aplicáveis aos processos judiciais deverão ser devidamente adaptadas ao âmbito da arbitragem. Afinal, ao contrário do que acontece num processo arbitral bilateralizado, aqui a arbitragem tem potencial para envol-

---

1. TALAMINI, Eduardo. Legitimidade, interesse, possibilidade jurídica e coisa julgada nas ações de impugnação de deliberações societárias. In: YARSHELL, Flávio Luiz; PEREIRA, Guilherme Setoguti J. (coord.). *Processo societário*. São Paulo: Quartier Latin, 2012. p. 149.

ver diversas partes, litigando em posições nem sempre completamente coincidentes no que diz respeito ao mérito do litígio.

Assim, a segunda questão a ser tratada neste capítulo diz respeito à participação de colegitimados no processo arbitral, que conduz a uma rápida análise dos mecanismos dispostos nos regulamentos das instituições de arbitragem (especialmente, a intervenção de terceiros e a reunião de processos).

7.1 Apontamento dos árbitros

A discussão sobre o apontamento dos árbitros tem como marco inicial relevante a jurisprudência francesa relativamente à arbitragem multiparte, dando origem à solução adotada no Regulamento de Arbitragem da CCI e depois copiada por outras instituições de arbitragem.

Como veremos a seguir, a arbitragem societária pode representar uma realidade ainda mais complexa do que a arbitragem multiparte fora do âmbito societário. De todo modo, as soluções são próximas no que diz respeito à busca da paridade entre as partes na designação dos árbitros.

7.1.1 A solução francesa para a arbitragem multiparte

A presença de mais de uma parte em algum dos polos de uma arbitragem é questão já debatida há muito tempo. O Regulamento de Arbitragem da Corte Internacional de Arbitragem da CCI prevê expressamente a paridade dos polos em caso de não haver consenso para o apontamento de árbitros entre partes integrantes de uma mesma posição no processo.

O art. 12(6) do referido Regulamento estabeleceu que "quando houver múltiplos requerentes ou múltiplos requeridos e o litígio for submetido a três árbitros, os múltiplos requerentes ou os múltiplos requeridos deverão designar conjuntamente um árbitro para confirmação nos termos do art. 13". E o art. 12(8) estabeleceu o seguinte:

"Na falta de designação conjunta nos termos dos arts. 12(6) e 12(7) e não havendo acordo das partes a respeito do método de constituição do tribunal arbitral, a Corte poderá nomear todos os membros do tribunal arbitral, indicando um deles para atuar como presidente. Neste caso, a Corte terá liberdade para escolher qualquer pessoa que julgue competente para atuar como árbitro, aplicando o art. 13, quando julgar apropriado".[2]

---

2. Dispositivos retirados da versão em português do Regulamento de Arbitragem da CCI, em vigor a partir de 01.01.2012. Disponível em: [file:///C:/Users/diego/Downloads/ICC_865_POR_Arbitragem-Media%C3%A7%C3%A3o%20(1).pdf]. Acesso em: 30.12.2014.

O objetivo dessa disposição, como parece evidente, é manter a isonomia entre todas as partes participantes da arbitragem. Afinal, se o dissenso em relação ao árbitro a ser indicado ocorrer apenas num dos polos da arbitragem, apenas as partes integrantes do polo oposto teriam a oportunidade de ter o litígio julgado por árbitro escolhido diretamente por elas.

Essas disposições foram inseridas no Regulamento da CCI em decorrência do entendimento exarado pela *Cour de Cassation* francesa no assim denominado "Caso Dutco". Nesse caso, foi firmado o entendimento de que o princípio da igualdade das partes em relação ao apontamento dos árbitros é de ordem pública, não podendo ser renunciado antes do início do litígio.[3]

Essa solução é coerente com a existência de um número limitado de partes integrando um ou ambos os polos da arbitragem. No caso da arbitragem societária, no entanto, ainda que não seja regra, há potencial para que haja um número muito maior de partes colegitimadas a integrar um dos polos do processo. E, como é evidente, não é possível que cada parte aponte um árbitro, tampouco é provável que as partes integrantes de cada polo, muitas vezes não alinhadas entre si, possam apontar um único árbitro conjuntamente, por meio de um procedimento de sufrágio.[4]

---

3. LEMES, Selma. Dutco Construction v. BKMI et Siemens (1992). Clássicos da arbitragem. Cour de Cassation. *Revista Brasileira de Arbitragem*. ano 8. n. 29. p. 210-213. p. 210. São Paulo: Ed. RT, jan.-mar. 2011. Segundo a autora, a solução adotada pela CCI foi reproduzida nos regulamentos das câmaras de arbitragem brasileiras com duas intepretações, ambas, em sua opinião, compatíveis com o princípio da igualdade das partes no apontamento dos árbitros. Alguns regulamentos optaram por determinar que a instituição deve apontar apenas o árbitro do polo onde não houver consenso, enquanto outros optaram por determinar que a instituição deve apontar todos os árbitros (mesmo o do polo não multiparte ou multiparte em que houver consenso) (p. 211).
4. António Sampaio Caramelo, tratando sobre a impugnação de deliberações societárias, bem resume o problema: "(...) é legítimo concluir que nas arbitragens que tenham por objecto pedidos de invalidação de deliberações sociais é sempre detectável, do lado da demandada, uma pluralidade de interesses, não necessariamente coincidentes. Mas não só isto. Nas arbitragens com este objecto, à multipolaridade de interesses acresce ou pode acrescer a multiplicidade de partes (multipartidarismo processual), devido à possível multiplicidade de intervenção de terceiros. Bem se compreende, portanto, que o modo normal de constituição do tribunal arbitral – formado, em regra, por três árbitros, dos quais o demandante designa um, o demandado designa outro e o terceiro é escolhido, de comum acordo, por aqueles árbitros ou pelas partes ou, na falta desse acordo, pela autoridade de nomeação (que pode ser um tribunal estadual) – não se adequa à multiplicidade de interesses e à multiplicidade de partes que caracteriza estas ações" (CARAMELO, António Sampaio. A arbitragem de litígios societá-

7.1.2 A solução italiana voltada para a arbitragem societária

Atento a essa problemática, o legislador italiano previu no art. 34, n. 2, do Decreto Legislativo 5/2003, que "a cláusula deve prever o número e a forma de nomeação dos árbitros, conferindo, em qualquer caso, sob pena de nulidade, os poderes de nomeação de todos os árbitros a um terceiro, estranho à sociedade (...)" (tradução livre).[5] Caso o terceiro estranho à sociedade não faça a nomeação do(s) árbitro(s), a competência para esse ato passará ao juiz estatal competente (nos termos da segunda parte do mesmo dispositivo).

Como se verifica, o dispositivo retirou em absoluto o poder das partes de indicar os árbitros,[6] em prol da manutenção da isonomia entre elas. Justamente por isso, pode-se dizer que a lei italiana foi coerente com o entendimento da *Cour de Cassation* acima referido, porque em ambos os casos a retirada do poder das partes de indicar os árbitros visa à manutenção da isonomia.

Para Francesco Paolo Luiso, essa disposição é mais um passo na progressiva separação entre a escolha pela arbitragem e a escolha dos árbitros, que originariamente eram consideradas incindíveis.[7] Esse mesmo autor explica que o dispositivo também encontra sua razão de ser na possibilidade de que outros sujeitos venham a integrar uma demanda inicialmente ajuizada em face da sociedade ou de algum sujeito determinado:

"Há certas controvérsias em que – além das dificuldades que sempre se colocam numa arbitragem multiparte (o que se deve entender por 'parte'?; se uma pluralidade de sujeitos forma uma única parte, como devem nomear os árbitros?; e assim por diante) – não é praticamente possível realizar uma arbitragem com uma pluralidade de sujeitos, na qual os árbitros sejam designados pelas partes. Isso sem falar que a chamada de outros sujeitos à lide (obviamente vinculados ao pacto compromissório) não é compatível com a nomeação do(s) árbitro(s) pelas partes, porque contradiz um cânone fundamental, segundo o qual nenhuma parte pode ter mais poder do que outra na escolha dos árbitros.

O fundamento da disposição em exame serve, fundamentalmente, à previsão do art. 35, n. 2 (...), em que se prevê a possibilidade de intervenção e do chama-

---

rios. *Revista Internacional de Arbitragem e Conciliação*. ano IV. p. 53-54. Coimbra: Almedina, 2011).

5. Texto original: "La clausola deve prevedere il numero e le modalità di nomina degli arbitri, conferendo in ogni caso, a pena di nullità, il potere di nomina di tutti gli arbitri a soggetto straneo alla società (...)".
6. LUISO, Francesco Paolo. *Il nuovo processo societario*. Torino: Giappichelli, 2006. p. 572.
7. Idem, p. 572-573.

mento ao processo, bem como na exigência de resolver os problemas relacionados ao litisconsórcio (necessário e unitário)". (tradução livre)[8-9]

Por essas razões, Luiso conclui que a disposição da lei italiana sobre arbitragem societária é meritória, na medida em que é melhor ter o árbitro nomeado por terceiro do que abrir mão da via arbitral.[10]

Nesse mesmo sentido, e ressaltando que a disposição ora comentada procura dar uma resposta à inoperância da cláusula compromissória em face da presença de múltiplas partes, Giorgio Barbieri e Enrico Bella afirmam que a norma igualmente possibilita a nomeação de árbitros em caso de reunião de processos que tenham por objeto uma mesma deliberação assemblear.[11]

Em sentido oposto, Elena Zucconi Galli Fonseca considera que a escolha do legislador italiano foi demasiadamente radical, além de ter previsto sanção equivocada para o descumprimento da norma.[12] Por um lado, tolhe-se a arbitragem de uma de suas maiores vantagens, consistente na possibilidade de escolha do juiz. Por outro lado, aplica-se sanção de nulidade à cláusula arbitral que não contiver a indicação do terceiro que apontará os árbitros, sanção esta incompatível com o

---

8. Idem, p. 573-574. Texto original: "Vi sono controversie in cui – a parte le difficoltà che si pongono sempre in un arbitrato multiparti (cosa si deve intendere per "parti"?; se una pluralità di soggetti forma un'unica parte, come debbono costoro procedere alla nomina dell'arbitro che spetta loro?; e così via) – non è próprio possibile realizzare un arbitrato con pluralità di soggetti, nel quale gli arbitri siano designati dalle parti. Senza considerare che la chiamata in causa di soggetti (ovviamente vincolati al patto compromissorio) non è compatibile con la nomina del o degli arbitri ad opera delle parti, in quanto contraddice il canone fondamentale, in base al quale nessuna parte deve avere più poteri dell'altra nella scelta degli arbitri. Il fondamento della disposizione in esame va colto, quindi e fondamentalmente, nella previsione di cui all'art. 35, 2.º comma (...), laddove si prevede la possibilità dell'intervento e della chiamata in causa, ed inoltre nella esigenza di risolvere i problemi correlati al litisconsorzio (necessario ed unitario)".
9. No mesmo sentido, Alessandro Pieralli afirma que o legislador italiano buscou "favorecer a possível intervenção de outros sujeitos, que de outro modo se encontrariam face um Colégio Arbitral que é expressão apenas das partes originariamente integrantes da lide" (tradução livre) (PIERALLI, Alessandro. Commentario al nuovo arbitrato societario in Italia: un confront com la Spagna. *Revista de Direito Empresarial*. n. 3. p. 162. Curitiba: Juruá, jan.-jun. 2005). Texto original: "favorire il possibile intervento di altri soggetti, che diversamente si troverebbero dinanzi ad un Collegio Arbitrale che è solo espressione delle parti originariamente in lite".
10. Idem, p. 574-575.
11. BARBIERI, Giorgio; BELLA, Enrico. *Il nuovo diritto dell'arbitrato*. Padova: Cedam, 2007. p. 461-462.
12. FONSECA, Elena Zucconi Galli. La convenzione arbitrale nelle società dopo la riforma. *Rivista Trimestrale di Diritto e Procedura Civile*. ano LVII. n. 3. p. 929-972. p. 955. Milano: Giuffrè, set. 2003.

princípio segundo o qual as disposições contratuais – inclusive e, talvez principalmente, a cláusula arbitral – devem ser preservadas e aplicadas o máximo possível.[13]

7.1.3 Arbitragem institucional

Parece-nos que a solução adotada pelo legislador italiano quanto ao tema não foi radical apenas porque estabeleceu a impossibilidade de as partes indicarem os árbitros diretamente, mas também porque aplicou esse entendimento de maneira indistinta, sem levar em conta que a realidade pode trazer uma multiplicidade de situações, algumas das quais prescindiriam dessa solução.

Explica-se: pode haver litígio decorrente de sociedade com cláusula arbitral societária, formada por apenas dois sócios; pode haver, ainda, litígio decorrente de sociedade com cláusula arbitral societária na qual os blocos litigantes sejam perfeitamente identificáveis em controlador e minoritários; e assim por diante.

Vale, nesse sentido, a crítica de Elena Zucconi Galli Fonseca, que examina as soluções suíça, francesa e alemã para a questão, concluindo que, nessas legislações, estabeleceram-se disposições "guarda-chuva", que só operam se a nomeação dos árbitros num dado caso mostrar-se desequilibrada em favor de alguma parte. E afirma: "O legislador italiano, ao contrário, escolheu outro caminho, impondo a nomeação heterônoma dos árbitros também em hipóteses em que a estrutura 'binária' seria perfeitamente operante (...)" (tradução livre).[14]

Por outro lado, a adoção invariável da arbitragem institucional parece representar uma solução intermediária eficiente. Intermediária porque, por um lado, não engessaria o sistema de apontamento dos árbitros por um terceiro, na generalidade dos casos, impedindo que as partes apontem os árbitros quando isso não prejudicar a isonomia entre os participantes da arbitragem. A vinculação a uma instituição de arbitragem possibilitaria que, na maioria dos casos, a aplicação do regulamento da instituição arbitral desse conta do problema.

É o que sugere Elena Zucconi Galli Fonseca:

"O recurso a uma instituição de arbitragem evita efetivamente qualquer nulidade, em casos em que as partes se limitam a remeter ao regulamento sem precisar algum critério para a nomeação, e este último contenha uma previsão precisa

---

13. Essa crítica específica é compartilhada por diversos outros autores na doutrina italiana, dentre os quais: BOVE, Mario. L'arbitrato societario tra disciplina speciale (e nuova) disciplina di diritto comune. *Rivista di Diritto Processuale*. ano LXIII. n. 4. p. 931-954. p. 943-944. Padova: A. Milani, jul.-ago. 2008; LUISO, Francesco Paolo. Op. cit., p. 576.
14. FONSECA, Elena Zucconi Galli. Op. cit., p. 956. Texto original: "Il legislatore italiano, invece, sceglie un'altra strada, imponendo la nomina eterodeterminata anche in ipotesi in cui la struttura 'binaria' sarebbe perfettamente operante (...)".

sobre a possibilidade de designação, por exemplo, por parte da própria instituição, em caso de cláusula estatutária societária". (tradução livre)[15-16]

No Brasil, exemplificativamente, o Regulamento de Arbitragem do Centro de Arbitragem da Câmara de Comércio Brasil-Canadá (CCBC) adota em seu item 4.16 o modelo francês, estabelecendo que a própria CCBC deve nomear todos os árbitros caso não haja consenso entre partes integrantes de um mesmo polo.[17] Não há, nesse Regulamento, seção específica a respeito de arbitragens societárias.

Já o Regulamento da Câmara de Arbitragem e Mediação da Federação das Indústrias do Estado do Paraná (Camfiep), além de estabelecer a mesma previsão genérica acima mencionada para o caso de arbitragens multiparte (item 13.1), também estabelece previsão específica contemplando a arbitragem societária. Trata-se do item 13.2, que estabelece que:

"13.2. Em caso de Arbitragem derivada de Cláusula Arbitral prevista em Contrato Social ou Estatuto de sociedade, a designação do(s) Árbitro(s) deverá se dar por terceiro estranho à sociedade. Caso a Cláusula Arbitral societária não preveja a indicação do terceiro encarregado da designação, caberá ao Conselho Diretor da Camfiep a nomeação do(s) Árbitro(s)".[18]

A opção por qualquer dessas instituições, exemplificativamente, resolveria o problema da escolha dos árbitros numa arbitragem societária multiparte, na me-

---

15. Idem, ibidem. Texto original: "Il ricorso ad una istituzione evita infatti ogni nullità, ove le parti si limitino a rinviare al regolamento senza precisare alcun criterio per la nomina e quest'ultimo contenga una precisa previsione circa la possibilità di designazione, per esempio, da parte della stessa istituzione, in caso di clausola statutaria societaria".
16. Francesco Paolo Luiso também defende que a adoção da arbitragem institucional resguarda, em qualquer caso, o risco das partes de determinar quem será o terceiro responsável pela nomeação dos árbitros, nos termos da legislação italiana: "Aqui, provavelmente, a escolha mais oportuna é aquela de indicar, como ente designante dos árbitros, um sujeito que garanta institucionalmente a sua condição de terceiro: por exemplo, uma câmara arbitral, como aquelas já existentes em todas as Câmaras de Comércio. O que, sobretudo, traz os benefícios da arbitragem institucional, seja em termos de eficiência, seja em termos de custos" (tradução livre) (LUISO, Francesco Paolo. Op. cit., p. 576). Texto original: "Qui, probabilmente, la scelta più oportuna è quella di indicare, come designante, un soggetto che garantisca istituzionalmente la sua terzietà: ad es., una camera arbitrale, come quelle ormai esistente presso tutte le Camere di Commercio. Il che, oltre tutto, fa acquisire i benefici dell'arbitrato amministrato, sia in termini di efficienza sia in termini di costi". Essa solução, exatamente, foi adotada pela Lei de Arbitragem Espanhola pós-reforma de 2011 (art. 11-*bis*, n. 3).
17. Disponível em: [http://ccbc.org.br/Materia/1067/regulamento]. Acesso em: 26.12.2014.
18. Disponível em: [www.fiepr.org.br/para-empresas/camara-de-arbitragem/uploadAddress/CAMFIEP_-_Regulamento_-_versao_final_2014[52963].pdf]. Acesso em: 26.12.2014.

dida em que, em última instância, caberia à instituição de arbitragem a resolução da questão.

Resta, no entanto, saber se a adoção dessa proposta, em que a regulação legal da questão se limitaria a obrigar à arbitragem institucional, se compatibiliza com as demais questões problemáticas decorrentes da natureza multiparte da arbitragem societária. Afinal, como explicamos, foi justamente para compatibilizar a disciplina do apontamento dos árbitros com as possibilidades de intervenção de terceiros e reunião de processos arbitrais que o legislador italiano, visando especialmente às lides sobre impugnação de deliberações societárias, instituiu a obrigatoriedade de indicação dos árbitros por terceiro estranho à sociedade.

7.2 "Intervenção de terceiros" e reunião de processos

Outras consequências da natureza multiparte do processo societário, com reflexos na arbitragem societária, residem nas questões referentes à intervenção de terceiros e à reunião de processos.

Embora essas questões estejam presentes não apenas nesse caso, o exemplo por excelência repousa nas demandas de impugnação de deliberações societárias. Utilizaremos esse exemplo com o intuito de demonstrar a complexidade das questões que podem surgir no curso da arbitragem societária, as quais devem ser devidamente tratadas pelas partes e pelos árbitros. No entanto, deve-se desde logo ressalvar que há uma série de outras situações de idêntica ou superior complexidade que poderiam ser igualmente utilizadas como exemplo, e cujo tratamento individualizado fugiria do escopo do presente trabalho.[19]

7.2.1 Coisa julgada e eficácia da sentença nas ações de impugnação de deliberações societárias (no processo societário em geral)

Eduardo Talamini, tratando do *processo societário* em geral, mais especificamente, da impugnação de deliberações societárias, expõe uma questão de extrema

---

19. Algumas dessas questões são tratadas por Eduardo Talamini (Legitimidade, interesse... cit.), que no mesmo sentido do que dissemos, referindo-se especificamente à questão da legitimidade, ressalva que "é inviável pretender um rol exaustivo dos legitimados ativos para as ações em questão. A garantia constitucional do acesso à justiça desautoriza essa pretensão. Mesmo uma catalogação em hipóteses gerais, como a acima feita, tende a ser incompleta. A riqueza da realidade, conjugada com as peculiaridades do direito material, tende a produzir novas hipóteses de legitimação" (p. 126). Na mesma obra coletiva, Arruda Alvim também trata de problemática semelhante (ARRUDA ALVIM. A posição dos sócios e associados em relação a ações movidas contra as sociedades e associações de que façam parte. In: YARSHELL, Flávio Luiz; PEREIRA, Guilherme Setoguti J. (coord.). *Processo societário*. São Paulo: Quartier Latin, 2012. p. 59-76).

complexidade, qual seja aquela relativa aos efeitos da sentença e da coisa julgada decorrente dessas demandas.[20]

Não só em tema de impugnação de deliberações, como também em outras situações decorrentes da dinâmica societária, é possível que haja uma pluralidade de sujeitos legitimados a se opor em face de um mesmo ato. Cada um dos sócios, individualmente, pode mover a demanda, sem que seja necessário o concurso dos demais. Isso porque se trata de litisconsórcio *facultativo* unitário, e não *necessário*.[21-22]

---

20. TALAMINI, Eduardo. Legitimidade, interesse... cit., p. 144-149.
21. Como explica Talamini em ponto anterior de seu texto, o princípio geral é o de que o litisconsórcio necessário só ocorre quando expressamente previsto na lei, tendo em vista que a sua imposição irrestrita poderia prejudicar o exercício do direito de ação constitucionalmente garantido. E, no caso da impugnação de deliberações societárias, não há qualquer regra legal que imponha o litisconsórcio. Assim, apesar de unitário (já que a relação de direito material que serve de base à pretensão é a mesma), o litisconsórcio, no caso, não é necessário, mas sim facultativo (idem, p. 104-106). No mesmo sentido, Carreira Alvim explica que a confusão decorre da redação imprecisa do art. 47, primeira parte, do CPC/1973 ("Há litisconsórcio necessário, quando, por disposição de lei ou pela natureza da relação jurídica, o juiz tiver de decidir a lide de modo uniforme para todas as partes"): "O Código de Processo Civil dá a entender que o litisconsórcio é sempre necessário quando o juiz tiver de decidir a lide de modo uniforme para todas as partes, ou seja, quando tiver de proferir uma sentença cujo dispositivo seja o mesmo para todas, quando, na verdade, não o é. Há casos em que a sentença deve ser uniforme para todas as partes, mas trata-se de litisconsórcio facultativo e há casos em que a sentença não é uniforme para todas as partes, mas trata-se de litisconsórcio necessário. Portanto, uma coisa não importa outra, embora o legislador tenha tropeçado ao definir essa modalidade litisconsorcial, fundado na uniformidade da sentença. O fato de a sentença dever ser do tipo unitário ou não unitário, nada tem a ver com o fato de o litisconsórcio ser necessário" (CARREIRA ALVIM, José Eduardo. Intervenção de terceiros na arbitragem. In: MARTINS, Pedro A. Batista; GARCEZ, José Maria Rossani. *Reflexões sobre arbitragem*. in memoriam do Desembargador Cláudio Vianna de Lima. São Paulo: Ed. LTr, 2002. p. 261-275. p. 270). Ainda no mesmo sentido, Antonio Pedro de Lima Pellegrino: "Saliente-se que, no Brasil, o art. 47 do CPC [de 1973], que versa sobre o litisconsórcio, teve uma redação infeliz. Isto porque leva o leitor a crer que o litisconsórcio necessário é, necessariamente, unitário e vice-versa. Para refutar tal assertiva, basta lembrar que a ação de usucapião, regulada pelo art. 942 e ss. do CPC, não obstante constituir um exemplo de litisconsórcio necessário, é consórcio simples, vez que a decisão não precisa ser uniforme para todos os litisconsortes" (PELLEGRINO, Antonio Pedro de Lima. Cláusula compromissória estatutária e litisconsórcio facultativo unitário. *Revista de Arbitragem e Mediação*. ano 9. n. 35. p. 91-93. São Paulo: Ed. RT, out.-dez. 2012). E ainda tratando sobre o assunto: VILELA, Marcelo Dias Gonçalves. *Arbitragem no direito societário*. Belo Horizonte: Mandamentos, 2004.p. 224-225.
22. O texto do novo Código de Processo Civil manteve o equívoco, embora o art. 116 defina o litisconsórcio unitário de forma correta: "O litisconsórcio será unitário quando, pela natureza da relação jurídica, o juiz tiver de decidir a lide de modo uniforme para todos os litisconsortes". É que o art. 114 faz referência apenas ao litisconsórcio neces-

Diante dessa situação, discute-se na doutrina qual seria a eficácia da sentença em relação aos colegitimados.

Um primeiro entendimento se dá no sentido de que a sentença produziria coisa julgada[23] em face de todos, mesmo que não tenham integrado o processo. Entretanto, para Talamini esse entendimento viola as garantias processuais constitucionalmente asseguradas, ao impor coisa julgada a quem não exerceu o contraditório e a ampla defesa em relação à controvérsia.[24] Também se refuta a ideia de que aquele que propôs a demanda atuaria na condição de substituto processual dos demais colegitimados, porque essa condição não é prevista no direito material societário.

Um segundo entendimento é aquele que admite a extensão da coisa julgada *secundum eventum litis*, isto é, dependendo do resultado do processo (procedência ou improcedência). Nesse caso, apenas a sentença de procedência se estenderia aos colegitimados, permitindo-se a impugnação da mesma deliberação por outros sócios em caso de julgamento de improcedência. Para Talamini, essa ideia também não é autorizada legalmente, além de também violar as garantias processuais constitucionais por desconsiderar que algum colegitimado pudesse atuar na defesa da deliberação impugnada, no mesmo sentido da sociedade.

Um terceiro entendimento é aquele expresso por Liebman, com base na sua distinção entre a coisa julgada e os demais efeitos naturais da sentença. Segundo Liebman, a solução para a situação repousa no interesse de agir. Assim, se a deliberação fosse anulada, não haveria mais interesse de agir (leia-se: necessidade de provimento jurisdicional) para que os demais sócios propusessem outras ações de impugnação da mesma deliberação. Isso se daria não porque a sentença daquele primeiro processo produziu coisa julgada em face de todos, mas sim porque seu *efeito natural*, a que todos estão sujeitos, foi dar por anulada a deliberação. Por outro lado, se a sentença fosse de improcedência, não impediria que outros sócios

---

sário, mas mencionando também as situações em que "a eficácia da sentença depender da citação de todos que devam ser litisconsortes", no que mais uma vez as modalidades de litisconsórcio são confundidas.

23. Coisa julgada que é definida por Teresa Arruda Alvim Wambier e José Miguel Garcia Medina como o "instituto cuja função é a de estender ou projetar os efeitos da sentença indefinidamente para o futuro. Com isso, pretende-se zelar pela segurança extrínseca das relações jurídicas, de certo modo em complementação ao instituto da preclusão, cuja função primordial é garantir a segurança jurídica intrínseca do processo, pois que assegura a irreversibilidade das situações jurídicas cristalizadas endoprocessualmente" (ARRUDA ALVIM WAMBIER, Teresa; MEDINA, José Miguel Garcia. *O dogma da coisa julgada: hipóteses de relativização*. São Paulo: Ed. RT, 2003. p. 21).
24. Nesse sentido, inclusive, o art. 472 do CPC/1973 estabelecia que a sentença faz coisa julgada *entre as partes*. Já o novo Código de Processo Civil repete a ideia no art. 506: "A sentença faz coisa julgada às partes entre as quais é dada, não prejudicando terceiros".

propusessem novas ações de impugnação com o mesmo fundamento – porque não se lhes imporia o óbice da coisa julgada.

O entendimento expresso por Liebman, apesar de ser o mais coerente do ponto de vista conceitual e das garantias processuais constitucionais, também não dá resposta para a possibilidade de que haja sócios com interesse em buscar a validade da deliberação impugnada. Para esses sócios, não se poderia falar em ausência de interesse de agir, mesmo diante de uma sentença de procedência em ação de impugnação de deliberação.

Diante desse círculo vicioso, a doutrina brasileira produziu opiniões em pelo menos três sentidos. Barbosa Moreira retornou ao entendimento de que a coisa julgada atingiria todos os colegitimados, o que seria menos danoso do que a contradição entre decisões sobre um mesmo substrato material.

Ada Pellegrini Grinover reconhece que a sentença deve produzir efeitos perante todos, mas nega que a coisa julgada possa ser estendida, sob pena de violação do devido processo legal. Desse modo, os sócios que não participaram do processo poderiam propor novas demandas, no sentido de obter resultado oposto. Em caso de conflito entre o resultado dos processos, prevaleceria a sentença proferida por último, sob pena de se impor os efeitos da coisa julgada em face de sócios não participantes.

Por sua vez, Egas Moniz de Aragão entende que o litisconsórcio é necessário em razão de sua unitariedade, independentemente da existência de previsão legal, de modo que a coisa julgada atingiria todos os colegitimados. A solução seria a necessária citação de todos os legitimados, ainda que por edital. Para Talamini, esse entendimento igualmente desconsidera que sócios possam ter o interesse em defender a validade da deliberação, não havendo respaldo legal para que alguém venha a ser citado para figurar no polo ativo de uma demanda ou seja obrigado a demandar sob pena de ser atingido pela coisa julgada.

A posição de Talamini é no sentido de que se deve louvar a intenção de não dificultar o acesso à justiça, ainda que com o risco de produção de decisões conflitantes sobre um mesmo substrato de direito material. O processualista paranaense procura conciliar as posições de Liebman, Grinover e Moniz de Aragão. Por um lado, reafirma que a coisa julgada não atinge os que não participaram do processo, ao contrário do que se dá com os efeitos naturais da sentença (Liebman). Por outro lado, admite que, diante de pronunciamentos judiciais em sentido oposto a respeito de uma mesma deliberação, deve prevalecer o pronunciamento posterior (Grinover), segundo o critério geral de solução de antinomias. Por fim, propõe o estabelecimento, *de lege ferenda*, de mecanismo para oportunizar a participação de todos os colegitimados no processo (Moniz de Aragão):

"*De lege ferenda*, parece adequado estabelecer norma expressa determinando a citação de todos os colegitimados para que, querendo, optem por ingressar em um dos polos da ação, e para que fiquem, de todo modo, submetidos à coisa julgada gerada nesse processo em que foram citados. As objeções tradicionalmente apresentadas à citação para figurar como autor – todas procedentes – nesse ponto são menos graves do que os inconvenientes gerados pela eventual sucessão de decisões contraditórias sobre o mesmo objeto. Havendo regra expressa nesses termos, aqueles colegitimados que tiverem sido citados e optarem por não participar efetivamente do processo ficarão atingidos pela coisa julgada (mas repise-se: isso dependeria de regra expressa, e a coisa julgada estaria atingindo esses colegitimados precisamente porque se lhes teria dado ciência do processo e oportunidade de dele participar)".[25]

7.2.2 O problema na arbitragem societária

Apesar da complexidade das questões relacionadas à natureza multiparte dos conflitos societários, que procuramos demonstrar acima com apenas um dos diversos possíveis exemplos, é possível afirmar que no caso da arbitragem societária, derivada de cláusula compromissória prevista em ato constitutivo de sociedade, essa complexidade é até mesmo reduzida.

Em primeiro lugar, porque, na medida em que há vinculação ampla de todos os sócios à cláusula arbitral prevista no ato constitutivo, não há que se falar propriamente em *intervenção de terceiros*, na forma como definida pela teoria da arbitragem bilateralizada:

"A *intervenção de terceiros* é modalidade de ingresso de terceiro num processo entre outras partes, cujo propósito é extrair dele uma *utilidade adicional*, provocando a extensão subjetiva dos efeitos da sentença, na medida em que amplia a discussão sobre a relação jurídica material deduzida no processo (*res in iudicium deducta*), ou provoca uma mutação subjetiva das partes no plano sucessório processual".[26]

Com base em estudo de Fazzalari, Carreira Alvim aponta algumas consequências decorrentes dessa noção de intervenção de terceiros recorrentemente aplicada na arbitragem. No que interessa ao raciocínio aqui exposto, (i) na hipótese de litisconsórcio necessário, o árbitro, de ofício ou a requerimento da parte, deve convidar o terceiro a integrar o processo arbitral, mas se o terceiro não é signatário da convenção arbitral, a sua recusa em participar do processo não traria as mesmas consequências da revelia em sede judicial. Ao contrário, as partes ficariam livres para ingressar com a mesma demanda perante o Judiciário, onde o terceiro não poderia recusar-se a participar sem sofrer nenhum ônus.[27]

---

25. TALAMINI, Eduardo. Legitimidade, interesse... cit., p. 149.
26. CARREIRA ALVIM, José Eduardo. Op. cit., p. 263.
27. Idem, p. 266.

Por outro lado, (ii) discute-se na doutrina arbitral se seria possível obrigar as partes signatárias da convenção de arbitragem a aceitar a intervenção coativa de um terceiro, não signatário, mesmo que contra a sua vontade. Sobre essa questão, Carreira Alvim aponta que a posição mais consistente é a que admite a intervenção desde que haja consenso entre as partes, tendo em vista a ideia fundamental da arbitragem centrada em acordo de vontades. A admissão da intervenção contra a vontade das partes iria contra uma das principais vantagens da arbitragem, consistente na possibilidade de resolução de litígios de forma convencional.[28]

No caso da arbitragem societária, esses problemas não se colocam na maioria dos casos, já que o suposto *terceiro* será geralmente[29] um sócio igualmente vinculado à cláusula arbitral societária.[30] Sendo parte da convenção arbitral, em razão da sua simples condição de sócio – independentemente de ter consentido expressamente com a cláusula arbitral, como tratamos no capítulo 3 do trabalho –, a sua recusa em participar do processo não permitirá que ele nem qualquer outro colegitimado demande no Judiciário a respeito do mesmo objeto, sob a pretensa não concordância em relação à escolha da arbitragem. A simples *oportunidade* concedida aos terceiros para que integrem o processo, seja em que posição for quanto ao mérito da demanda, conforme sugerido por Talamini, é suficiente para que se lhes imponham os efeitos naturais da sentença arbitral, incluindo a coisa julgada.

Em segundo lugar, a questão também se mostra menos problemática na arbitragem societária porque, ainda que não se possa qualificar a participação de colegitimados propriamente como uma *intervenção de terceiros*, os regulamentos de arbitragem de diversas câmaras arbitrais, seguindo os passos da CCI, preveem mecanismos que atendem de forma relativamente satisfatória à arbitragem societária.

---

28. Idem, p. 269.
29. Geralmente, já que, como alertam Eduardo Talamini (TALAMINI, Eduardo. Legitimidade, interesse... cit., p. 121-127) e Marcelo Vilela (VILELA, Marcelo. *Arbitragem no direito...* cit., p. 228), a realidade encerra diversas situações nas quais o terceiro pode ser efetivamente um terceiro, não vinculado à cláusula arbitral, caso em que não se aplicará a ideia aqui tratada.
30. Antonio Pellegrino denomina o terceiro do processo arbitral que é vinculado à cláusula compromissória societária de terceiro *sui generis*: "A nosso sentir, por ser *sui generis*, o terceiro de uma arbitragem fundada em uma cláusula compromissória estatutária torna despicienda a discussão sobre a necessidade – ou não – de consenso das partes para admiti-lo na qualidade de litisconsorte em uma situação de litisconsórcio facultativo unitário. Com efeito, tal discussão só faz sentido no tocante a terceiros com relação aos quais a convenção arbitral não é eficaz. Querendo, portanto, o acionista intervir em uma arbitragem instaurada no seio de uma companhia, poderá fazê-lo independentemente da acquiescência daqueles que instauraram o juízo arbitral, intervindo no processo arbitral *in statu et terminis*" (op. cit., p. 99).

Trata-se dos dispositivos que regem a assim denominada *intervenção de terceiros* no processo arbitral e a reunião de processos arbitrais.

No Regulamento de Arbitragem da CCI, por exemplo, os arts. 7.º, 8.º e 10 tratam, respectivamente, da integração de partes adicionais ao processo arbitral, das demandas entre partes múltiplas e da *consolidação* de arbitragens (reunião de processos).

A reunião de processos arbitrais, como é evidente, também é medida útil no âmbito de litígios em que diversos sujeitos possuem legitimidade para a impugnação de um mesmo ato. Afinal, pode ser que mais de um colegitimado proponha arbitragens com objeto semelhante, sendo recomendável a reunião dos processos para evitar pronunciamentos finais em sentidos opostos a respeito de um mesmo substrato de direito material.

Não nos cabe no presente trabalho tratar do mérito dos mecanismos propostos por esses dispositivos, nem tampouco explicá-los detalhadamente. O que nos interessa é constatar que de fato os regulamentos das instituições de arbitragem mais relevantes têm sido aperfeiçoados no sentido de permitir uma melhor administração de problemas que envolvem (mas não apenas) a arbitragem societária.[31]

E, de todo modo, mesmo que o regulamento da instituição de arbitragem escolhida não contenha dispositivo específico prevendo determinado mecanismo, a própria escolha da instituição para a administração da arbitragem já traz maior segurança jurídica. Isso porque é decorrência lógica da opção pela arbitragem institucional que a instituição decida eventuais questões controversas no âmbito do procedimento nos casos em que o regulamento aplicável for omisso, especialmente enquanto o tribunal arbitral não estiver constituído.

7.2.3 Necessidade de dar ciência da existência da demanda a todos os colegitimados

Para que os mecanismos acima tratados funcionem, é necessário que seja dada ciência, no mínimo, a todos os sócios colegitimados a respeito de demandas envolvendo a sociedade. Mais do que isso, é conveniente que seja dada ciência a

---

31. No Brasil, por exemplo, o Regulamento da CCBC prevê a reunião de processos no item 4.20, e o Regulamento da CAMFIEP prevê, em disposições bastante detalhadas, a adição de partes ao processo (art. 9.º) e a reunião de processos (art. 10). Os regulamentos também podem conter cláusulas menos específicas ou abertas, concedendo poderes ao tribunal arbitral ou à própria instituição para sanar eventuais questões controversas ou omissas atinentes à condução do procedimento. Exemplo disso é o item 7.8 do Regulamento da CCBC, que estabelece que "o Tribunal Arbitral adotará as medidas necessárias e convenientes para o correto desenvolvimento do procedimento, observados os princípios da ampla defesa, do contraditório e da igualdade de tratamento das partes".

respeito do litígio não apenas ao sócio, como também a todos os titulares de órgãos societários, inclusive para evitar possíveis alegações futuras de desconhecimento em relação ao litígio.

Afinal, somente com a ciência de todos os colegitimados é possível possibilitar o seu ingresso em processos em curso e evitar que várias demandas sejam propostas tendo o mesmo objeto – e, se ainda assim isso vier a ocorrer, é possível a *consolidação* ou reunião de arbitragens, conforme tratamos acima.

António Sampaio Caramelo afirma que, como a possibilidade de extensão dos limites subjetivos da coisa julgada depende da possibilidade de intervenção dos colegitimados no processo, o sucesso disso "dependerá de a lei reguladora da arbitragem (*lex arbitri*) ou a convenção de arbitragem (incluindo o regulamento para que ela remeta) admitirem a 'intervenção de terceiros' em arbitragens em curso".[32]

O mesmo autor relata que o Supremo Tribunal Federal alemão (*Budesgerichthof*) exarou decisão admitindo a arbitrabilidade da impugnação de deliberações societárias contanto que atendidos certos requisitos, dentre os quais os seguintes:

"(b) Estipulação (nessa convenção) de que a sociedade contra a qual é posta a acção, deve notificar todos os acionistas de que teve início o processo arbitral, de modo a permitir-se-lhes que nele intervenham, pelo menos, como assistentes (*Nebenintervenient*), devendo, também, nessa notificação, serem eles convidados a declarar, no prazo que lhes for fixado, se querem intervir na lide ao lado do sócio que iniciou o processo ou ao lado da sociedade ("requisito da notificação");

(c) Atribuição a todos os sócios do direito de participarem na escolha dos árbitros, a menos que esta seja confiada a pessoa ou instituição neutral e definida *ex ante* na convenção de arbitragem; em alternativa, se uma parte do processo arbitral for constituída por vários sujeitos, estes deverão poder escolher o árbitro respectivo, por decisão majoritária ("requisito da imparcialidade");

(d) A convenção de arbitragem deve assegurar que todos os litígios sobre a validade [sic] deliberações sociais e relativos a idênticas questões de facto e de direito, serão decididos pelo mesmo tribunal arbitral ("requisito da concentração")".[33]

Como se vê, muitas dessas propostas já foram tratadas nos tópicos anteriores – seja com relação ao apontamento dos árbitros, à intervenção de terceiros ou à *consolidação* de processos.

Fato é que nenhum dos regulamentos de arbitragem das câmaras mais conhecidas (e muito menos nenhuma lei) no Brasil estabelece o mecanismo de comuni-

---

32. CARAMELO, António Sampaio. A arbitragem de litígios... cit., p. 44.
33. Idem, p. 45-46.

cação da arbitragem a terceiros e colegitimados. Na Itália, o art. 35, n. 1, do Decreto Legislativo 5/2003 estabelece que as arbitragens propostas pela sociedade ou contra ela devem ser depositadas junto ao registro de empresa competente e acessível aos sócios.

Pensamos que não é necessário chegar ao ponto do legislador italiano, de exigir que todas as demandas arbitrais envolvendo a sociedade sejam levadas ao registro de empresa. De todo modo, é conveniente que os regulamentos das câmaras de arbitragem – ou, ao menos, as cláusulas compromissórias societárias – prevejam mecanismos de notificação dos sócios colegitimados para tais demandas. Essa comunicação pode até mesmo se dar por um formato mais facilitado ou informal, como por exemplo, o envio de notificações por correio com aviso de recebimento ou por via eletrônica, nos endereços previamente cadastrados pelos acionistas com essa finalidade. No caso das sociedades abertas, a comunicação poderia ser encaminhada à CVM e divulgada por meio de fato relevante.[34-35]

---

34. Mais uma razão para a mitigação da confidencialidade da arbitragem societária, conforme tratamos no capítulo 6. Nesse sentido, veja-se as considerações críticas de Leonardo Ribeiro Dias e Sabrina Becue, ao comentarem as disposições do Regulamento da CAM da BM&FBovespa: "A disposição parece incompatível com o sigilo obrigatório dos procedimentos arbitrais da CAM, porquanto o terceiro interessado no litígio e legitimado a compor um dos polos não saberá da existência do procedimento, ao menos que se trate de hipótese de ao ou fato relevante, cuja divulgação é obrigatória às companhias. Nesse caso, os mais prejudicados serão os acionistas minoritários, que, mesmo legitimados a ingressar em determinados litígios, terão dificuldades para fazê-lo. Ao contrário, o acionista controlador provavelmente terá conhecimento do litígio arbitral instaurado, o que lhe confere maior vantagem" (DIAS, Leonardo Adriano Ribeiro; BECUE, Sabrina Maria Fadel. Conflitos societários e arbitragem: considerações sobre a reforma do Regulamento da Câmara de Arbitragem do Mercado. In: PENTEADO, Mauro Rodrigues; MUNHOZ, Eduardo Secchi (coord.). *Mercado de capitais brasileiro: doutrina*, cases e materials. São Paulo: Quartier Latin, 2012. p. 218). Como se vê, apontam os autores no sentido de que a ampla divulgação da existência do litígio funciona até mesmo como um meio de equalização entre os interesses dos controladores e dos minoritários.

35. O Professor Haroldo Malheiros Duclerc Verçosa sugere que todo o corpo social seja notificado a ingressar como litisconsorte no feito, em determinado prazo, para que sejam alcançados pelos efeitos da sentença. E, por isso, "o sigilo da arbitragem poderia ser mantido no âmbito externo da sociedade, mas não em relação aos sócios os quais, por sua vez, estariam obrigados a não revelar a terceiros a existência e o resultado de arbitragens em andamento, tratando-se, evidentemente, de sociedade limitada ou de companhia fechada. Nas companhias abertas, como se sabe, opera o princípio da transferência" (VERÇOSA, Haroldo Malheiros Duclerc. Aspectos da arbitragem no direito societário. *Revista de Direito Empresarial*. ano 2. n. 6. p. 251-259. p. 258. São Paulo: Ed. RT, nov.-dez. 2014).

7.3 Novamente: ressalva quanto à multiplicidade de situações concretas

Como já dissemos, os casos concretos podem trazer inúmeras outras questões relacionadas a aspectos procedimentais decorrentes da multiplicidade de partes envolvidas nos litígios em matéria societária.

Assim, exemplificativamente, discute-se se a sociedade deve sempre figurar no polo passivo das demandas relativas a litígios societários ou se, ao contrário, haveria situações em que os sócios poderiam litigar sem a presença da própria sociedade. A nosso entender, essa situação específica – de um litígio sem a presença da própria sociedade – é sim possível, quando a arbitragem societária decorre de um acordo de acionistas, por exemplo. Nesse caso, embora a arbitragem em termos gerais possa ser qualificada como *societária*, enquadrando-se, em tese, no objeto deste trabalho – apesar de termos feito a opção de não tratar especificamente dessa hipótese, conforme mencionado no capítulo 1 – a sociedade não precisa necessariamente participar do processo. Ela poderá sofrer, como é evidente, os efeitos naturais da sentença exarada, mas isso não impõe que ela, como ente autônomo em relação aos sócios, participe necessariamente do processo. Na verdade, na prática, a sociedade pode se identificar muito mais como *objeto* da lide, do que como *sujeito*.[36]

Diferente é a situação quando o litígio, dado o seu objeto (por exemplo, impugnação de deliberação da assembleia), exigir a presença da sociedade no polo passivo, na condição de *sujeito*. Nessas hipóteses, valerá o entendimento de Arruda Alvim, no sentido de que o interesse da sociedade não se confunde com o dos sócios e que, por isso, não há litisconsórcio necessário entre eles, impondo-se que figure no processo somente a sociedade, defendendo a deliberação que ela (por intermédio de órgão seu, a assembleia) emanou.[37]

---

36. Pense-se, por exemplo, no caso hipotético de uma sociedade de propósito específico, titular de uma concessão de serviço público, que conte com apenas dois acionistas, sendo um público (minoritário) e o outro privado (majoritário). Surge um litígio sobre a necessidade de investimentos não inicialmente previstos, que desencadeia um processo arbitral, na forma prevista no acordo de acionistas. Nesse caso, a presença da sociedade num dos polos da arbitragem é completamente dispensável, já que, por ser formada por apenas dois acionistas, ela provavelmente terá que se vincular à posição de um dos litigantes quanto ao mérito. Na verdade, a presença da sociedade num litígio como esse, além de ser inútil (porque ela é mais *objeto* do que *sujeito* da lide), pode até mesmo desequilibrar o processo, já que quem estiver no controle da sociedade terá o poder de determinar que as suas manifestações no processo acolham seus próprios interesses (que não se confundem necessariamente com o interesse social).

37. ARRUDA ALVIM. Op. cit., p. 69.

7.4 Os regulamentos de arbitragem e a regulação legal da questão

As considerações lançadas acima apontam no sentido de que já se desenvolveu no Brasil, na doutrina e, especialmente, nos regulamentos das instituições de arbitragem, alguns mecanismos com o objetivo de dar conta da complexidade que envolve as questões procedimentais decorrentes do processo e da arbitragem societária.

Com efeito, tornou-se comum que os regulamentos sigam a tendência inaugurada pela CCI de prever mecanismos de adição de partes na arbitragem, intervenção de terceiros e *consolidação* de arbitragens. A existência dessas previsões não só torna indiferente a inexistência de disposição legal a respeito, como até mesmo desaconselha que o legislador venha a se imiscuir no assunto. Afinal, a arbitragem institucional domina o cenário da arbitragem brasileira,[38] e a sua adoção (ainda mais recomendável no âmbito da arbitragem societária) já é capaz de trazer razoável segurança jurídica à escolha da via arbitral, inclusive quanto à escolha dos árbitros, de forma concatenada com as demais questões complexas de que tratamos neste capítulo.

O único mecanismo que a nosso ver seria recomendável, e que até o ponto em que pudemos investigar ainda não foi desenvolvido, é o da notificação a colegitimados a respeito da existência do processo arbitral societário, nos termos traçados linhas acima. Esse mecanismo não precisa ser imposto necessariamente pela lei (como se dá na Itália), mas é preciso que passe a constar nos regulamentos das câmaras ou, no mínimo, nas cláusulas arbitrais societárias.[39] Em síntese, é preciso que tal mecanismo ingresse na *cultura* da arbitragem societária.

---

38. Fúlvia Bolsoni Grola e Igor Finzi demonstram a prevalência da arbitragem institucional na prática, conclusão a que se chega não apenas pela colheita empírica de dados, como também pelo fato de que a arbitragem institucional é amplamente recomendada pelos práticos e estudiosos do tema (GROLA, Fúlvia Bolsoni; FINZI, Igor. Arbitragem *ad hoc*, institucional e regimental: uma análise sobre vantagens e desvantagens. O que considerar no momento da escolha do tipo de arbitragem? *Revista de Direito Empresarial*. ano 2. n. 1. p. 224-248, Caderno Especial – O negócio jurídico da arbitragem. p. 236-237. São Paulo: Ed. RT, jan.-fev. 2014).

39. Carlos Augusto da Silveira Lobo coloca que "a parte final do § 3.º [da Lei das S.A.] convida o redator do estatuto a estabelecer regras específicas para a arbitragem sob a égide de Cláusula Compromissória Estatutária" (LOBO, Carlos Augusto da Silveira. A cláusula compromissória estatutária. *Revista de Arbitragem e Mediação*. ano 6. n. 22. p. 26. São Paulo: Ed. RT, jul.-set. 2009). Uma dessas especificações deve ser justamente a estipulação de notificação aos colegitimados, quando cabível, ou no mínimo a comunicação ampla e de caráter geral a respeito da existência do litígio. Isso pode ser adotado individualmente, nos contratos sociais e estatutos, até que eventualmente os regulamentos das instituições de arbitragem venham a suprir a lacuna atualmente existente em relação ao tema.

8
IMPASSES DE NATUREZA NEGOCIAL

"O exercício da jurisdição deve ser ponderado sob o prisma da pacificação social. Pacificação em seu sentido lato de solução dos impasses, pendências, dúvidas, divergências, demandas, conflitos e controvérsias. A jurisdição é mero instrumento para o atendimento e solução das angústias conflituosas. Deve, como instrumento de pacificação social, atender e resolver um conflito de direito *stricto sensu*, mas, também, atuar na tutela de uma pretensão. Como instrumento para atingir a paz social deve se prestar a satisfazer os questionamentos ou qualquer diferença que postulem as pessoas ou grupos contrapostos. Deve, portanto, satisfazer pretensões controvertidas, seja de que natureza forem."[1]

O objetivo deste capítulo é verificar a relação entre a arbitragem societária e os dispositivos do ordenamento jurídico brasileiro que regulamentam situações de empate em deliberações societárias.

No âmbito do Código Civil, o § 2.º do art. 1.010 estabelece que "prevalece a decisão sufragada por maior número de sócios no caso de empate, e, se este persistir, decidirá o juiz". Por sua vez, a Lei das S.A. prevê em seu art. 129, § 2.º, o seguinte:

"No caso de empate, se o estatuto não estabelecer procedimento de arbitragem e não contiver norma diversa, a assembleia será convocada, com intervalo mínimo de 2 (dois) meses, para votar a deliberação; se permanecer o empate e os acionistas não concordarem em cometer a decisão a um terceiro, caberá ao Poder Judiciário decidir, no interesse da companhia".

Como se vê, ambos os dispositivos dão ao Judiciário o poder para decidir, em última instância, os empates em deliberações nas sociedades a que se aplicam – com

---

1. MARTINS, Pedro Batista. *Arbitragem no direito societário*. São Paulo: Quartier Latin, 2012. p. 189.

a diferença de que apenas a Lei das S.A. ressalva as possibilidades (i) de o estatuto prever o uso da arbitragem, (ii) conter norma diversa ou (iii) de os acionistas concordarem em submeter a decisão a um terceiro.

Com isso, surge o nosso propósito neste singelo e derradeiro capítulo do trabalho, que consiste em verificar se esses comandos significam a possibilidade de julgamento de impasses de natureza negocial em processo arbitral colmatado nos moldes do que vem sendo discutido até aqui.

8.1 A visão tradicional

Segundo Maria del Pilar Viscasillas, escrevendo sobre a questão no âmbito internacional, a visão tradicional a respeito do tema considera que os árbitros não podem preencher lacunas, modificar contratos e resolver conflitos de interesse econômico ou de fato, mas apenas aqueles relacionados a impasses jurídicos ou legais. Mesmo naqueles ordenamentos em que se prevê a possibilidade de os árbitros preencherem lacunas ou modificarem contratos, é questionável se eles podem modificar elementos como o preço, por exemplo. Há, nesse sentido, um conceito tradicional de *disputa* ou *lide*,[2] segundo o qual, numa visão conservadora, os árbitros não podem decidir questões econômicas ou negociais, que ficariam a cargo de um *expert* ou *arbitrador*.[3]

Em sentido semelhante, Diego Corapi, comentando o art. 37 do Decreto Legislativo 5/2003 italiano,[4] explica que o dispositivo prevê um espaço de auto-

---

2. Esse conceito se equipararia, segundo esse entendimento tradicional a respeito da arbitragem, ao conceito de lide forjado pela doutrina processualista. Nesse sentido, observa-se que o Código de Processo Civil de 1973, conforme a sua Exposição de Motivos, adotou a concepção *carneluttiana* de lide, segundo a qual a lide é o conflito de interesses qualificado pela pretensão de um dos litigantes e pela resistência do outro (OLIVEIRA, Eduardo Ribeiro de. Notas sobre o conceito de lide. *Revista de Processo*. ano 9. n. 34. p. 85-95. p. 85. São Paulo: Ed. RT, abr.-jun. 1984). O autor do Anteprojeto do Código de Processo Civil de 1973 exprime conceito de lide semelhante, segundo o qual "a lide é, portanto, o objeto fundamental do processo e nela se exprimem as aspirações em conflito de ambos os litigantes" (BUZAID, Alfredo. *Do agravo de petição no sistema do Código de Processo civil*. São Paulo: Saraiva, 1956. p. 104).
3. VISCASILLAS, Pilar Perales. Arbitrability of (intra-) corporate disputes (Chapter 14). In: MISTELIS, Loukas A.; BREKOULAKIS, Stavros L. *Arbitrability*: International & Comparative Perspectives. The Netherlands: Wolters Kluwer, 2009. p. 275-277.
4. "Art. 37. Resolução de conflitos sobre a gestão de sociedades. 1. Os atos constitutivos das sociedades de responsabilidade limitada e das sociedades de pessoas podem também conter cláusula com a qual se incumba um ou mais terceiros os conflitos entre aqueles que possuem os poderes de administração a respeito das decisões a serem adotadas na gestão da sociedade. 2. Os atos constitutivos podem prever que a decisão seja reclamável perante um colégio, nos termos e na forma estabelecidos no estatuto. 3. Os atos

nomia para que os sócios possam transferir a um terceiro a solução de controvérsias no âmbito social. No entanto, "apesar de a norma fazer referência a uma 'decisão' de terceiro (...), não se trata de decidir sobre uma controvérsia relativa a direitos das partes, mas de dirimir conflitos na gestão". Assim, a *arbitragem* derivada da aplicação da previsão legal não seria uma verdadeira e própria arbitragem, mas sim um procedimento de arbitramento, não obstante a inserção do dispositivo no Título do Decreto que trata "Da Arbitragem".[5]

Assumem posição semelhante Paulo Fernando Campos Salles de Toledo,[6] Marcelo Vilela[7] e Tarcísio Araújo Kroetz, sendo que este último define que se trata de arbitramento quando um terceiro fixa elementos da relação contratual em substituição às partes.[8] Conforme explica detalhadamente Paulo Fernando Campos Salles de Toledo, diferenciando a atuação do arbitrador da atuação do árbitro:

"Não se estará dirimindo um conflito. A decisão do *arbitrador* não será favorável a um grupo de acionistas e contrária a outros. Não dirá qual deles tem razão, nem muito menos imporá qualquer sanção ao perdedor (até porque ninguém terá vencido, na medida em que não houve demanda judicial ou extrajudicial). O arbitrador apenas dará o seu voto, como se estivesse votando na assembleia. E seu voto desatará o nó, causado pelo empate.

---

constitutivos podem de outro modo prever que o sujeito ou o colégio chamado a dirimir os conflitos tratados nos números 1 e 2 podem dar indicações vinculantes também sobre questões coligadas àquelas expressamente deferidas a eles. 4. A decisão conferida na forma do presente artigo é impugnável na forma do art. 1.349, § 2.º, do Código Civil" (tradução livre). Texto original: "Art. 37. Risoluzione di contrasti sulla gestione di società. 1. Gli atti costitutivi delle società a responsabilità limitata e delle società di persone possono anche contenere clausole con le quali si deferiscono ad uno o più terzi I contrasti tra coloro che hanno il potere di amministrazione in ordine alle decisioni da adottare nella gestione della società. 2. Gli atti costitutivi possono prevedere che la decisioni sia reclamabile davanti ad un collegio, nei termini e con le modalità stabilite nello statuto stesso. 3. Gli atti costitutivi posso altresí prevedere che il soggetto o il collegio chiamato a dirimere i contrasti di cui ai commi 1 e 2 può dare indicazioni vincolanti anche sulle questioni collegate con quelle espressamente deferitegli. 4. La decisione resa ai sensi del presente articolo è impugnabile a norma dell'art. 1.349, comma secondo, del Codice Civile".

5. CORAPI, Diego. Notas sobre a arbitragem "econômica" nas sociedades. *Revista de Arbitragem e Mediação*. ano 1. n. 3. , p. 155-160. p. 157. São Paulo: Ed. RT, set.-dez. 2004.
6. TOLEDO, Paulo Fernando Campos Salles de. A arbitragem na Lei das Sociedades Anônimas. *Sociedade anônima, 30 anos da Lei 6.404/76*. São Paulo: Quartier Latin, 2007. p. 268-271.
7. VILELA, Marcelo Dias Gonçalves. *Arbitragem no direito societário*. Belo Horizonte: Mandamentos, 2004. p. 158.
8. KROETZ, Tarcísio Araújo. *Arbitragem: conceitos e pressupostos de validade*. São Paulo: Ed. RT, 1997. p. 64.

Cabe acrescentar que, de acordo ainda com o dispositivo em pauta, se, superadas todas as alternativas, persistir o empate, "caberá ao Poder Judiciário decidir, no interesse da companhia". A hipótese é de jurisdição voluntária, que se caracteriza, entre outros fatores, pela inexistência de litígio a ser dirimido pelo juiz".[9]

8.2 A questão no direito societário brasileiro

Como já mencionamos na introdução deste trabalho, o direito brasileiro originariamente impunha a arbitragem como meio de resolução de litígios societários. As previsões encontravam-se nos arts. 294[10] e 302, 5,[11] do CCo. A previsão do juízo arbitral obrigatório, segundo explica Waldemar Ferreira, tinha evidente inspiração na tradição francesa, e acabou por ser suprimida por ser considerada ineficiente. Isso porque:

"Sócios desentendidos jamais se entendiam quanto à escolha dos juízes arbitrais e à fixação da matéria a ser por eles resolvida, ademais da recusa dos árbitros à missão, ora por não quererem intervir na contenda a fim de não descontentar uma das partes, ora por serem as questões de natureza jurídica".

Assim, segundo anotou Waldemar Ferreira, a inserção de cláusula compromissória no ato constitutivo de sociedade tornou-se ineficaz a partir da Lei 1.350/1866, a menos que fosse celebrado compromisso arbitral, oportunamente previsto no art. 1.037 do CC/1916.[12-13]

Note-se que, da promulgação do Código Comercial até a supressão do juízo arbitral obrigatório para os conflitos societários, *todas* as questões sociais, fossem de qualquer natureza (jurídica, negocial, técnica) deveriam ser decididas pelos árbitros. Afinal, era exatamente essa a dicção do art. 294 do Código, sem qualquer ressalva ou exceção. Essa circunstância nos parece relevante como um curioso precedente para a utilização da arbitragem em questões negociais no âmbito das sociedades.

Fato é que, apesar de a arbitragem societária ter caído em desuso por mais de um século, a possibilidade de sua utilização eficaz e segura no âmbito societário foi retomada com a entrada em vigor da Lei de Arbitragem de 1996, e posterior-

---

9. TOLEDO, Paulo Fernando Campos Salles de. Op. cit., p. 270.
10. "Art. 294. Todas as questões sociais que se suscitarem entre sócios durante a existência da sociedade ou companhia, sua liquidação ou partilha, serão decididas em juízo arbitral."
11. "Art. 302. A escritura, ou seja pública ou particular, deve conter: (...) 5 – A forma da nomeação dos árbitros para juízes das dúvidas sociais."
12. "Art. 1.037. As pessoas capazes de contratar poderão, em qualquer tempo, louvar-se, mediante compromisso escrito, em árbitros, que lhes resolvam as pendências judiciais, ou extrajudiciais [Revogado pela Lei 9.307/1996.]."
13. FERREIRA, Waldemar. *Tratado de direito comercial.* São Paulo: Saraiva, 1961. vol. 3, p. 373-374.

mente reforçada pela inserção do § 3.º no art. 109 da Lei das S.A. A partir daí, é possível considerar que, do mesmo modo que se passou a permitir a arbitragem societária, também não se impede que *todas* as questões societárias, na dicção do antigo Código Comercial (incluindo as de mérito negocial) sejam submetidas à arbitragem. Até mesmo porque a própria legislação societária atualmente vigente (Código Civil e Lei das S.A.) prevê que as situações de empate em deliberações sociais sejam decididas pelo *juiz*, a quem o árbitro é equiparado segundo o espírito da nossa Lei de Arbitragem.[14] Assim, quando o Código Civil fala que se deve atribuir a questão ao *juiz*, deve-se ler a expressão como *julgador*, em sentido amplo, englobando tanto o juiz estatal quanto o árbitro.

Ademais, não vemos porque o mérito de uma deliberação em que houve empate não possa ser resolvido por árbitros, atentos às questões negociais e sociais envolvidas. Como já dissemos no capítulo 2, os árbitros são em geral muito mais afeitos às questões de cunho societário e negocial do que os juízes estatais. Por que razão, afinal, haveria de se fazer uma distinção ou ressalva que a própria lei não realizou? Por que razão o árbitro teria poderes menores do que o juiz estatal, mesmo se tratando de direitos patrimoniais (disponíveis)? Certamente, tal limitação seria contrária ao espírito que regeu a Lei de Arbitragem ao equiparar o árbitro ao juiz, e também ao espírito que regeu a lei societária ao possibilitar a resolução de situações de empate pelo juiz.

Vale dizer, ainda, que a crítica de Waldemar Ferreira acima exposta se encontra superada pelo contexto atual da arbitragem no Brasil, na medida em que a regulamentação eficiente do instituto promovida pela Lei 9.307/1996 e o desenvolvimento da arbitragem institucional afastam eventual impossibilidade de constituição do tribunal arbitral derivada de desacordo entre os sócios litigantes.

8.3 A arbitrabilidade objetiva dos impasses de natureza negocial

No sentido do que vimos dizendo, Pedro Batista Martins defende a arbitrabilidade objetiva das questões de natureza negocial, sob pena de cristalização do impasse ou, no limite, até mesmo a dissolução da companhia por impossibilidade de atingimento do fim social. Lembra o autor que o princípio da preservação da empresa permeia o direito comercial brasileiro. Assim:

"Pouco importa a transferência a terceiro para a apreciação e definição de temas de competência da assembleia e dos demais órgãos da sociedade. A rigidez da decantada competência exclusiva dos órgãos da companhia há de ceder ao bom senso e à razoabilidade, de forma que se possa pôr fim ao impasse social".[15]

---
14. Arts. 17, 18 e 31 da Lei de Arbitragem e 515, VII, do CPC.
15. MARTINS, Pedro Batista. Op. cit., p. 187-188.

Martins lembra também que a própria função jurisdicional se encontra em tendência de ampliação no sentido de atuação menos jurídica e mais voltada ao equilíbrio das relações sociais e à sua pacificação, do que são exemplo as ações de reequilíbrio econômico-financeiro dos contratos.[16]

A nosso ver, isso é reforçado pela dificuldade de se divisar, num dado caso concreto, o que diz respeito a questões efetivamente *jurídicas*. Pode haver, por exemplo, discussão entre os acionistas a respeito de investimentos adicionais necessários para o desenvolvimento da atividade social. Nesse caso, a resolução do impasse evidentemente não tratará apenas da aplicação de normas jurídicas, mas também da consideração de outras circunstâncias fáticas (econômico-financeiras) e negociais que, numa visão conservadora (com a qual não concordamos), escapariam da competência dos árbitros.

8.4 A admissão da solução de impasses pelo julgador no sistema brasileiro

Nossa conclusão, como já ficou claro, aponta no sentido de que é possível submeter à arbitragem (em sentido próprio) o julgamento de impasses de natureza negocial. O ordenamento jurídico brasileiro admite expressamente isso: tanto o Código Civil estabelece que em caso de empate de deliberação societária decidirá o *juiz* – no que se deve entender o árbitro, se houver cláusula compromissória no contrato social – quanto a Lei das S.A. permite textualmente a aplicação da arbitragem na hipótese cogitada. Mais do que isso, se houver cláusula compromissória no ato constitutivo, parece insustentável a tese de que o desempate não caberia aos árbitros, já que, nesse caso, é deles a competência para solucionar quaisquer pendências surgidas no âmbito da sociedade.[17]

Ainda, a nosso ver, a aplicação da arbitragem não se limita a casos de empate de deliberações sociais. Outras questões de cunho negocial (ainda que não tenha ocorrido empate a seu respeito) podem ser delegadas pela maioria dos sócios aos árbitros, caso se repute que eles possuem melhores condições de decidi-las. Pense-se no caso de determinada decisão negocial em relação à qual não tenha havido consenso, mas ainda assim haja uma maioria apta a impor sua vontade. Nesse caso, é possível que os sócios prefiram delegar a decisão a um terceiro, acreditando que essa seria a melhor forma de solucionar o impasse com segurança e sem gerar maiores conflitos entre eles. E se os sócios podem delegar essa decisão a um terceiro, nada impede que esse terceiro seja um tribunal arbitral, especialmente se houver cláusula compromissória no ato constitutivo. Afinal, a decisão está no âmbito

---

16. Idem, p. 189.
17. A menos que a própria cláusula compromissória contenha ressalva em sentido contrário.

da autonomia privada dos sócios, que podem perfeitamente considerar que a arbitragem é a melhor forma de solucionar a pendência.

Nesse caso, devemos discordar de Paulo Fernando Campos Salles de Toledo quando afirma que a resolução do impasse trataria de procedimento de arbitramento, e não de processo arbitral, porque "a decisão do *arbitrador* não será favorável a um grupo de acionistas e contrária a outros".[18] Ora, se houver cláusula compromissória que imponha seja o impasse levado ao árbitro (na posição de *juiz* das pendências sociais) ou se os sócios decidirem que determinada questão será solucionada por arbitragem, não vemos porque a natureza do processo seria desnaturada em razão do conteúdo a ser analisado pelos árbitros. Continuaria havendo processo em contraditório, já que cada uma das posições a respeito da questão discutida poderia ser plenamente defendida pela parcela dos sócios interessada.

Os árbitros teriam igualmente que seguir, na medida do possível, as regras procedimentais previamente estabelecidas para a condução da questão – sejam as regras de uma instituição arbitral, sejam outras estabelecidas no ato constitutivo. No máximo, seria necessário um esforço de adaptação procedimental, já que é possível que haja regras incompatíveis com a situação concreta – o que, no limite, é necessário em todo o âmbito da arbitragem societária, que não se conforma, como temos visto, ao esquema geral da arbitragem nos contratos bilaterais.

Na verdade, o terceiro (ou, no caso, o árbitro) não poderia decidir o impasse de maneira absolutamente discricionária. Deveria tomar em consideração as normas procedimentais previamente definidas e todas as circunstâncias concretas, incluindo as próprias razões aduzidas pelos sócios e administradores.[19] Assim, os

---

18. TOLEDO, Paulo Fernando Campos Salles. Op. cit., p. 270.
19. A ideia está contida no texto de Diego Corapi, muito embora esse mesmo autor defenda a natureza de arbitramento para as hipóteses que cogitamos (op. cit., p. 158). Também Elena Zucconi Galli Fonseca, depois de distinguir arbitragem de arbitramento, admite a conciliação entre as figuras diante das disposições do Decreto Legislativo 5/2003 italiano: "De todo modo, a ocasião é interessante porque nos oferta a possibilidade de combinar a arbitragem dos arts. 34 e ss. e o arbitramento do art. 37, com evidentes vantagens de coordenação, sobretudo nos casos em que os limites que separam os dois tipos de controvérsia não são tão claros. Pode-se, desse modo, prever, no ato constitutivo das sociedades de pessoas e das sociedades limitadas, um duplo mecanismo: conferir-se aos árbitros, além da resolução de lides, também os poderes de resolver conflitos de gestão, como ocorre na prática quando a opção pela arbitragem é acompanhada de poderes de renegociar o contrato" (tradução livre). Texto original: "In ogni caso, interessante è l'occasione, offerta dalla novella, di combinare insieme l'arbitrato degli artt. 34 ss. e l'arbitraggio dell'art. 37, con evidenti vantaggi di coordinamento, soprattutto nei casi in cui la linea di confine fra i due tipi di controversie non sia così netta. Si può, cioè, prevedere, nello statuto delle società di persone e a responsabilità limitata, un doppio meccanismo: conferire agli arbitri, oltre che la risoluzione delle liti, anche

árbitros também teriam que respeitar, para além das normas procedimentais previamente definidas, eventuais regras materiais já aplicáveis ao impasse em razão de prévia estipulação pela maioria dos sócios.

Por fim, vale ressaltar que a admissão do julgamento de impasses de natureza negocial por arbitragem não significa que, na prática, essa via possa ser utilizada sem que haja cautelas excepcionais por parte dos envolvidos, especialmente no que diz respeito à escolha dos árbitros. Nesse ponto, deve-se evitar a formação de um tribunal arbitral que não tenha condições técnicas para avaliar as questões levadas à sua decisão, o que levaria a uma *terceirização* do julgamento do litígio por meio da contratação de peritos. Nesse caso, o tribunal arbitral se transformaria num mero ente homologatório de longas e complexas perícias técnicas, o que tornaria a sua utilização pouco vantajosa para as partes do ponto de vista econômico. É provável que seja conveniente a arbitragem de árbitro único especializado na área objeto do impasse ou, no caso de tribunal composto por mais de um árbitro, a formação do tribunal multidisciplinar, com ao menos dois membros especializados na questão a ser discutida.

Nossa conclusão, em síntese, é a de que a interpretação histórica dos dispositivos legais atualmente existentes a respeito do empate em deliberações societárias, conjugada com a Lei de Arbitragem, não nos permite restringir uma possibilidade que não foi vedada pela lei aos entes privados. Ainda que esse entendimento contrarie a ideia doutrinária (provavelmente até mesmo louvável) de que *arbitragem* e *arbitramento* não são a mesma coisa, a inexatidão dos dispositivos legais vigentes quanto ao tema impede que a doutrina tradicional possa prevalecer em face do direito posto. A discussão sobre a subsunção da hipótese ao conceito de *arbitragem* é problema teórico que acaba sendo menos influente se confrontado com a possibilidade aberta pelo ordenamento jurídico brasileiro.

---

il potere di risolvere i conflitti di gestione, similmente a quanto accade nella prassi quando all'opzione arbitrale è collegato il potere di rinegoziare i patti contrattuali" (FONSECA, Elena Zucconi Galli. La convenzione arbitrale nelle società dopo la riforma. *Rivista Trimestrale di Diritto e Procedura Civile*. ano LVII. n. 3. p. 971. Milano: Giuffrè, set. 2003).

9
CONSIDERAÇÕES FINAIS

(*i*) A nosso ver, o mérito da recente modificação da Lei das S.A., com a inclusão do art. 136-A, foi apenas de deixar claro que a cláusula arbitral societária aprovada por maioria vincula todos os sócios, sejam ausentes, dissidentes ou futuros, sepultando de uma vez por todas as discussões que se seguiram ao advento do § 3.º do art. 109 da mesma Lei.

(*ii*) Já em relação às previsões de direito de recesso e quórum qualificado, consideramos que a inovação não foi coerente com a função e com a evolução histórica da matéria na legislação brasileira, que sempre visou situações em que a alteração estatutária ou o evento societário tocam as *bases essenciais* do negócio jurídico societário. Em relação a tais questões, a inovação demonstra um viés ideológico, que desconsidera a aplicação do princípio da maioria e coloca a arbitragem em posição de inferioridade em relação ao Judiciário, porque supostamente a via arbitral poderia restringir o acesso de acionistas à justiça.

É bem verdade que deve haver preocupação com o exercício dos direitos dos sócios e com a manutenção da paridade de armas entre os sujeitos que compõem as sociedades. No entanto, acreditamos ter demonstrado que os mecanismos atualmente existentes junto ao Judiciário não têm sido efetivos como era de esperar, o que reaviva a arbitragem como meio de resolução dos litígios societários.

Além disso, a arbitragem, pela sua flexibilidade, pode ser moldada e balizada de forma a se pautar a cada sociedade concretamente considerada (por meio da redação da cláusula arbitral). Isso permite a criação de mecanismos de proteção no sentido de garantir o exercício do direito de ação pelos sujeitos envolvidos, independentemente da sua condição financeira ou do valor do litígio.

Ainda quanto a esse tema, cabe uma última observação: nenhum sistema pode ser completamente justo em toda e qualquer as circunstância. Em muitas situações, o direito opta por privilegiar a justiça do todo em detrimento de situações específicas.[1] Aqui, a nosso ver, trata-se exatamente disso. Não se podem privilegiar si-

---

1. São exemplos notórios (i) o sistema falimentar, em que parcela dos credores (quirografários etc.) correrá o risco de não receber o seu crédito em prol do exercício da empresa e daqueles credores em relação aos quais o direito pretende conferir uma proteção

tuações excepcionais e patológicas (em que haveria suposto prejuízo a acionistas minoritários) em detrimento dos princípios que regem o *ordenamento jurídico societário*.[2]

(iii) Na sequência, podemos também retirar algumas outras conclusões atinentes aos *temas de aplicação* da arbitragem societária que pudemos analisar. Em relação a tais temas, a principal pergunta que se coloca diz respeito à necessidade de sua regulamentação legal.

O exame das questões controversas demonstra que grande parte delas encontra-se sedimentada na *cultura* da arbitragem no Brasil, especialmente por meio dos regulamentos das instituições de arbitragem.

Assim se dá com a questão da confidencialidade, embora seja possível criar disposições mais claras no sentido da extensão do sigilo no caso das sociedades abertas, e mesmo no caso de sociedades fechadas, em decorrência da necessidade de dar ciência a colegitimados a respeito da existência do litígio.

Também em relação às questões procedimentais de que tratamos, podemos verificar que os mecanismos de (i) apontamento dos árbitros, (ii) intervenção de terceiros e (iii) reunião de processos previstos nos regulamentos das instituições de arbitragem, na esteira da CCI, já dão conta de grande parte das complexidades da arbitragem societária. Cabem, evidentemente, alguns aperfeiçoamentos, especialmente quanto ao mecanismo de notificação de todos os colegitimados a respeito do processo, que ainda não foi tratado nos regulamentos de arbitragem analisados.

Com relação a essas questões, consideramos que não são necessárias previsões legais em relação a cada uma delas. No limite, seria conveniente que a lei impusesse a arbitragem institucional, que traz maior segurança no âmbito societário.

As demais questões controversas tratadas – possibilidade de julgamento por equidade, vinculação dos órgãos sociais e de seus titulares à cláusula arbitral e julgamento por arbitragem de impasses negociais – ainda demandam estudo mais aprofundado para que possam ser devidamente previstas nos regulamentos de arbitragem. Procuramos, quanto a essas questões, apresentar visões possíveis, mas que estão longe de constituir um consenso. É possível, de qualquer forma, que as cláusulas arbitrais societárias esclareçam expressamente esses aspectos, com o objetivo de conferir maior segurança jurídica à escolha da via arbitral.

---

    especial (créditos trabalhistas e com garantia real); e (ii) o sistema securitário, em que se reconhece, atualmente, a figura do chamado *adimplemento substancial*. Em todas essas situações, uma situação particular é sacrificada em prol da estabilidade do sistema como um todo.
2. No tema que analisamos, esses princípios seriam especialmente (i) o princípio majoritário; (ii) a segurança jurídica; e (iii) a preservação da empresa.

(iv) Diante desse panorama, acreditamos que, se algo deve ser posto em lei com relação à arbitragem societária, isso deve se limitar (i) à reafirmação da ampla eficácia subjetiva da cláusula arbitral societária (já feita pelo art. 136-A da Lei das S.A.) e (ii) à imposição do uso da arbitragem institucional.

Essa nossa conclusão final tem em vista a preservação da arbitragem como um meio de resolução de litígios pautado pela liberdade dos sujeitos envolvidos e pela flexibilidade procedimental. Pressuposto disso, a nosso ver, é o cuidado para não gerar excesso de regulação estatal quanto à arbitragem, que retiraria justamente esse seu caráter de *alternativa* à via judicial – não no sentido de prevalência desta última, mas sim no sentido de constituírem vias diversas, cada uma com as suas vantagens e desvantagens.[3]

Em outras palavras, o poder legiferante deve interferir na arbitragem com parcimônia. No âmbito da arbitragem societária, essa intervenção parece se justificar apenas no sentido de visar à garantia do exercício de direitos pelos sócios, evitando o *encarceramento societário*, especialmente no âmbito das sociedades abertas. No plano abstrato, essa proteção poderia ser desenvolvida por diversos mecanismos, alguns dos quais mencionamos no capítulo 4, sem a necessidade de atentado contra a evolução histórica do direito societário. No plano concreto, de todo modo, haveria sempre a possibilidade de recorrer ao Judiciário em caso de vedação ao exercício do direito de ação.

---

3. Trata-se de um "movimento pendular", decorrente do fato de que a arbitragem surgiu antes mesmo da organização da justiça estatal. Com o surgimento e o desenvolvimento desta última (e do próprio Estado), surge a possibilidade de regulação legal da arbitragem. No entanto, essa regulação não pode ultrapassar certos limites, sob pena de produzir um movimento no sentido da inutilização da arbitragem. Em síntese, a preservação da arbitragem (como instituto de utilidade prática) depende da manutenção (i) da liberdade *da* sua utilização e (ii) da liberdade *na* sua utilização. Essa noção pode ser encontrada em: SOUZA JR., Lauro Gama. Autonomia da vontade nos contratos internacionais do Direito Internacional Privado brasileiro: uma leitura constitucional do artigo 9.º da Lei de Introdução ao Código Civil em favor da liberdade de escolha do direito aplicável. In: TIBÚRCIO, Carmem; BARROSO, Luís Roberto (org.). *O direito internacional contemporâneo: estudos em homenagem ao professor Jacob Dolinger.* Rio de Janeiro: Renovar, 2006. p. 601.

REFERÊNCIAS BIBLIOGRÁFICAS

ACERBI, Andrea Goes. A extensão dos efeitos da cláusula compromissória nos estatutos das sociedades anônimas. In: VERÇOSA, Haroldo Malheiros Duclerc (org.). *Aspectos da arbitragem institucional: 12 anos da Lei 9.307/1996*. São Paulo: Malheiros, 2008.

ADAMEK, Marcelo Vieira von. *Abuso de minoria em direito societário*. São Paulo: Malheiros, 2014.

ALVES, Alexandre Ferreira de Assumpção. A arbitragem no direito societário. *Revista da Faculdade de Direito de Campos*. ano VII. n. 9. p. 7-34. Campo dos Goiatacases: Faculdade de Direito de Campos, dez. 2006.

ARMELIN, Donaldo. A arbitragem como melhor forma de solução da controvérsia entre a *holding* e as empresas subsidiárias. *Revista de Arbitragem e Mediação*. ano. 5. n. 16. p. 205-210. São Paulo: Ed. RT, jan.-mar. 2008.

_____; COSTA, Vamilson J. Mandado de segurança contra ato do Presidente da Junta Comercial do Estado de São Paulo – Jucesp (parte das razões). Trabalho Forense. *Revista de Arbitragem e Mediação*. ano 6. n. 20. p. 337-348. São Paulo: Ed. RT, jan.-mar. 2009.

ARRUDA ALVIM. A posição dos sócios e associados em relação a ações movidas contra as sociedades e associações de que façam parte. In: YARSHELL, Flávio Luiz; PEREIRA, Guilherme Setoguti J. (coord.). *Processo societário*. São Paulo: Quartier Latin, 2012.

ARRUDA ALVIM WAMBIER, Teresa; MEDINA, José Miguel Garcia. *O dogma da coisa julgada: hipóteses de relativização*. São Paulo: Ed. RT, 2003.

ASCARELLI, Tullio. *Problemas das sociedades anônimas e direito comparado*. 2. ed. São Paulo: Saraiva, 1969.

ASQUINI, Alberto. Perfis da empresa. *Revista de Direito Mercantil*. vol. 35. n. 104. p. 109-126. São Paulo: Ed. RT, out.-dez. 1996

AYGUL, Musa; GULTUTAN, Dolgan. Chapter 5: Arbitration Procedure. In: ESIN, Ismael; YESILIRMAK, Ali (eds.). *Arbitration in Turkey*. The Hague: Kluwer Law International, 2015.

BARBIERI, Giorgio; BELLA, Enrico. *Il nuovo diritto dell'arbitrato*. Padova: Cedam, 2007.

BARROCAS, Manuel Pereira. *Manual de arbitragem*. Coimbra: Almedina, 2010.

BARROS, Octávio Fragata Martins de. Os litígios sociais e a arbitragem. In: MOTTA PINTO, Ana Luiza Baccarat da; SKITNEVSKY, Karin Hlavnicka. *Arbitragem nacional e internacional: os novos debates e a visão dos jovens arbitralistas*. Rio de Janeiro: Elsevier, 2012.

BASÍLIO, Ana Tereza Palhares; FONTES, André R. C. A teoria autonomista da arbitragem. *Revista de Arbitragem e Mediação*. ano 5. n. 17. p. 49-53. São Paulo: Ed. RT, abr.-jun. 2008.

BERTOLDI, Marcelo M. *Reforma da Lei das Sociedades Anônimas – Comentários à Lei 10.303, de 31.10.2001*. 2. ed. São Paulo: Ed. RT, 2002.

BORN, Gary. *International Arbitration: Law and practice*. The Hague: Kluwer Law International, 2012.

_____. *International commercial arbitration*. 2 ed. The Hague: Kluwer Law International. 2014.

BOVE, Mario. L'arbitrato societario tra disciplina speciale (e nuova) disciplina di diritto comune. *Rivista di Diritto Processuale*. ano LXIII. n. 4. p. 931-954. Padova: A. Milani, jul.-ago. 2008.

BUZAID, Alfredo. *Do agravo de petição no sistema do Código de Processo civil*. São Paulo: Saraiva, 1956.

CAETANO, Luiz Antunes. *Arbitragem e mediação: rudimentos*. São Paulo: Atlas, 2002.

CAHALI, Francisco José. *Curso de arbitragem*. São Paulo: Ed. RT, 2011.

CANTIDIANO, Luiz Leonardo. *Reforma da Lei das S.A. comentada*. Rio de Janeiro: Renovar, 2002.

CAPRASSE, Olivier. *Les sociétés et l'arbitrage*. Bruxelles: Bruylant, 2002.

CARAMELO, António Sampaio. A arbitragem de litígios societários. *Revista Internacional de Arbitragem e Conciliação*. ano IV. p. 7-64. Coimbra: Almedina, 2011.

_____. Critérios de arbitrabilidade dos litígios. Revisitando o tema. *Revista de Arbitragem e Mediação*. ano 7. n. 27. p. 129-161. São Paulo: Ed. RT, out.-dez.-2010.

CARMONA, Carlos Alberto. *Arbitragem e processo: um comentário à Lei n. 9.307/96*. 3. ed. São Paulo: Atlas, 2009.

CARREIRA ALVIM, José Eduardo. Intervenção de terceiros na arbitragem. In: MARTINS, Pedro A. Batista; GARCEZ, José Maria Rossani. *Reflexões sobre arbitragem. In memoriam do Desembargador Cláudio Vianna de Lima*. São Paulo: Ed. LTr, 2002.

CARVALHOSA, Modesto. *Comentários à Lei de Sociedades Anônimas*. 6. ed. São Paulo: Saraiva, 2014. vol. 2.

_____. _____. 3. ed. São Paulo: Saraiva, 2002. vol. 4, t. I.

_____. _____. 2. ed. São Paulo: Saraiva, 2003. vol. 4, t. II.

_____; EIZIRIK, Nelson. *A nova Lei das S.A.* São Paulo: Saraiva, 2002.

CASTRO, Rodrigo R. Monteiro de; ARAÚJO, Rodrigo Mendes de. Tutelas de urgência e o direito de retirada dos sócios nas sociedades limitadas. YARSHELL, Flávio Luiz; PEREIRA, Guilherme Setoguti J. (coord.). *Processo societário*. São Paulo: Quartier Latin, 2012.

CHIARLONI, Sergio. Appunti sulle controversie deducibili in arbitrato societario e sulla natura del lodo. *Rivista Trimestrale di Diritto e Procedura Civile*. anno LVIII. n. 1. p. 123-135. Milano: Giuffrè, mar. 2004.

COELHO, Fábio Ulhoa. *Curso de direito comercial*. 9. ed. São Paulo: Saraiva, 2006. vol. 2.

_____. _____. 14. ed. São Paulo: Saraiva, 2010. vol. 2.

COELHO, José Washington. *Aspectos polêmicos da nova Lei das Sociedades Anônimas*. São Paulo: Resenha Universitária, 1977.

COHEN, Daniel. *Arbitrage et Société*. Paris: LGDJ, 1993.

COMPARATO, Fábio Konder. O novo direito de retirada do acionista nos casos de fusão e incorporação. *Revista de Direito Mercantil, Industrial, Econômico e Financeiro*. ano XXXVIII. vol. 116. p. 11-16. São Paulo: Ed. RT, out.-nov. 1999.

_____; SALOMÃO FILHO, Calixto. *O poder de controle na sociedade anônima*. 4. ed. Rio de Janeiro: Forense, 2005.

CORAPI, Diego. Notas sobre a arbitragem "econômica" nas sociedades. *Revista de Arbitragem e Mediação*. ano 1. n. 3. p. 155-160. São Paulo: Ed. RT, set.-dez. 2004.

CORRÊA-LIMA, Osmar Brina. *Sociedade anônima*. 2. ed. Belo Horizonte: Del Rey, 2003.

CRETELLA NETO, José. *Comentários à Lei de Arbitragem brasileira*. 2. ed. Rio de Janeiro: Forense, 2007.

_____. Quão sigilosa é a arbitragem? *Revista de Arbitragem e Mediação*. ano 7. n. 25. p. 43-70. São Paulo: Ed. RT, abr.-jun. 2010.

CUKIER, Daniel Ber. A arbitragem aplicada ao direito societário. *Revista de Arbitragem e Mediação*. ano 11. n. 41. p. 225-241. São Paulo: Ed. RT, abr.-jun. 2014.

DIAS, Leonardo Adriano Ribeiro; BECUE, Sabrina Maria Fadel. Conflitos societários e arbitragem: considerações sobre a reforma do Regulamento da Câmara de Arbitragem do Mercado. In: PENTEADO, Mauro Rodrigues; MUNHOZ, Eduardo Secchi (coord.). *Mercado de capitais brasileiro: doutrina*, cases e materials. São Paulo: Quartier Latin, 2012.

DIDIER JR., Fredie. *Curso de direito processual civil: introdução ao direito processual civil, parte geral e processo de conhecimento*. Salvador: Jus Podivm, 2015.

DINAMARCO, Cândido Rangel. *Processo civil empresarial*. São Paulo: Malheiros, 2010.

EIZIRIK, Nelson Laks. *A Lei das S.A. comentada*. São Paulo: Quartier Latin, 2011. vol. 2.

_____. _____. São Paulo: Quartier Latin, 2011. vol. 3.

ENEI, José Virgílio Lopes. A arbitragem nas sociedades anônimas. *Revista de Direito Mercantil, Industrial, Econômico e Financeiro*. n. 129. p. 136-173. São Paulo: Ed. RT, 2003.

FERREIRA, Waldemar. *Tratado de direito comercial*. São Paulo: Saraiva, 1961. vol. 3.

FERRO, Marcelo Roberto. O financiamento de arbitragens por terceiro e a independência do árbitro. In: CASTRO, Rodrigo R. Monteiro de; WARDE JÚNIOR, Walfrido Jorge; GUERREIRO, Carolina Dias Tavares (coord.). *Direito empresarial e outros estudos em homenagem ao Professor José Alexandre Tavares Guerreiro*. São Paulo: Quartier Latin, 2013.

FINKELSTEIN, Claudio. Arbitragem no direito societário. In: FINKELSTEIN, Maria Eugênia; PROENÇA, José Marcelo Martins (coord.). *Direito societário: sociedades anônimas*. 2. ed. São Paulo: Saraiva, 2011.

FLAKS, Luís Loria. A arbitragem na reforma da Lei das S.A. *Revista de Direito Mercantil, Industrial, Econômico e Financeiro*. n. 131. p. 100-121. São Paulo: Ed. RT, jul.-set. 2003.

FONSECA, Elena Zucconi Galli. La convenzione arbitrale nelle società dopo la riforma. *Rivista Trimestrale di Diritto e Procedura Civile*. ano LVII. n. 3. p. 929-972. Milano: Giuffrè, set. 2003.

FONSECA, Priscila M. P. Corrêa da. *Dissolução parcial, retirada e exclusão de sócio*. 5. ed. São Paulo: Atlas, 2012.

FORGIONI, Paula A. *Teoria geral dos contratos empresariais*. 2. ed. São Paulo: Ed. RT, 2010.

FOUCHARD, Philippe; GAILLARD, Emmanuel; GOLDMAN, Berthold. *Fouchard, Gaillard and Goldman on International commercial arbitration*. The Hague: Kluwer Law International, 1999.

FRANÇA, Erasmo Valladão Azevedo e Novaes. Excerto do "Direito Societário I – Fundamentos". *Temas de direito societário, falimentar e teoria da empresa*. Trad. Herbert Wiedemann. São Paulo: Malheiros, 2009.

_____. "Fato relevante" e a necessidade de sua divulgação. *Temas de direito societário, falimentar e teoria da empresa*. São Paulo: Malheiros, 2009.

FRANKEL, Alisson. Shareholders beware: Federal judge Oks corporate arbitration clause (Opinion). *Reuters*, 27.3.2014. Disponível em: [http://blogs.reuters.com/alison-frankel/2014/03/27/shareholders-beware-federal-judge-oks-corporate-arbitration-clause/]. Acesso em: 29.08.2014.

FRANZONI, Diego. O problema das deliberações conexas: alguns reflexos no processo. *Revista de Processo*. ano 39. n. 235. p. 243-260. São Paulo: Ed. RT, set. 2014.

_____; DAVIDOFF, Fernanda. Interpretação do critério da disponibilidade com vistas à arbitragem envolvendo o Poder Público. *Revista de Arbitragem e Mediação*. ano 11. n. 41. p. 243-264. São Paulo: Ed. RT, 2014.

GALGANO, Francesco. *La forza del numero e la legge dela ragione: storia del principio di maggioranza*. Bologna: Il Mulino, 2007.

_____. (diretto da). *Trattato di diritto commerciale e di diritto pubblico dell'economia*. Padova: Cedam, 1984. vol. 7.

GARCEZ, José Maria Rossani. Arbitrabilidade no direito brasileiro e internacional. *Revista de Direito Bancário, do Mercado de Capitais e da Arbitragem*. ano 4. vol. 12. p. 337-356. São Paulo: Ed. RT, abr.-jun. 2001.

_____. *Arbitragem nacional e internacional*. Belo Horizonte: Del Rey, 2007.

GIERKE, Otto von. Sulla storia del principio di maggioranza. *Rivista dele Società*. ano 6. p. 1.103-1.120. Milano.

GONÇALVES, Eduardo Damião. *Arbitrabilidade objetiva*. Tese apresentada como requisito à obtenção do grau de doutor em Direito Internacional. São Paulo, USP, 2008.

GONÇALVES NETO, Alfredo de Assis. *Direito de empresa: comentários aos artigos 966 a 1.195 do Código Civil*. 4. ed. São Paulo: Ed. RT, 2012.

_____. *Lições de direito societário*. 2. ed. São Paulo: Juarez de Oliveira Ed., 2004. vol. 1.

_____. _____. São Paulo: Juarez de Oliveira Ed., 2005. vol. 2.

GORGA, Érica. Arbitragem, governança corporativa e retrocesso no mercado de capitais brasileiro. *Revista de Direito Empresarial*. ano 2. vol. 1. p. 125-141. São Paulo: Ed. RT, jan.-fev. 2014.

_____. *Direito societário atual*. Rio de Janeiro: Elsevier, 2013.

GRINOVER, Ada Pellegrini. A tutela coletiva dos investidores no mercado de valores mobiliários: questões processuais. In: YARSHELL, Flávio Luiz; PEREIRA, Guilherme Setoguti J. (coord.). *Processo societário*. São Paulo: Quartier Latin, 2012.

GROLA, Fúlvia Bolsoni; FINZI, Igor. Arbitragem *ad hoc*, institucional e regimental: uma análise sobre vantagens e desvantagens. O que considerar no momento da escolha do tipo de arbitragem? *Revista de Direito Empresarial*. ano 2. n. 1. p. 224-248. São Paulo: Ed. RT, jan.-fev. 2014. Caderno Especial – O negócio jurídico da arbitragem.

GUERREIRO, José Alexandre Tavares. Direito de retirada: um limite ao princípio majoritário na sociedade anônima. *Revista de Direito Mercantil, Industrial, Econômico e Financeiro*. ano XLVIII. vol. 151-152. p. 13-21. São Paulo: Ed. RT, jan.-dez. 2009.

HANOTIAU, Bernard. L'arbitrabilité des litiges en matière de droit dês societés. *Liber Amicorum Claude Reymond*. Paris: Litec, 2004.

_____. The Standards and Burden of Proof in International Arbitration. *Arbitration International*. vol. 10. p. 317-364. The Hague: Kluwer Law International, 1994.

HEARSOLTE-VAN HOF, Jacomijn J. van. Uncitral Arbitration Rules. Section IV, Form and Effect of the Award. In: MISTELIS, Loukas A. *Concise International Arbitration*. The Hague: Kluwer Law International, 2010.

JABARDO, Cristina Saiz. *"Extensão" da cláusula compromissória na arbitragem comercial internacional: o caso dos grupos societários*. Dissertação apresentada como requisito para a obtenção do grau de mestre em Direito Internacional. São Paulo, USP, 2009.

JOST, Mariana Silveira Martins; NICOLAU, Jean Eduardo Batista. Arbitragem por equidade. *Revista de Direito Empresarial*. ano 2. vol. 2. p. 283-301. São Paulo: Ed. RT, mar.-abr. 2014. Caderno Especial – O negócio jurídico da arbitragem.

KLEIN, Aline Lícia. A arbitragem nas concessões de serviço público. In: PEREIRA, Cesar Augusto Guimarães; TALAMINI, Eduardo (coord.). *Arbitragem e poder público*. São Paulo: Saraiva, 2010.

KNAHR, Christina; REINISCH, August. Transparency versus Confidentiality in International Investment Arbitration – The Biwater Gauff Compromise. *The Law and Practice of International Courts and Tribunals*. n. 6. p. 97-118. 2007.

KROETZ, Tarcísio Araújo. *Arbitragem: conceitos e pressupostos de validade*. São Paulo: Ed. RT, 1997.

_____. Efeito vinculante da cláusula compromissória no direito societário. *Cadernos Jurídicos da Ordem dos Advogados do Brasil*. n. 45. p. 1-2. Seção do Paraná, out. 2013.

LAMY FILHO, Alfredo; PEDREIRA, José Luiz Bulhões. *Direito das companhias*. Rio de Janeiro: Forense, 2009. vol. 1.

LEMES, Selma. *Arbitragem na administração pública: fundamentos jurídicos e eficiência econômica*. São Paulo: Quartier Latin, 2007.

_____. Dutco Construction vs. BKMI et Siemens (1992). Clássicos da Arbitragem. Cour de Cassation. *Revista Brasileira de Arbitragem*. ano 8. n. 29. p. 210-213. Porto Alegre: Síntese, jan.-mar. 2011.

LEPORACE, Guilherme. Cláusulas compromissórias estatutárias: análise da proposta de nova regulamentação sob a ótica da lógica econômica e da política legislativa. *Revista de Arbitragem e Mediação.* ano 11. n. 40. p. 63-78. São Paulo: Ed. RT, jan.-mar.-2014.

LÉVY, Daniel de Andrade. Aspectos polêmicos da arbitragem no mercado de capitais. *Revista Brasileira de Arbitragem.* ano 7. n. 27. p. 7-37. Alegre: Síntese, jul.-ago. 2010.

_____. Estudo comparado da arbitragem no mercado de capitais. *Revista de Direito Mercantil.* ano XLIX. n. 155/156. p. 275-300. São Paulo: Ed. RT, ago.-dez. 2010.

LEW, Julian D. M.; MISTELIS, Loukas A.; KRÖLL, Stefan Michael, et al. *Comparative International Commercial Arbitration.* The Hague: Kluwer Law International, 2003.

LOBO, Carlos Augusto da Silveira. A cláusula compromissória estatutária. *Revista de Arbitragem e Mediação.* ano 6. n. 22. p. 11-32. São Paulo: Ed. RT, jul.-set. 2009.

_____. A cláusula compromissória estatutária (II): anotações adicionais. *Revista de Arbitragem e Mediação.* ano 7. n. 27. p. 46-55. São Paulo: Ed. RT, out.-dez. 2010.

_____. Conselho Fiscal de Sociedade Anônima: atuação individual e autônoma de seus membros. *Doutrinas essenciais de direito empresarial.* São Paulo: Ed. RT, 2010. vol. 3.

LOBO, Jorge. Teoria do direito societário. In: KUYVEN, Luiz Fernando Martins (coord.). *Temas essenciais de direito empresarial: estudos em homenagem a Modesto Carvalhosa.* São Paulo: Saraiva, 2012.

LUCON, Paulo Henrique dos Santos; BARIONI, Rodrigo; MEDEIROS NETO, Elias Marques de. Ação anulatória de sentença arbitral: hipóteses taxativas? *Migalhas,* 14.10.2014. Disponível em: [www.migalhas.com.br/dePeso/16%2cMI209192%2c101048-Acao+a nulatoria+de+sentenca+arbitral+hipoteses+taxativas]. Acesso em: 14.10.2014.

LUISO, Francesco Paolo. *Il nuovo processo societario.* Torino: Giappichelli, 2006.

MAKANT, Barbara. A arbitrabilidade subjetiva nas sociedades anônimas. *Revista de Arbitragem e Mediação.* ano 2. n. 4. p. 82-103. São Paulo: Ed. RT, jan.-mar. 2005.

_____; QUEIROZ, Samantha Longo. Comentários à nova lei sobre arbitragem societária italiana (Dec. 5, de 17.01.2003). *Revista de Arbitragem e Mediação.* ano 1. n. 3. p. 293-309. São Paulo: Ed. RT, set.-dez. 2004.

MARGONI, Anna Beatriz Alves; GUERREIRO, Carolina Dias Tavares. Exercício abusivo do poder de controle e o dever de reparar o dano. *Direito Empresarial e outros estudos de Direito em homenagem ao Professor José Alexandre Tavares Guerreiro.* São Paulo: Quartier Latin, 2013.

MARTINS, Pedro Batista. *Arbitragem no direito societário.* São Paulo: Quartier Latin, 2012.

MELO, Leonardo de Campos. *Extensão da cláusula compromissória e grupos de sociedades.* Rio de Janeiro: Forense, 2013.

MENDES, Gilmar Ferreira; BRANCO, Paulo Gustavo Gonet. *Curso de direito constitucional.* São Paulo: Saraiva, 2013.

MESSINEO, Francesco. *Manuale de diritto civile e commerciale.* Milano: Giuffrè, 1954. vol. 3, t. I.

MIRANDA VALVERDE, Trajano de. *Sociedades por ações.* 2. ed. Rio de Janeiro: Forense, 1953. vol. 2.

MOREIRA, Daniela Bessone Barbosa. A Convenção arbitral em estatutos e contratos sociais. In: ALMEIDA, Ricardo Ramalho (coord.). *Arbitragem interna e internacional: questões de doutrina e da prática*. Rio de Janeiro: Renovar, 2003.

MUNHOZ, Eduardo Secchi. A importância do sistema de solução de conflitos para o direito societário: limites do instituto da arbitragem. In: YARSHELL, Flávio Luiz; PEREIRA, Guilherme Setoguti J. (coord.). *Processo societário*. São Paulo: Quartier Latin, 2012.

_____. Transferência de controle nas companhias sem controlador majoritário. In: CASTRO, Rodrigo R. M. de; MOUZA AZEVEDO, Luís André N. de (coord.). *Poder de controle e outros temas de direito societário e mercado de capitais*. São Paulo: Quartier Latin, 2010.

OLIVEIRA, Eduardo Ribeiro de. Notas sobre o conceito de lide. *Revista de Processo*. ano 9. n. 34. p. 85-95. São Paulo: Ed. RT, abr.-jun. 1984.

OLIVEIRA, Gustavo Henrique Justino de. A arbitragem e as parcerias público-privadas. In: SUNDFELD, Carlos Ari (coord.). *Parcerias público-privadas*. 2. ed. São Paulo: Malheiros, 2007.

PARGENDLER, Mariana; PRADO, Viviane Muller; BARBOSA JR., Alberto. Cláusulas Arbitrais no Mercado de Capitais Brasileiro: alguns dados empíricos. *Revista de Arbitragem e Mediação*. ano 11. n. 40. p. 105-111. São Paulo: Ed. RT, jan.-mar. 2014.

PELA, Juliana Krueger. Notas sobre a eficácia da cláusula compromissória estatutária. *Revista de Direito Mercantil, Industrial, Econômico e Financeiro*. vol. 126. p. 129-140. São Paulo: Ed. RT, abr.-jun. 2002.

PELLEGRINO, Antonio Pedro de Lima. Cláusula compromissória estatutária e litisconsórcio facultativo unitário. *Revista de Arbitragem e Mediação*. ano 9. n. 35. p. 71-104. São Paulo: Ed. RT, out.-dez. 2012.

PIERALLI, Alessandro. Commentario al nuovo arbitrato societario in Italia: un confront com la Spagna. *Revista de Direito Empresarial*. n. 3. p. 157-170. Curitiba: Juruá, jan.-jun. 2005.

PINTO, José Emilio Nunes. A arbitrabilidade de controvérsias nos contratos com o Estado e empresas estatais. *Revista Brasileira de Arbitragem*. ano 1. n. 1. Porto Alegre: Síntese, jan.-mar. 2004.

_____. A confidencialidade na arbitragem *Revista de Arbitragem e Mediação*. ano 2. n. 6. p. 25-36. São Paulo: Ed. RT, jul.-set. 2005.

PONTES DE MIRANDA, Francisco Cavalcanti. *Tratado de direito privado. Parte especial*. São Paulo: Ed. RT, 2012. t. L.

REDFERN, Alan; HUNTER, Martin; BLACKABY, Nigel; PARTASIDES, Constantine, et. al. *Redfern and Hunter on International Arbitration*. Oxford: Oxford University Press, 2009.

REQUIÃO, Rubens. *Curso de direito comercial*. 23. ed. São Paulo: Saraiva, 2003. vol. 2.

_____. O controle e a proteção dos acionistas. *Revista de Direito Mercantil, Industrial, Econômico e Financeiro*. ano XIII. vol. 15-16. p. 23-36. Nova Série. São Paulo: Ed. RT, 1974.

RICCI, Edoardo F. Admissibilidade de arbitragem nas lides sobre invalidade dos contratos: uma interpretação do art. 1.º da Lei 9.307/96. *Lei de Arbitragem Brasileira: oito anos de reflexão. Questões polêmicas.* São Paulo: Ed. RT, 2004.

_____. Desnecessária conexão entre disponibilidade do objeto da lide e admissibilidade da arbitragem: reflexões evolutivas. In: LEMES, Selma Ferreira; CARMONA, Carlos Alberto; MARTINS, Pedro Batista (coord.). *Arbitragem: estudos em homenagem ao Prof. Guido Fernando Silva Soares,* in memorian. São Paulo: Atlas, 2007.

ROCHA, José de Albuquerque. *Lei de Arbitragem: uma avaliação crítica.* São Paulo: Atlas, 2008.

ROSSI, Lívia. Arbitragem na Lei das Sociedades Anônimas. *Revista de Direito Mercantil, Industrial, Econômico e Financeiro.* n. 129. p. 186-205. São Paulo: Ed. RT, jan.-mar. 2003.

SALLES, Marcos Paulo de Almeida. Da arbitrabilidade. *Revista de Direito Bancário, do Mercado de Capitais e da Arbitragem.* ano 3. n. 10. p. 360-365. São Paulo: Ed. RT, out.--dez. 2000.

_____. Efeitos da judiciarização da arbitragem. *Revista de Arbitragem e Mediação.* ano 4. n. 13. p. 30-37. São Paulo: Ed. RT, 2007.

SARLET, Ingo Wolfgang; MARINONI, Luiz Guilherme; MITIDIERO, Daniel. *Curso de direito constitucional.* São Paulo: Ed. RT, 2012.

SCAVONE JUNIOR, Luiz Antonio. *Manual de arbitragem.* 4. ed. São Paulo: Ed. RT, 2010.

SEGALL, Pedro Machado. Da vinculação dos sócios à cláusula arbitral estatutária. Comentários ao AgIn 1.0035.09.169452-7/001. *Revista de Arbitragem e Mediação.* ano 8. n. 31. p. 355-370. São Paulo: Ed. RT, out.-dez. 2011.

SOUZA JR., Lauro Gama. Autonomia da vontade nos contratos internacionais do Direito Internacional Privado brasileiro: uma leitura constitucional do artigo 9.º da Lei de Introdução ao Código Civil em favor da liberdade de escolha do direito aplicável. In: TIBÚRCIO, Carmem; BARROSO, Luís Roberto (org.). *O direito internacional contemporâneo: estudos em homenagem ao professor Jacob Dolinger.* Rio de Janeiro: Renovar, 2006.

_____. Sinal verde para a arbitragem nas parcerias público-privadas (a construção de um novo paradigma para os contratos entre o estado e o investidor privado). *Revista Brasileira de Arbitragem.* ano 2. n. 8. Porto Alegre: Síntese, out.-dez. 2005.

SZTAJN, Rachel; VERÇOSA, Haroldo Malheiros Duclerc. A incompletude do contrato de sociedade. *Revista de Direito Mercantil, Industrial, Econômico e Financeiro.* ano XLII. n. 131. p. 7-20. São Paulo: Ed. RT, jul.-set. 2003.

TALAMINI, Eduardo. Arbitragem e Parceria Público-Privada (PPP). In: TALAMINI, Eduardo; JUSTEN, Monica Spezia (coord.). *Parcerias Público-Privadas: um enfoque multidisciplinar.* São Paulo: Ed. RT, 2005.

_____. Legitimidade, interesse, possibilidade jurídica e coisa julgada nas ações de impugnação de deliberações societárias. In: YARSHELL, Flávio Luiz; PEREIRA, Guilherme Setoguti J. (coord.). *Processo societário.* São Paulo: Quartier Latin, 2012.

TEPEDINO, Gustavo. Consensualismo na arbitragem e teoria do grupo de sociedades. *Doutrinas essenciais de arbitragem e mediação.* vol. 4. p. 255-265. São Paulo: Ed. RT, 2004.

TIMM, Luciano. O acordo de acionistas e o uso da arbitragem como forma de resolução de conflitos societários. *Revista Brasileira de Arbitragem*. n. 15. p. 27-42. Porto Alegre: Síntese, jul.-set. 2007.

TOLEDO, Paulo Fernando Campos Salles de. A arbitragem na Lei das Sociedades Anônimas. *Sociedade anônima, 30 anos da Lei 6.404/76*. São Paulo: Quartier Latin, 2007.

TOMAZETTE, Marlon. *Curso de direito empresarial*. 5. ed. São Paulo: Atlas, 2013. vol. 1.

TRAKMAN, Leon E. Confidentiality in International Commercial Arbitration. *Arbitration International*, The Hague: Kluwer Law International, 2002. vol. 18.

VALÉRIO, Marco Aurélio Gumieri. A arbitragem nas sociedades anônimas: vinculação dos acionistas novos, ausentes, dissidentes e administradores à cláusula compromissória. Inclusão do § 3.º ao art. 109 da Lei 10.303/2001. *Revista de Direito Mercantil, Industrial, Econômico e Financeiro*. n. 139. p. 164-176. São Paulo: Ed. RT, jul.-set. 2005.

VERÇOSA, Haroldo Malheiros Duclerc. Aspectos da arbitragem no direito societário. *Revista de Direito Empresarial*. ano 2. n. 6. p. 251-259. São Paulo: Ed. RT, nov.-dez. 2014.

_____. *Curso de direito comercial*. 2. ed. São Paulo: Malheiros, 2010. vol. 2.

_____. _____. São Paulo: Malheiros, 2008. vol. 3.

VIEIRA, Maíra de Melo. Vinculação de todos os sócios à cláusula compromissória estatutária aprovada por maioria: Comentários à Ap 0126050-67.2006.8.26.0000. *Revista de Arbitragem e Mediação*. ano 9. n. 33. p. 377-385. São Paulo: Ed. RT, abr.-jul. 2012.

_____; BENETI, Giovana Valentiniano; VERONESE, Lígia Espolaor; BOSCOLO, Ana Teresa de Abreu Coutinho. Arbitragem nos conflitos societários, no mercado de capitais e a reforma do Regulamento da Câmara de Arbitragem do Mercado (CAM) da BM&FBovespa. *Revista de Arbitragem e Mediação*. ano 11. n. 40. p. 193-232. São Paulo: Ed. RT, 2014.

VILELA, Marcelo Dias Gonçalves. Aplicabilidade da arbitragem na resolução de conflitos societários no âmbito da sociedade limitada. In: _____ (coord.). *Métodos extrajudiciais de solução de controvérsias*. São Paulo: Quartier Latin, 2007.

_____. *Arbitragem no direito societário*. Belo Horizonte: Mandamentos, 2004.

VISCASILLAS, Pilar Perales. Arbitrability of (intra-) corporate disputes (Chapter 14). In: MISTELIS, Loukas A.; BREKOULAKIS, Stavros L. *Arbitrability*: International & Comparative Perspectives. The Netherlands: Wolters Kluwer, 2009.

WALD, Arnoldo. A arbitrabilidade dos conflitos societários: considerações preliminares (1). *Revista de Arbitragem e Mediação*. ano 4. n. 12. p. 22-28. São Paulo: Ed. RT, jan.-mar. 2007.

_____. A arbitragem, os grupos societários e os conjuntos de contratos conexos. *Revista de Arbitragem e Mediação*. ano 1. n. 2. p. 31-59. São Paulo: Ed. RT, maio-ago. 2004.

_____. A crise e a arbitragem no direito societário e bancário. *Revista de Arbitragem e Mediação*. ano 6. n. 20. p. 9-24. São Paulo: Ed. RT, jan.-mar. 2009.

_____. Direito de recesso. *Doutrinas essenciais de direito empresarial*. São Paulo: Ed. RT, 2010. vol. 3.

WAMBIER, Luiz Rodrigues; TALAMINI, Eduardo. *Curso avançado de processo civil: execução.* 13. ed. São Paulo: Ed. RT, 2014. vol. 2.

WARDE JR., Jorge; CUNHA, Fernando Antonio Maia da. A arbitragem e os limites à atuação do Judiciário nos litígios societários. In: YARSHELL, Flávio Luiz; PEREIRA, Guilherme Setoguti J. (coord.). *Processo societário.* São Paulo: Quartier Latin, 2012.

WIEDEMANN, Herbert. *Gesellshaftsrecht I – Ein Lehrbuch des Unternehmens und Verbandsrechts – Band I – Grundlagen.* München: C. H. Beck, 1980.

WLADECK, Felipe Scripes. *Impugnação da sentença arbitral.* Salvador, JusPodivm, 2014.

XAVIER, Vasco da Gama Lobo. *Anulação de deliberação social e deliberações conexas.* Coimbra: Almedina, 1998.

YARSHELL, Flávio Luiz; PEREIRA, Guilherme Setoguti J. (coord.). *Processo societário.* São Paulo: Quartier Latin, 2012.

YONEKURA, Sandra Yuri. A arbitragem e a Lei das Sociedades Anônimas. *Revista de Direito Empresarial.* n. 2. p. 81-94. Curitiba: Juruá, jul.-dez. 2004.

Revisão e diagramação eletrônica:
Textos & Livros Proposta Editorial S/C Ltda.
CNPJ 04.942.841/0001-79

Impressão e encadernação:
Orgrafic Gráfica e Editora Ltda.
CNPJ 08.738.805/0001-49

A.S. L8989